国家出版基金项目
NATIONAL PUBLICATION FOUNDATION

桑　兵　关晓红　主编

杨思机　著

近代中国国学编年史

第七卷

◎

1929——1930

北京师范大学出版集团
BEIJING NORMAL UNIVERSITY PUBLISHING GROUP
北京师范大学出版社

目　录

总序、凡例、总目、索引、参考文献
请扫二维码查看

1929年（民国十八年　己巳）

1月1日　胡朴安等号召组织的中国学会在上海成立，会员超过三百人。

上午十时，中国学会假老靶子路俭德会举行成立大会，到胡朴安、姚明晖、谭禅生、胡惠生、闻野鹤、李续川、吕志伊、庞青城、徐蔚南、胡怀琛、郭步陶、严瀣宣、伍仲文、陈乃乾、朱香晚、俞凤宾、叶恭绰、丁福保、范曲诲、姚石子、周迪前、周予同、高君定、黄宾虹、田桐、陈柱等发起人。十一时，宣布开会，推举胡朴安为临时主席，谭禅生记录。首由胡朴安报告发起经过情形，及参加发起者之意见。略谓："本会发起业经两月，曾于十七年十一月一日出一周刊，附在《时事新报》发行。截至今日止，参加者已达八十余人。特开成立大会，讨论章程。"（《中国学会成立记事》，《中国学会会员录》，1929年，第1页）胡朴安在《对于中国学会之意见》一文中提到，成立两月来加入会员已有83人，对于中国学术的意见不能完全一致，咸认为有成立中国学会之必要。

胡朴安被推为中国学会的编撰部主任，提出"中国学会当以整理中国学术为唯一的责任"。具体态度是：

我们研究中国学术，完全是研究中国整个的民族。因为我们民族的思想行为，悉由历史之习惯养成，一切学术，皆为历史，故无论其学术为有价值，为无价值，或已成为过去的陈迹或尚合于见［现］在的环境，我们尽可不问，只须诚实的研究其真象。譬如中国国家的基础，建筑在家庭制度之上，我们只须研究家庭之原起与变迁，国家之成立与改革，及历代学者伦理的政治学说。至于家庭制度好不好，可以暂不批评。譬如中国的文学，因儒家的关系，常合有教训的意味，我们只须研究历代文学家思想之原流，及其在社会上之影响。至于文学的本身好不好，亦可以暂不批评。我姑举两个例，其实研究中国一切学术，皆宜如是。我为什么研究中国学术，具这样的一个态度，因为一种学术，要批评其好不好，必须与同样的学术详细比较，然后可以判断。中国学术的系统，与世界学术的系统，完全不同，直是无从比较。既是不能比较，所谓好不好者，简直是一句含糊的话。所以我研究中国学术的态度，固不鄙弃中国学术，以为毫无价值，亦不夸张中国学术，以为有多大的价值。（胡朴安：《对于中国学会之意见》，《时事新报·中国学术周刊》，第10期，1929年1月10日，第2张第4版）

接着，胡朴安将于右任、叶恭绰、马叙伦、蒋观云诸人对于中国学会命名意见及入会资格问题数函传观，并依次讨论简章。关于学会命名，叶恭绰当场说明意见后，附带声明谓："学会乃一笼统名词，不论何种学术，皆含在其内。本会之性质，似专研究国学，应有表明之必要。"庞青城主张改为"中华学会"。范丽诲主张改为

"中华民国学会"。吕志伊主张简称为"国学会"。丁福保以为"国学整理会"最好。伍仲文主张改为"中华国学会"。周予同则以为"笼统之名最好"。田子琴以为"名目无多关系，可不必改"。胡朴安归纳两方面意见，表决结果，多数通过，仍用"中国学会"原名。关于研究范围，李续川提议，以既名学会，则内容广泛，应否确定范围或标准。叶恭绰主张，在简章第一条整理下，略加数字。田子琴主张，不如改为研究整理意义，即可包括在内，结果一致通过。关于会员资格，蒋观云来函提出："以能为国学之整理之工作者，得为本会会员，而不及其他，毋乃失之褊狭。"一致议决入会资格宜宽，发表著作宜严。此外，议决著作部改为编撰部，于编撰、会务二部外增加讲演部。章程通过后，推定胡朴安为编撰部主任，姚石子为讲演部主任，陈乃乾为会务部主任。下午2时，在百星菜馆叙餐，觥筹交错，盛极一时。（《中国学会成立记事》，《中国学会会员录》，第1—2页；《中国学会成立大会纪》，《申报》，1929年1月4日，第4张第16版）

唐文治为中国学会发起人之一，未能莅会，寄来颂词。曰：

黄轩之裔，重圣累哲。濯性沦灵，孕智诞识。东震耀华，南离炳式。羲文斠元，苍书识职。周情孔思，左老右墨。陶之埴之，组之织之。扶之翼之，艺之植之。世际大同，时适统一。古未有逮，于今为烈。青天白日，云雾倏拨。微言大义，兹为隐匿。国光民气，兹为掩抑。肴核百家，棣通八极。非惟挨张，又刮拭之。非惟吸受，又锲刻之。群圣所翔，万邦所则。光之大之，惟吾党之力。广之益之，惟群策是集。猗欤休哉，神明禹域。（唐文治：《中国学会成立大会颂词》，《时事新报·中

国学术周刊》，第10期，1929年1月10日，第2张第4版）

中国学会以"研究中国学术，发扬民族精神"为宗旨，凡志愿研究中国学术者，经会员二人介绍，得为会员。会员研究中国学术有相当贡献者，其著作品得由会出版部发表，会员各得保留著作权。设编撰、讲演、会务三部，每部推举一个干事主任。另行组织出版部，发行周刊及书册等，资本以公司章程召集，会员有优先入股权。出版部规章另定。会员有委托出版部发行著作，及购买出版部出版品优待的权利。每年举行常会二次，由会务干事通知。临时会不限次数，关于学术的讨论，由会员二人以上提议，主任干事召集。文具等费由出版部担任。未尽事宜，得由会员五人以上提议，经会员大会修订。编撰干事胡朴安、讲演干事姚石子、会务干事陈乃乾。通讯处暂在上海新闸路六三七号。（《中国学会简章》，《中国学会会员录》，第3—4页）

至于研究中国学术的方法，胡朴安主张摒弃经史子集的分书系统，遵循西式分科理念。

学术为民族的精神，亦为世界的公物。因为中国的学术，与世界的学术，系统不同，不仅民族的精神，无由表见，且中国的学术，不能在世界学术上得一位置。欲发扬民族精神，使中国学术，成为世界的公物，必须将中国旧有的学术，加以整理，分析综合，皆有系统之可循。世界学者，各晓然中国学术的真象如是。中国四千年的学术，养成四万万人民的特性，当然有一种不可轻视的价值，无待我们自己的夸张，人家亦谓不能贸然鄙弃。若不加以整理，仍旧为经史子集的系统，不特世界学者不能了解中国的学术真象，就是中国的后起者，对于中国的学术，亦渐渐生鄙弃的心。（胡朴安：《对于中国学会之意见》，《时事新报·中国学术周刊》，第10期，1929年1月10日，第2张第4版）

具体从事方法，则遵循胡朴安此前提出的二十条整理意见，个别表述略有调整，如"国学"二字，俱改为"中国学术"。（胡朴安：《整理中国学术之意见》，《中国学会会员录》，第9—12页）

中国学会发起人共84人，但发起人题名录没有张凤、顾廷龙。（《发起人题名》，《时事新报·中国学术周刊》，第10期，1929年1月10日，第2张第4版）有人统计，截至1929年5月10日编辑的《中国学会会员录》，会员人数计有261人。（梁颖整理：《胡朴安友朋手札——中国学会创立始末》，上海图书馆历史文献研究所编：《历史文献》第2辑，上海科学技术文献出版社，1999年，第198—199页）从省籍分布看，江苏127人，浙江47人，安徽27人，广东15人，山西9人，福建5人，湖北4人，湖南4人，江西4人，陕西3人，四川3人，河北2人，云南2人，山东1人，河南1人，广西1人，甘肃1人，贵州1人；日本1人，不详者3人。（《中国学会会员录》，第1—28页）另据连载在《民国日报·中国学术》的《陆续加入会员题名》，有66人；《民国日报·中国学会周刊》连载的《民国二十年重编会员录》，还有12人。去除重复，在会员录之外还有78人。会员总计339人。中国学会会员题名录大致如下（表1）。

表1 中国学会会员题名录

姓名	别号	籍贯	通信处	
丁福保	仲祜	江苏无锡	上海梅白格路医学书局	发起人
丁承宗	简庵	江苏金山	金山朱泾市	
丁承溥	鞠舫	江苏金山	金山朱泾市	
丁思孝	儒侠	江苏上海	上海塘山路同安里一〇四八号	
丁强汉	未生	广东兴宁	上海吴淞中国公学	
丁绶绅	约斋	江苏武进	武进崔桥镇浦东三林堂三林高等小学	
丁芝孙	初园	江苏常熟	常熟西仓前	
于右任		陕西三原	上海戈登路五合里六一五号	发起人
于震寰	镜宇	山东蓬莱	北平北海图书馆	
王云五	岫庐	广东中山	上海宝山路商务印书馆	发起人
王植善	培孙	江苏上海	上海外日晖桥南洋中学	发起人
王蕴章	西神	江苏无锡	上海极司非而路正风大学	发起人
王钟麒	伯祥	江苏吴县	上海宝山路商务印书馆	发起人
王引才		江苏上海	上海大南门外仁阜里二号	
王秉谦	吉六	江苏泰兴	泰兴黄桥私立黄桥中学	
王蘧常	瑗仲	浙江嘉兴	嘉兴城内报忠埭	
王绍鳌	恪成	江苏吴江	上海法租界西门路辑五坊十四号 南京汉西门豫陕甘灾赈委员会	
王匡九		陕西南郑	汉中府集贤巷对门	
王铨济	巨川	江苏上海	上海东华德宁国路桥北一号	
王重民	有三	河北高阳	北平北海图书馆	
尹炎午	石公	江苏丹徒	北平西安门外六十五号	发起人
毛坤	体六	四川宜宾	武昌文华公书林	

续表

姓名	别号	籍贯	通信处	
田桐	梓琴	湖北蕲春	上海西门路永裕里七十二号	发起人
田中庆	子祥	日本东京	日本东京本乡区本乡一丁目六番地	
白寿彝	授衣	河南开封	开封后和平巷二十号	
石德纯	寅生	安徽寿县	上海西摩路二百〇一号	
江恒源	问渔	江苏	上海慕尔鸣路彬兴里三〇七号	发起人
江万平	龙渠	浙江杭县	上海北四川路四十八号	
江树棻	雪塍	浙江嘉善	嘉善塘西塔湾	
江树霖	汝为	浙江嘉善	嘉善塘西塔湾	
朱师辙	少滨	江苏吴县	北平武衣库四号	发起人
朱香晚		江苏宜兴	上海大同大学	发起人
朱翱	瘦桐	江苏太仓	上海徐家汇孝友里一二一号	
朱尊一		安徽泾县	上海麦根路四十四号半	
朱犀禅		安徽泾县	上海康脑脱路兰石小筑	
伍崇学	仲文	江苏江宁	上海巨籁达路敦厚里十五号	发起人
阮毓麒	珩甫	江苏淮安	上海法租界西门路辑五坊十四号 安庆清理安徽屯垦局	
曲宜振	仞千	山西五台	五台河边村	
李崇元	续川	广东梅县	上海光华大学 吕班路大陆坊四十号	发起人
李国凤	少川	安徽合肥	上海慕尔鸣路润德里一九五号	发起人
李次民	士峰	广东兴宁	汕头兴宁里仁街龙昌号 上海吴淞中国公学	
李墉	佩笙	江苏淮安	淮安城内尊孔学校	
李宝琛	仲南	江苏江都	杭州省立商科中学	
李小缘		江苏江宁	南京金陵大学	

续表

姓名	别号	籍贯	通信处	
何炳松	柏丞	浙江金华	上海宝山路商务印书馆	发起人
吴敬恒	稚晖	江苏无锡	上海环龙路志丰里九十号	发起人
吴承仕	检斋	安徽歙县	北平宣武门外校场四条二十七号	发起人
吴梅	瞿安	江苏吴县	上海光华大学 苏州双林巷二十七号	发起人
吴沕玉	涷青	江苏吴县	苏州双林巷二十七号	
吴学周		广东番禺	上海宝山路东方图书馆	
余寿颐	天遂	江苏昆山	上海澄衷中学	发起人
杜际福	锡五	陕西南郑	南郑后街	
吕志伊	天民	云南思茅	上海法租界金隆街履康 南京立法院	发起人
吕思勉	诚之	江苏武进	上海光华大学 常州十字街	发起人
邱半庐		江苏江宁	南京城北鸡鹅巷三十二号 海宁县警察所	
沈砺	道非	江苏松江	南京娃娃桥七号	发起人
沈孝祥		福建闽侯	福州南后街光禄坊二四号	
沈同午	职公	江苏常熟	上海爱多亚路五八七号施宅转	
沈文华	扶摇	浙江桐乡	上海大南门清心中学 方斜路宁康里三十二号	
沈维钧	勤庐	浙江吴兴	苏州东吴大学	
沈介	乙夫	浙江吴兴	南京法官惩戒委员会	
汪馥炎	叔贤	江苏武进	上海新闸路福康路福鑫里六五五半	
汪肇祯	觉非	浙江鄞县	上海塘山路同安里一〇四〇号	
汪懋祖	典存	江苏吴县	苏州中学校	
佘蕙墨	雪曼	四川巴县	南京中央大学	
周予同		浙江瑞安	上海宝山路商务印书馆	发起人

续表

姓名	别号	籍贯	通信处	
周大烈	迪前	江苏松江	松江亭林	发起人
周由廑		浙江吴兴	上海闸北天通庵路三省里	
周越然		浙江吴兴	上海宝山路商务印书馆 闸北天通庵路三省里	发起人
周澂	哲肫	江苏宜兴	上海光华大学	
周珊	迪斐	浙江象山	上海沪江大学	
洪范五		江苏江宁	北平清华大学图书馆	
洪光	君实	江苏盐城	上海真如暨南大学	
宗子岱	耿吾	江苏江宁	常熟冲天庙前	
宗惟恭	礼白	江苏江宁	上海爱文义路望德里一二一九号	
林百举	一厂	广东梅县	镇江江苏省政府民政厅	
林钧	石庐	福建闽侯	福州福新街十四桥西	
范子美	皕诲	江苏吴县	上海博物院路青年协会	发起人
范祥善	云六	江苏嘉定	上海大连湾路世界书局编译所	
姜亮夫		云南昭通	无锡无锡中学	
茅乃登	若时	江苏镇江	南京中正街交通旅馆	
茅以南	冰尘	江苏镇江	南京复成仓毛诗巷	
茅以升	唐臣	江苏镇江	南京复成仓毛诗巷	
茅以新		江苏镇江	南京复成仓毛诗巷	
胡朴安		安徽泾县	上海新闸路福康路福鑫里六五七号半	发起人
胡怀琛	寄尘	安徽泾县	上海闸北横浜路吟桂路三四二号	发起人
胡惠生		安徽泾县	上海新闸路福康路福鑫里六三六号	发起人
胡道静		安徽泾县	上海闸北横浜路吟桂路三四二号	
胡传厚		安徽泾县	上海闸北铁路第一学校	

续表

姓名	别号	籍贯	通信处	
胡俊	翔冬	安徽	南京南门外义兴米仓	
胡浩川		安徽六安	六安教育局	
胡元吉	敬庵	安徽黟县	黟县城内杏墩学舍	
胡维铨	谪凡	浙江余姚	浙江余姚小桥头存德堂药店转	
俞庆恩	凤宾	江苏嘉定	上海西门	发起人
俞大纯	慎修	浙江绍兴	上海哈同路民厚里四一五号	
柳弃疾	亚子	江苏吴江	上海卡德路寰球中国学生会朱少屏转	发起人
柳翼谋	诒徵	江苏	南京龙蟠里国学图书馆	发起人
郝霁	乃鼎	江苏淮安	上海江湾路持志大学	
郝建梁	树侯	山西定襄	太原国立师范大学	
郝效儒	孺筠	山西武乡	武乡马牧村	
陈去病	佩忍	江苏吴江	上海江湾路持志大学	发起人
陈世宜	匪石	江苏江宁	南京国民政府工商部 胭脂巷内吉祥街廿二号	发起人
陈垣	援厂		北平翊教寺二号	发起人
陈柱	柱尊	广西北流	上海大夏大学	发起人
陈乃乾		浙江海宁	上海新闸路福康路福鑫里六三七号	发起人
陈钟凡	斠玄	江苏盐城	上海真如暨南大学	发起人
陈霆锐		江苏吴县	上海博物院路二十号	
陈曾阼	经锄	浙江慈溪	上海岳州路底中立里四七号	
陈彬龢		江苏吴县	上海金神父路三〇八号	
陈旦	旭轮	江苏常熟	苏州东吴大学	
陈沆	梅湖	广东饶平	汕头孔教会	

续表

姓名	别号	籍贯	通信处	
陈准	绳夫	浙江瑞安	瑞安杨衙街	
徐蔚南		江苏吴江	上海江湾复旦大学 横浜路吟桂路安乐里一二号	发起人
徐恕	行可	湖北武昌	武昌府后十二号	发起人
徐乃昌	积余	安徽南陵	上海北河南路图南里	发起人
徐鼎臣		浙江海宁	上海宝山路东方图书馆	
徐能庸		江苏吴县	上海宝山路东方图书馆	
徐策	天趣	江苏如皋	如皋东陈 南京大全福巷二十号	
徐第初		安徽石埭	上海西摩路二百〇一号石宅	
徐宝君	用若	安徽石埭	安庆大珠子巷一号	
徐绳祖	天然	江苏如皋	上海江湾路持志大学	
徐传保		江苏吴县	苏州十梓街一百六十五号	
唐文治	蔚芝	江苏无锡	无锡城内西溪	发起人
倪羲抱	无斋	江苏无锡	上海法租界拉都路兴顺南里四二号	发起人
倪世勋	志芳	浙江嘉善	嘉善西塘	
马良	湘伯	江苏丹徒	上海徐家汇土山湾	发起人
马叙伦	夷初	浙江杭县	南京教育部	发起人
马廉	隅卿		北平孔德大学	发起人
马福祥	云亭	甘肃	南京门帘桥古狮巷一号	
马根伟	仲立	安徽桐城	桐城西门内	
袁守和	同礼		北平北海图书馆	发起人
袁质秀	实生	江苏泰县	泰县北门恒大兴烟庄转崇文学社	
袁菖		江苏吴江	南京中央大学	
袁思永	巽初	湖南湘潭	杭州仁和路八十四号	

续表

姓名	别号	籍贯	通信处	
高燮	吹万	江苏金山	金山张堰镇	发起人
高基	君定	江苏金山	金山张堰镇	发起人
高步瀛	阆仙	河北霸县	北平宣内大口袋胡同	发起人
孙人和	蜀丞	江苏盐城	北平西养马营三号	发起人
孙禅伯	老禅	江苏常熟	上海大夏大学 常熟西塘桥	
孙鹤皋	慕唐	浙江吴兴	上海南成都路辅德里六三〇号半	
孙铭	少江	江苏江宁	南京高楼门十二号	
秦更年	曼青	江苏江都	上海中南银行	发起人
秦毓钧	平甫	江苏无锡	无锡公园路图书馆	
秦晋元	康甫	湖南湘潭	上海南成都路荣康里六四八号	
陆翔	云伯	江苏吴县	上海震旦大学 亚尔培路蚕桑改良会	发起人
陆侃如		江苏海门	上海真如暨南大学	发起人
陆彭年	渊雷	江苏川沙	上海南市王家码头懋业里一号	
郭成爽	步陶	四川隆昌	上海新闻报馆	发起人
郭希汾	绍虞	江苏吴县	北平燕京大学	发起人
陶牧	小柳	江西南昌	镇江江苏省政府 苏州金狮巷廿八号冯宅转	
陶镛	在东	浙江绍兴	上海新闸路赓庆里七一一号	
姚明晖	孟坝	江苏上海	上海持志大学 南翔耕读庐	发起人
姚光	石子	江苏金山	金山张堰镇	发起人
姚锡钧	鹓雏	江苏松江	上海北四川路永安坊 时报馆	发起人
姚兆培		江苏上海	上海南市王家码头懋业里一号	
凌太昭	莘子	江苏吴县	苏州西百花巷	
柴萼	小梵	浙江慈溪	镇江金山河吴园	

续表

姓名	别号	籍贯	通信处	
黄质	宾虹	安徽歙县	上海长浜路汾阳坊神州国光社	发起人
黄居素		广东	南京立法院 上海长浜路汾阳坊神州国光社转	发起人
黄经阁	纶章	安徽怀宁	上海霞飞路联益坊七号方宅转 安庆河南会馆对门	
黄立猷	毅侯	湖北沔阳	北平西城前王公厂	
张鹏一	扶万	陕西富平	西安西仓内四六号	发起人
张凤	天方	浙江嘉善	上海真如暨南大学	发起人 题名录无
张镰楼		江苏崇明	南京第一短波无线电台	
张公亮		安徽桐城	上海福煦路成和坊六一五号	
张振铺	枕蓉	江苏宜兴	上海光华大学	
张用宾		江苏常熟	上海闸北铁路第一学校	
张仁和	育中	山西五台	五台耿镇恒昇公	
庄乘黄	清癯	江苏嘉定	嘉定城中西小街	
庄识先	通伯	江苏武进	上海山海关路一一五号	
康爵	修其	福建莆田	福建涵江图书馆	
章钦亮	赋浏	江苏嘉定	上海沪江大学 太仓城内州桥河南	
许修直		江苏无锡	上海西门路西成里七一号	
许廷儒	小笋	浙江杭县		
曹祖彬	又彬	安徽青阳	南京金陵大学	
常任侠	季青	安徽颍上	南京中央大学	
常国钧	子潇	山西榆次	太原国立师范大学	

续表

姓名	别号	籍贯	通信处	
汤济沧		浙江吴兴	苏州五卅路一号	发起人
曾朴	孟朴	江苏常熟	上海白克路六〇四号半真美善杂志社	发起人
冯平	心侠	江苏太仓	太仓璜泾镇思肖里	
冯飞	培风	江苏太仓	太仓璜泾镇思肖里	
冯超	超尘	江苏太仓	太仓璜泾镇思肖里	
冯泽涵	欣侯	江苏吴县	苏州金狮巷二十八号	
邹寿祺	适庐	浙江海宁	杭州忠清巷一〇一号	
温丹铭	止斋	广东大埔	汕头同益西巷三五号	
恽铁樵		江苏武进	上海云南路会乐里	
彭鹗	百一	江苏昆山	苏州陈墓镇北栅	
傅熊湘	钝安	湖南醴陵	长沙宝南街井巷子四号	
乔象亨	仲嘉	山西临汾	太原国立师范学校	
程万里		浙江杭县	上海新闸路荣昌号转	
万国鼎	孟周	江苏武进	南京金陵大学	
闻宥	野鹤	江苏松江	上海江湾路持志大学　闸北江湾路九五五号	发起人
叶恭绰	玉甫	广东番禺	上海祁齐路十五号	发起人
叶楚伧		江苏吴江	南京中央党部	发起人
叶光球	梦耕	浙江东阳	南京中央大学　东阳郭宅转象山千	
杨树达	遇夫	湖南长沙	北平锦什坊街南六铺坑廿号	发起人
杨天骥	千里	江苏吴江	上海慕尔鸣路荣康里二号	
杨立诚	以明	江西丰城	杭州大方伯省立图书馆	
杨度	皙子	湖南湘潭	上海贝禘鏖路霞飞巷八号	
董康	授经	江苏武进	上海西摩路锦文坊十四号	发起人

续表

姓名	别号	籍贯	通信处	
靳铸三		安徽寿县	寿县城内个人学社	
葛啸盦	小厂	江苏嘉定	上海外日晖桥南洋中学	
郑振铎		福建	上海宝山路商务印书馆	发起人
郑师许		广东东莞	上海北四川路福德里广肇公学	
郑迦图	肖厓	江苏江宁	上海老靶子路二五七号	
潘利达	圣一	江苏吴县	上海宝山路东方图书馆	
翟寿	孟举	安徽泾县	上海宝山路东方图书馆	
赵世楷	仲华	贵州遵义	南京盐务署	发起人
赵君闳	止扉	江苏武进	常熟报本街屈宅	
赵尊岳	叔雍	江苏武进	上海申报馆	
赵诒琛	学南	江苏昆山	苏州大井巷十二号	
赵万里	斐云	浙江海宁	北平北海图书馆	
卫聚贤		山西万泉	南京教育部	发起人
卫临雍	显卿	山西赵城	太原国立师范大学	
刘纯	纯甫	江苏江宁	南京金陵大学	发起人
刘靖夫	少村	江苏丹徒	南京金陵大学	
刘三	季平	江苏上海	南京使署口瞻园江苏革命博物馆 上海华泾镇	
刘节	子植	浙江永嘉	天津南开大学	
刘纪泽	平山	江苏盐城	上海真如暨南大学	
刘国钧	衡如	江苏江宁	南京金陵大学	
蒋智由	观云	浙江诸暨	上海华德路四十四号	发起人
蒋瑞藻	孟洁	浙江诸暨	杭州江干钱浦商轮公司转黄家步	
蒋祖诒	谷孙	浙江乌程	上海福煦路敦丰里二百〇二号	

续表

姓名	别号	籍贯	通信处	
蒋一前	轶前	江苏江宁	南京金陵大学图书馆	
蒋复聪	慰堂	浙江海宁	北平北海图书馆	
蔡元培	子民	浙江绍兴	上海慕尔鸣路升平街二四三号	发起人
蔡文铺	韶声	浙江嘉善	嘉善西塘	
蔡心觉	梦蝶	广东潮安	潮安广源街一号	
蔡禹门		江苏无锡	上海白克路六号	
樊汝玉	秀峰	山西崞县	太原国立师范大学	
卢绍曾	肖典	浙江永康	上海浦东中学　永康城内义丰药号转	
卢绍稷	克宜	浙江永康	上海陆家浜上海中学　永康县天后宫后吕家	
卢英	亚东	湖北武昌	上海江湾路持志大学	
钱基博	子泉	江苏无锡	上海光华大学	发起人
钱智修	经宇	浙江	上海宝山路商务印书馆	发起人
钱穆	宾四	江苏无锡	苏州荡口镇	
钱保和		江苏无锡	上海施高塔路四达里	
钱石仙		浙江杭县	上海新闸路荣昌号	
谢观	利恒	江苏武进	上海北浙江路宁康里六巷末家	
谢良牧	叔野	广东梅县	广州秉政街适庐　汕头潮汕铁路公司	
谢觐虞	玉岑	江苏武进	常州观子巷	
谢承烜	叔明	江苏靖江	靖江西来镇柴家圩	
谢承炳	丞丙	江苏靖江	上海江湾路持志大学	
谢文进	农民	福建海澄	新嘉坡民国日报馆	
戴传贤	季陶	浙江吴兴	南京考试院	发起人
戴郇	般若	江苏镇江	南京乾河沿汇文女学校	

续表

姓名	别号	籍贯	通信处	
储厚丞		安徽六安	六安教育局	
钟华栋	仲芍	广东新会	上海霞飞路霞飞坊八九号	
韩兆鸿	渐宜	江苏江宁	上海青海路善庆坊二十号	
聂其昌	作庆	江西鄱阳	上海江湾路持志大学	
谭禅生		安徽旌德	上海老靶子路二五七号	发起人
谭翼鹏		江苏宝山	镇江江苏省政府民政厅	
苏民生	憨农	安徽石埭	南京总商会	
饶锷	钝安	广东潮安	潮安东门潮安银庄	
严庸	潹宣	浙江吴兴	上海小西门安定里 外日晖桥南洋中学	发起人
庞元澂	青城	浙江吴兴	上海戈登路五十号	发起人
庞友兰	馨吾	江苏阜宁	阜宁东坎镇	
顾实	惕生	江苏武进	上海沪江大学 南京丹凤街一百十号	发起人
顾因明		江苏上海	上海外日晖桥南洋中学	发起人
顾廷龙	起潜	江苏吴县	南翔仙槎桥王宅	发起人 题名 录无
顾燮光	鼎梅	浙江绍兴	上海棋盘街科学仪器馆	
储南强		江苏宜兴	宜兴	发起人
以下为陆续加入会员题名				
胡尔康	孟茀	江苏江都	松江县立中学	
宋伯寅	百怡	浙江绍县	上海白克路人和里	
杨世恩	道弘	江苏金山	张堰镇	

姓名	别号	籍贯	通信处	
郑鹤春	萼邨	浙江诸暨	上海特别市教育局	
陈宗山	壁禅	江苏崇明	上海南洋中学	
刘士木		广东	上海宝山路三德里32号	
张秀勤		湖南芷江	上海群治大学	
张江白		湖南桃源	上海群治大学	
温应虬	跃云	广东	上海极司非而路三十八号	
谈文虹	麟祥	浙江海盐	海盐九宫弄	
丁锡田	稼民	山东潍县	潍县胡家牌坊	
王献唐		山东日照	日照县邮局转韩家村	
柏冠民	贯明	安徽舒城	上海培明女子中学	
王尧铎	醒黎	安徽和县	上海培明女子中学	
潘鸿年	尔儒	江苏宜兴	南京中央大学	
袁著	明若	江苏吴江	南京中央大学	
刘堪	梅先	江苏江都	上海北苏州路鄱乐煤矿公司	
汪企张	劫余	江苏上海	上海民国路四三九号	
今关寿磨	天彭	日本东京	北平东裱糊胡同	
庄逸	愁冰	江苏武进	上海北江西路桃源坊俞宅转	
朱家鼎	式彝	江苏松江	亭林镇北市景松堂	
吴子筠	立初	广东潮安	潮安县教育会	
夏同书	星阶	浙江德清	苏州桃坞中学	
钟泰	钟山	江苏江宁	杭州广福营四十三号	
范德铨	揆平	安徽无为	无为广智书局	
黄旭初		浙江桐乡	上海特别市党部	
毛云	霞轩	浙江安吉	上海爱多亚路中华法学会	

续表

姓名	别号	籍贯	通信处	
张廷华	萼孙	浙江吴兴	海门大生三厂	
鲍容	进明	安徽巢县	上海民国日报	
王德均		安徽合肥	上海约翰大学	
危鼎铭	石楞	湖南湘阴	长沙东长街麻石巷三号	
马济光	经士	浙江海宁	上海闸北永兴路三益北里三号	
杭良	叔英	浙江萧山	萧山赭山乡	
陈拔	晓岑	江苏海门	海门县志局	
龚宝铨	述衡	江苏海门	上海持志大学	
黄枋	松庵	江苏海门	海门县志局	
金慕尧	志红	江苏吴江	上海浦东电气公司	
郑延卓	文瓶	湖南长沙	湖北交涉署	
姚卿云	天蔚	江苏盐城	南京中央大学	
朱鹤鸣		浙江桐乡	青岛民国日报	
徐畅霆	仙源	江西丰城	江西樟树镇坪上街长春转	
胡家瑾	美之	江西吉水	江西吉安大街元茂怡号转	
陈哲如		广东潮安	汕头崎碌明惠巷十四号	
邓尔疋		广东南海	香港邮政信箱五八四号转	
罗五洲		广东南海	香港邮政信箱五八四号	
汪剑余		湖南益阳	呈江芦墟	
郑敬舆		浙江桐乡	杭州济生产科学校	
李宸	定宇	四川万县	本埠霞飞路铭德里廿号	
薛汝琥	佩苍	江苏常熟	本埠兴业银行	
戴健标	醒弱	江苏无锡	南京特别市政府教育局	
杜士卓	进高	四川万县	本埠华龙路七一号	

姓名	别号	籍贯	通信处	
王兆麟	季玉	江苏常熟	常熟西仓前	
朱剑芒	大赤	江苏吴县	上海提篮桥东倍开尔路人寿里二〇五号	
光云锦	农闻	安徽桐城	北平后铁厂一号	
蔡守	哲夫	广东顺德	广州线香街	
谢英伯		广东梅县	广州惠福东路	
石光瑛	太始	浙江会稽	广州小北路	
朱元善	赤萌	浙江海盐	商务印书馆编译所	
卢前	冀野	江苏江宁	光华大学	
龚敬钊	伯威	江苏无锡	无锡西大街念四号	
任讷	中敏	江苏江都	南京立法院	
郦承铨	三衡	江苏江宁	南京磨盘街	
顾克俭			上海劳神父路一三〇	
□景翘	定远		常州柴行街二	
许观	盥孚		芦墟师让小筑	
陈守实	漱石		上海老靶子路俭德储蓄会	
金翰宗			崇明堡北盐河镇永裕	
吴耕莘	孝侯		扬州达士巷让德里	
伊光远	啸东		上海大夏大学	
朱文鑫	贡三		镇江土地局	
朱赤萌			上海商务印书馆编译所	
余十眉			上海新闸路斯文里新闻小学	
王庸	以中		真如暨南大学	
王钟麒	伯祥		上海商务印书馆编译所	

△ 马相伯在上海民立中学成立二十五周年纪念大会发表演讲，勉励学生保存民族，必先保存国粹。

出席此次纪念大会的有民立中学学生千余人，教职员八十余人，以及来宾三百余人。"先后到教育家马相伯、前教育厅长沈商耆、市政府秘书长周雍能、市党部宣传部长陈德徵、临时法院院长何世桢、社会局局长潘公展等十七人。"马相伯由"民立"二字谈及三民主义，强调孙中山所言民族主义，在于促成世界各民族都得平等待遇，但前提是须先保存我国民族。"保存民族，须先保存国粹，不可专事于ABC之中。如国学精通，则研究英文，可收中西贯通之效。"（王沿津：《元旦日之民立念五周纪念典礼》，《申报》，1929年1月4日，第6张第22版）

1月5日 北平大学各学院临时预算公布，国学研究所分得五千元。（《北平大学最近要讯》，《申报》，1929年1月5日，第3张第12版）

△ 钱玄同号召国立北平大学第一师范学院国文系学生注意国故思想文化。

上午，钱玄同应国立北平大学第一师范学院（北京师范大学改名，即"一师院"）邀请，参加学生自治会举办的欢迎院长、物理学家张贻惠（字少涵）的大会。钱受邀演说，但"全无预备"，又"亦向不会说空套话"，于是"文不对题地说了关于国文系的话"："（1）本系学生应注意国故思想文化等等及应用的国语文，不可旧而专注重空疏无用的古文，新而专想做文学家；（2）别系的学生不可以为我不学国文，便闹到文理不通，白字连篇。"末云"打倒'美文'"。（杨天石主编：《钱玄同日记》整理本中册，北京大学出版社，2014年，第730—731页）

△　燕京大学国学研究所开会。

容庚日记载："九时国学研究所开会，到者刘廷芳、郭绍虞及予三人，不足人数，略谈而散。"（夏和顺整理：《容庚北平日记》，中华书局，2019年，第162页）

1月6日　巴黎大学中国学院监督韩汝甲致函南京国民政府，并致国民政府各委员、行政院各部长、各省政府，请设国学院，分为经史子集四科，以期实现孙中山民族主义所主张的恢复和维护固有道德，并供中外人士研究中国文化。

函中历举南京国民政府成立以来，国民党高层提倡固有道德的言论和有关决议，如1928年8月28日，国民政府通过孔祥熙提议保护孔子林庙案，内有崇拜先知先觉，为人类心理所同，光大固有道德，亦民族精神所寄等语。同年9月4日，国民政府侨务委员会就职宣言声称，应将吾国固有文化，及立国精神向外宣传，将国外文明输入国内。9月24日，国民政府通过中华民国教育宗旨，开首三大端，即以恢复民族精神，发扬固有文化，提倡国民道德为宗旨。10月10日，国民政府主席蒋介石"忠告同胞书，亦有保持中国固有之德性，以铲除苟且自私之恶习，发扬我中华民族五千年之历史各等语"。然后阐明国学对于恢复固有道德、提倡民德之意义。

因思廿年来风俗奢侈，人心陷溺，放僻邪侈，无所不为，俨若洪水横流，不可收拾者皆由民德堕落之所致，而民德之所以堕落，则由于荒废国学之所致。当今之世，欧美之科学固须效法，而吾国学术之精华，亦应并重，欧美各国之学问家知不能专恃物质文明为立国之根本，尚有欲研究吾国国学以济其穷者。我国久已自命为体义之邦，转视固有学术为无足重轻，岂非异事。环顾中央及各省尚无国学专院，有志之士及外人之欲讲求汉学者，无研究之方便，致使古圣先贤之至理名言未能普及。为今之计，须由中央及各省政府遍设国学院，略分经史子集四科，以为中外人士研究之机关。

遍设国学院的好处，共有九点。一、"吾国古老文明，本与希腊、罗马相抗衡，泰西学院研究者少，普通人民甚至目我国为未开化之国，若设立国学院，不分国籍，凡外人皆可入院研究，得其宣传吾国文明，则从前之轻视可渐消矣"。二、"西学东来，吾国青年多以旧学为无用，不知西学中学互有短长，不可偏重，吾国古籍果能用新法研究，必有价值，一经公评，则学风之趋向即可转移"。三、"从前欧战之原因，虽复杂，而总以争存为主，我国之战乱频年，亦实以私利为归，若中外人士入院研究，知吾国先哲主张，以道德为立国之本，则西法之穷可以补救，吾国之人亦可矫正，斯祸乱可少息矣"。四、"欧美博物院多陈列中国磁器，图书馆所藏中国书籍大都无甚价值，若外人入院研究，知我国之旧学美不胜搜，将易好磁器美观之心为典籍之趣，想斯质文，影响同及于异域矣"。五、"外人入院研究，与吾国学者聚处一堂，既有文字道义之交，必可引起外人在我国设立西籍图书馆，彼时吾国寒士，但能略通西文，即可在彼馆自习，比之出洋留学方便多矣"。六、"欧亚文明历史虽异，趋向不无相同，新旧思潮初相接触，必生反激，即如佛教，自汉明帝时流入中国，至于唐代，则赞成反对常起冲突，宋明之时，始与儒学渐次融化。西人既乐研究吾国旧学，与吾国人互相切磋，不特无谓之争执可以消弭，即中学西学亦将殊途同归矣"。七、"华侨子弟久居外邦，得阅读祖国古籍者甚少，若有国学院为彼研究之地，将来多数华侨均能受其教益，且彼等多通晓外国语文，并可宣传祖国之文化于异族"。八、"庚子之变，《永乐大典》因之散失，不特国人痛心，即外人亦代为惋惜，若许外人入院研究，彼辈既喜此道，于中国书籍必能爱惜，有时且可得彼之力，刊印中书流行海外，经其宣传，皆知中国之文明事业，纵不幸遇外祸，当不至如《永乐大典》之被劫，无可如何"。九、"欧美大学常讲吾国学术，然皆由外人任其事，国中西通才不可多得，能胜此任者尚少，若有国学院，使中外人士研究，互结感情，华人能操西语，则固可自任讲解，即不能西语者，亦可由结识之西人作翻译，或代觅翻译"。后附沟通中西文化学院简章。联络地址：北平宣武门外棉花上七条七号、上海辣斐德路五百九十一号。[《韩汝甲致谭祖安函》，中国第二历史档案馆编：《中华民国史档案资料汇编》第五辑第一编文化（二），江苏古籍出版社，1994年，第523—529页；《韩汝甲办理欧美各国大学中国学院或增设中国学术讲座最简说明（续）》，《东北大学周刊》，第84号，1929年11月1日]

　　韩汝甲同时提出，阐扬国学，推行海外，有五种实行办法。一、在国内遍设学院，并组织沟通中西文化学院，以为国外各国大学中国学院应接总机关。二、设法影印《四库全书》，在国外遍设中国图书馆，并征捐关于汉学书籍杂志报纸。小部书籍杂志报纸请邮寄法国南海滨汉学研究会。Maison Sinologique, Villa Bachlyk, c/o Secretuires, Dijunchu, E. Treismann, Golfe-Tuan A.M., France。大部书籍请交北平宣内东太平街二十号胡先生述曾转寄外国，上海胶州路通业里六百零四号方祖馨先生转寄外国。三、遍在公私各报各杂志宣布此事业经过情形，俾各方面得明真相。四、普遍募捐经费。五、陆续将历年办理此事业各文件，请驻欧美各国中国使馆备案，以待外人询问。（《韩汝甲办理欧美各国大学中国学院或增设中国学术讲座最简说明（续）》，《东北大学周刊》，第84号，1929年11月1日）

所谓在国外设立中国学院和影印《四库全书》一事，早在1918年冬，第一次世界大战告终，叶恭绰奉命赴欧美考察，兼参与巴黎和议之时，四库之名，始喧腾于法国通儒院。徐世昌据叶恭绰法电提出，国务会议每年补助两万佛郎，在巴黎大学设立中国学院，先作外人研究四库场所。影印四库一事，曾与当时参与和会的各教育大家，如梁启超、李石曾诸人商量。1920年5月，班乐卫受中国政府之聘来华，主要宗旨在沟通中西文化，而尤以扩张巴大中国学院，影印四库为重。班乐卫曾在京得与徐世昌、黎元洪两前总统，李盛铎、王揖唐两前参议长，当时内阁员以及梁士诒、熊希龄、颜惠庆总理，周少朴院长，梁启超、蔡元培各总长，分别接洽，并往团河与段祺瑞面商。适值安福政变，一月之久，未有政府，北京无法进行。侯至8月，新内阁组成，周子异掌财政，叶恭绰掌交通，范源濂掌教育，乃竭力赞助班乐卫来华计划，请徐世昌以大总统名义，承认影印四库，预赠法国三部。班乐卫满意归国，南下时至上海，又与孙中山、张溥泉、王儒堂诸先生分别说明。于是当时南北政学财各界重要人员，均表同情。法国学界为感激吾国政府及赞成沟通中西文化计划，始由巴黎大学赠送徐世昌名誉博士，表示愿与中华民国交换文化。吾国政府始派朱桂莘督办影印四库，并派其携纪晓岚亲笔《四库全书》目录影本，亲到法国及欧美日本各国，赠与各国元首及各大学各图书馆。四库之名，遂大彰于世界。自班乐卫来华以后四年，吾国兵祸连年，无暇及此，对于法国学界殊失信用。班乐卫又嘱韩汝甲携函亲呈段祺瑞，并附呈1920年与中国政府交换关于四库及中国学院补助费各原函，一面由其在法国外交部存草，似含有催促吾国政府实行各种计划之意。1924年7月27日，段祺瑞明令表彰中国学院，并饬发补助各费。9月24日，明令影印四库。现今国民政府成立，韩汝甲提出两条建议：一是践行北京政府承诺，影印《四库全书》赠送欧美各国；二是在欧美各国大学设立中国学院，宣传汉学。

> 查中国学院分设各国大学地点，除法国外，尚有十五处，吾国政府有案可稽，将来政府分送甲种四库，除法国三部外，请再留十五部为各国中国学院之用。如各学院经费充足，自当备价购置。如实无力，惟有援照法国先例，请吾国政府酌量赠送。（《韩汝甲办理欧美各国大学中国学院或增设中国学术讲座最简说明》，《东北大学周刊》，第82号，1929年10月19日）

韩汝甲呈请设立国学院一节，虽然于次日即得到多个省份响应，实则多敷衍了事。国民政府内政部部长赵戴文复函韩汝甲，请其径向教育部磋商。湖北省政府称此项条陈以发扬吾国文化，沟通中西学术为宗旨，与武汉政治分会所办图书馆编印馆用意正复相同，下令该编印馆参酌采择。江西省政府拟俟将来开办省立大学时，再行采择，竭力筹办，以期实现。安徽省政府只是将原存件备查考。此外，韩汝甲还致函国内各大学、各学术团体和各报社，提出巴黎大学中国学院冬季汉学研究会交换学术著作的请求。函称：

> 巴黎大学中国学院原在沟通中西文化，尤以宣传国学于
> 欧美各国为最要，发源远在二十年前，欧战后乃渐推及各国大
> 学。兹为团结欧美各汉学家起见，特在法国南海滨设冬季汉学
> 研究会，又在瑞士鸟鹅县巍巍市设夏季汉学研究会。欧美大学
> 冬夏假期约占半年，各国学者到此两会参观者固众，而西籍汉
> 学家之住会研究者亦不乏人。

希望各处将发行期报及关于中国学术的著作，各寄一份，赠送
该两研究会。北京协和医科大学遂将学校详章、医院报告书及药物
名词，共计三种寄赠。燕京大学燕京学报社将《燕京学报》第一期
至第三期各一份奉赠。国立浙江大学由于草创伊始，尚未有此类期
报及著作发行，谓俟将来发行此类刊物时，再行分别照寄。《申报》
馆则自复函即日起，分别照寄，以一年为限，至1929年5月为止。
湖北省政府则下令教育厅办理捐助《教育公报》及各学校著述。安
徽省政府转行教育厅捐助《教育公报》二份，各学校汉学著述或讲
义，亦当照寄。吉林省、甘肃省政府亦都下令教育厅遵照办理。(《韩
汝甲办理欧美各国大学中国学院或增设中国学术讲座最简说明（续）》,《东北大
学周刊》, 第84号, 1929年11月1日;《甘肃省政府训令》,《甘肃省政府公报》,
第45期, 1928年)

2月15日，国民政府文官长古应芬复函，奉交教育部核办。
(《韩汝甲办理欧美各国大学中国学院或增设中国学术讲座最简说明（续）》,《东
北大学周刊》, 第84号, 1929年11月1日;《首都纪闻》,《申报》, 1929年2月

16日，第2张第8版）

11月22日，南京国民政府行政院根据教育部函复意见，称韩汝甲所请在各省遍设国学院一事，并无必要。（《训令》，《行政院公报》，第103号，1929年11月27日）

1月12日 燕京大学国学研究所开会，讨论设立考古学研究室问题。

容庚日记载："国学研究所开会，余提议设立考古学研究室，拨款二三千元为购买古物之用。陈援广谓考虑俟下次开会再议。"（夏和顺整理：《容庚北平日记》，第163页）

1月19日 梁启超逝世。钱玄同挽联云："思想革命的先觉，国学整理之大师。任公先生不朽！后学钱玄同肃輓。"（杨天石主编：《钱玄同日记》整理本中册，第733页）

《良友》刊载《最近逝世之国学家梁启超》短文，用汉文简述梁启超生平，谓"年来专心学术，讲学于北大、南开等学校"。配以梁启超遗像，下有英文说明，云：Liang Chi-chao, a Cantonese, well-known for his powerful writings, a scholar and reformer, who died recently at Peiping.He had held high posts in the Chinese Republican government, as Vice-Minister of Justice, Minister of Finance, and was a great profounder in popular education movement。（引者译：梁启超，广东人，以著述丰富而闻名，学者和改革家，最近去世于北平。他曾在民国政府中担任要职，曾任司法部副部长、财政总长，是民众教育运动的一位伟大的奠基人。）（《最近逝世之国学家梁启超》，《良友》，第33期，1928年）

1月30日，钱玄同与胡适致电南京国民政府，请求褒奖梁启超。

上午，钱玄同访胡适，出示致蔡元培、蒋梦麟（胡适主张加入）为商请政府优恤梁启超逝世电文，署名张继、沈士远、胡适、钱玄同。文曰：

> 梁任公先生为戊戌变法之重要人物，辛丑、壬寅间努力输入近代学说，革新思想，厥功甚巨。民七以后专事著作，整理国故，成绩斐然。今不幸勤劬以殁，至堪悼惜，拟请先生商陈政府明令优恤，以示崇礼先觉之意。（杨天石主编：《钱玄同日记》整理本中册，第735页）

胡适个人表彰梁启超的功绩，着重于清末鼓吹新道德，对其整理国故事业评价甚低。在2月2日的日记中作挽梁启超联，曰："文字收功，神州革命。生平自许，中国新民。"并解释说：

> 任公才高而不得有统系的训练，好学而不得良师益友，入世太早，成名太速，自任太多，故他的影响甚大而自身的成就甚微。近几日我追想他一生著作最可传世不朽者何在，颇难指名一篇一书。后来我的结论是他的《新民说》可以算是他一生的最大贡献。《新民说》篇篇指摘中国文化的缺点，颂扬西洋的美德可给我国人取法的，这是他最不朽的功绩。（曹伯言整理：《胡适全集》第31卷，安徽教育出版社，2003年，第323页）

若梁启超"晚年无此退境"，则挽联可改为："中国新民，生平宏愿。神州革命，文字奇功。"（曹伯言整理：《胡适全集》第31卷，第

323页）

2月11日，张荫麟在《大公报·文学副刊》发表《近代中国学术史上之梁任公先生》一文，表彰梁晚年以昌明中国文化为己任，自揆所长，尤专力于史。

及欧战甫终，西方智识阶级经此空前之大破坏后，正心惊目眩，旁皇不知所措；物极必反，乃移其视线于彼等素所鄙夷而实未尝了解之东方，以为其中或有无限宝藏焉。先生适以此时游欧，受其说之熏陶，遂确信中国古纸堆中，有可医西方而自医之药。既归，力以昌明中国文化为己任。而自揆所长，尤专力于史。盖欲以余生成一部宏博之《中国文化史》，规模且远大于韦尔思之《世界史纲》，而于此中寄其希望与理想焉。天不假年，抱志以殁，实中国史学史上之一大损失已。然其已见之主要成绩可得言焉：（一）《中国历史研究法》一书，虽未达西洋史学方法，然实为中国此学之奠基石，其举例之精巧亲切而富于启发性，西方史法书中实罕其匹。（二）关于学术史者，《先秦政治史》及《墨子学案》、《老子哲学》等书，推崇比附阐发及宣传之意味多，吾人未能以忠实正确许之。惟其关于中国佛学史及近三百年中国学术史之探讨，不独开辟新领土，抑且饶于新收获，此实为其不朽之盛业。（三）先生《中国文化史》之正文，仅成《社会组织》一篇，整裁犹未完善，然其体例及采裁〈材〉，（全）空依傍，亦一有价值之创作也。（四）关于文学史者，除零篇外以《陶渊明》一书（内有年谱及批评）为最精绝。报载其作《辛稼轩年谱》，力疾属草，实成绝笔。他日此书印行，当为我国学术史上与人印象最深之纪念物也已。（素痴：《近代中国学术史上之梁任公先生》，夏晓虹编：《追忆梁启超》增订本，生活·读书·新知三联书店，2009年，第89页）

△　燕京大学国学研究所议决拨款补助博物馆。

容庚记载，本月14日，"徐森玉谈河南出土铜器三十事，欲由研究所购之"。19日，"国学研究所议决拨补助博物馆费二千圆，为购买古物之用"。20日，容庚"与黄子通进城，往琉璃厂看古玩字画。为研究所购得一汉永光五年鼎，价一百二十元；一铜镦，价一元"。23日，容庚"见刘廷芳，嘱拨款三百五十元，俾往河南购买古物"。（夏和顺整理：《容庚北平日记》，第164—165页）

1月23日　无锡国学专门学院此前申请政府经费补助，是日获批暂借经费三个月。

下午三时，江苏省教育经费委员会在南京开第十一次大会，到会者吴稚晖、张寿镛（吴本钧代）、钮永建（周爱梧代）、张贻惠（戴志骞代）、汪典存（沈荓斋代）、马客谈、秦景阳、俞仲还、俞凤岐，列席者刘海萍、张佐时、高践四与文牍程光甫等十余人。报告事件第三项，为"无锡国学专门学院补助事件"。中央大学曾经来函，并附该院董事钱基厚呈请，由省府酌情查照办理，当于编造1928年度预算时，划入补助费3000元。旋据该院内需款急，商请教育经费管理处先予筹垫七至十月补助费1000元。唯稽核委员会以此补助费未经经费委员会议决通过，又无预算根据，未便擅自核发。该院呈请，应交会公决。会议议决，关于私校补助费案一项，无锡国学专门学院与振华女校、南菁学院三校，自本月起，暂补助三个月。此后一律停止各校援例呈请，俟补助费充足及制定补助私校规程后，再行补助。（《苏省教育费会议》，《申报》，1929 年 1 月 24 日，第 2 张第 6 版；《苏教费委员会开会》，《申报》，1929 年 1 月 15 日，第 3 张第 10 版）

1 月 30 日，无锡国学专门学院放寒假。（唐文治著，唐庆诒补：《茹经先生自订年谱》，沈云龙主编：《近代中国史料丛刊》第三编第九辑，文海出版社，1986 年，第 99 页）

本月，无锡国学专门学院董事唐保谦等提议，在宿舍后空地上建造图书馆，请程炳若总理其事；遵依孙鹤卿遗嘱，由其哲嗣孙锺海拨助三年经费，共洋六千五百元，为建造图书馆经费。（《本校大事记》，《国专校友会集刊》第 1 集，1931 年，第 4 页；《大事记》，《无锡国学专修学校概况》，1933 年，第 4 页）

1 月 25 日　罗根泽委托燕京大学国学研究所审查其著作《戴东原转语释补》。

容庚日记载："罗根泽与曾广源（字浩然）来，以其所著《戴东原转语释补》托交国学研究所审查。"（夏和顺整理：《容庚北平日记》，第 166 页）

1 月 28 日　中华图书馆协会第一次年会在南京金陵大学大礼堂举行开幕典礼。国立中央大学国学图书馆在会议期间提出五个提案，一项获大会决议通过。

是月 6 日，舆论谓年会定于本月 28 日在南京召集，筹备大体就绪。届时教育部、国立中央研究院及各省省政府教育厅均将派员与会，开会程序暂定五日。其中 1 月 31 日下午五时，将由国学图书馆召开欢迎会。大会由蔡元培为主席，袁同礼、戴志骞为副主席，名人讲演已请定蔡元培、戴季陶、蒋梦麟、胡汉民、吴稚晖诸人。

（《中华图书馆协会第一次年会》，《新中华报》，1929 年 1 月 6 日，第 6 版）

五个提案包括请由本会呈请国民政府通令全国各机关凡有新旧印刷公布之统计公报书籍案牍图表文件按照现入本会之图书馆一律颁送一份俾众公阅案，请由本会编制全国地志目录案，请本会调查登记公私中外现存宋版书以便筹谋影印使勿亡佚案，请由本会编译海外现存中国古逸典籍录及域外研究中国学术论列中国问题著作目案，编制中文书目应将新旧书合编不宜分列新旧书为二目案。（《中华图书馆协会第一次年会报告》，1929 年，第 69—199 页）第四项理由是：

晚近东西各国，学术进步，研究中国学术，论列中国问题之著作，日出不穷。其精密详尽，往往度越国人。而自清季外兵入京，官府所藏，多捆载以去。以及考古家探检所获，富豪皆购，所得珍秘之册，新特之品，往往而有士生。今日欲研究某种问题，首宜考世界现存此问题之资料，及学者对此问题已有之研究。欲明了中国现势，首宜征各国已有之调查论著，及夫对于中国之态度。然目录不具稽考为难，笃旧者专己守残，不自知其浅陋。新学者剿窃成说，则反矜为创获。学术落后，国势不竞，非无故也。谓宜由本会延聘专家，分类编译，汇成全目，庶学者研索有资，图书馆亦可按目购置。即平素浏览，亦足策国人奋起直追，不独触类旁通，浚沦灵府已也。

具体办法如下：一、目录分为海外现存中国古逸典籍录和域外研究中国学术论列中国问题著作目两部，每部分日本、欧美二编。二、古逸典籍，包括卷轴、书册、字画、钟彝、碑版、龟甲及陶器、石器等为中土所无，或若存若亡，与虽有而不多者。学术问题著作，则包括一切论著翻译、注释，其文集专著之言，及中国者，亦著其目。三、由大会推举五人成立编译前案目录委员会，常任编译若干人，由委员会在国内聘请专司编译。任临时编译若干人，由委员会就现在东西留学生有研究目录兴趣者，聘请专司调查报告之责。四、编译古逸典籍录，除将用中文已成目录外，由委员会用本会名义，正式函致日本、欧美各公私图书馆、博物馆及著名收藏家，书佑征求关于中国典籍目录，并分别委托临时编译员就近调查报告。五、编译学术问题著作目，以1928年为断限，除采用中文已成目录外，日本以帝国大学图书馆目为基础，欧美以H.Cordier "Bibliotheca Sinica" With Supplements 为基础。再博征各图书馆书目出版界，补其缺漏，其1929年以后新出之论文书籍，则按期编译目录，登载本会出版的会报季刊。六、编译需用书籍志报，由本会各图书馆尽所有者供给不足，则由本会购置征集。七、编译及印刷所需经费，本会商诸中华教育文化基金董事会酌拨。编译员皆视调查编译成绩，按季酌给报酬，不另支薪，书成以本会及编译员名义发表。（《中华图书馆协会第一次年会报告》，第172—173页）

　　范希曾所提中文书目应将新旧书合编不宜分列新旧书为二目案虽未获通过，但对王重民编《国学论文索引》有所启发。国学图书馆提出该案，乃鉴于"近年各地图书馆所编中文书目，恒将新书旧书，判为二种，各立专目，不使相乱。此盖感于新旧书之性质不同（谓新出之书，其内容及形式，与旧书多异），在编者实具不得已之苦衷，且冀减少编目上之困难也。然夷考其实，乃有不然者，困难并不因新旧而减，且反因之而愈增"。

所谓新书旧书者，本无显然之界限，——强为分别，必致多生窒碍。且长此分立，因循苟简，则新创之分类法，将无以产生。而今后之新中国目录学，恐亦无有试验而创造之者矣。书籍为学术思想之表征，任何学术，皆自有其源流派别，若以新出之书，编就旧类，或以旧书编就新类，似皆有其可相依附之处，万一遇有变例，临时尽可特立新类，固无取乎新旧书之分别也。

正因没有成法可依，不宜"坚执一法"。"盖预设任何一分类法，以求各地一律依用，似此种划一方式，实属无益有损。""无论中国固有之四分法等法，皆须加以改造，始可合于今日实际上之运用。今国内目录学家，方在创造试验之中，势未便执一任何未成熟之方法，而漫为推行之也。"促进新目录创立的办法是：一、劝今后各地图书馆，废止新旧书分立之编目法。二、劝今后各地图书馆，试验改造中国之旧分类法（经史子集四分法等法），以容纳新出之书，各就馆藏，汇编一目。三、劝今后各地图书馆，再试验改造新分类法等法（杜威十分法等法），以容纳中国古书，亦各就馆藏，汇编一目。此目与前所举一目，并行备用。（《中华图书馆协会第一次年会报告》，第199—200页）

至于提案的意义及其影响，袁同礼报告称："本会前以王重民君所编之《国学论文索引》，中途辍业，颇为可惜，乃委托北平北海图书馆继续其事。现该馆业已编竣，将原稿送交本会。此索引颇有参考价值，应如何使之流传，尚待公决。"（《中华图书馆协会第一次年会报告》，第18页）

1月31日下午，国学图书馆馆长柳诒徵参与南京中华图书馆协会年会期间，与其他团体在中央大学梅庵开会欢迎德国出版品交换局代表莱思密博士，具体接洽交换出版品办法，有茶点及摄影。（《欢迎德代表》，《申报》，1929年2月1日，第3张第12版）

△ 北京大学学生会全体大会议决接受吴稚晖调停，致电国民政府教育部接受包括保留国学门的妥协条件，欢迎陈大齐北上掌校。

下午一时，北京大学学生会在北大第二院举行全体大会，由南下代表报告在南京接洽经过情形。金谓目前情事，势难坚持北大独立名义，议决完全接受吴稚晖调停，致电教育部接受条件，并欢迎陈大齐执掌北大。下午四时散会。妥协条件共有五条：一、名称为国立北平大学北大学院，第一院文学院，第二院理学院，第三院社会科学院（National Linnenty of Peking）。二、组织不变，设院长一人，院主任三人，辅佐院长办理一切，皆得出席北平大学院长会议。院主任及各系主任暂由当局聘请，以后则由教授会议选举。三、院长人选为陈大齐。各院主任第一院陈大齐兼，第二院王星拱，第三院何基鸿，预科关应麟。四、经费以北京大学时代最高预算为标准。五、"国学门研究所须仍设第三院内，否则亦当于近处觅相当地址，决不迁往西城"。（《北大学潮已告解决》，《申报》，1929年2月5日，第5张第17版）

1月 《小说月报》刊登何炳松《论所谓"国学"》和郑振铎《且慢谈所谓"国学"》两文，均旗帜鲜明地反对笼统的国学研究，主张按照西洋学术分科研究中国学术。两文引起一些共鸣，也招致一些反驳。

　　傅斯年批判国故名称及传统研究方法，胡适提出区分新旧材料及反对加入中国学会，以及何、郑两文的出现，在一定程度上折射出学界对于国学研究的路径分歧。何炳松担心国人对于"国学"名词或有误会，或利用"国学"名义做许多腐化事情，长此以往，不但中国学术有永远陆沉、无法整理的危险，而且由此产生的流弊层出不穷，中国文化必将永远停留在混乱无望、故步自封的境地。为此，他提出"国学"名词不能成立的四点直接理由。一是概念来历不明。大概从西文翻译而来，对应所谓"支那学"（Sinology），本意指中国事物，广大繁杂又混乱，价值不定。这种笼统的学术混称是中国人的"国耻"。二是范围不清，界限模糊，多年来一直没有合理的定义，违反逻辑。三是笼统浅薄，最能体现中国人囫囵吞枣、不求甚解却又想"万物皆备于我"的毛病，违反了现代学术分工合作的科学精神，实质是反科学。许多聪明青年因为要维持国学家头衔的缘故，试图将《四库全书》全部装进脑袋，结果导致不经不史不子不集，不明白自己为何人、所做为何事，在故纸堆虚度宝贵光阴。四是学术只能实行学科划分，不能以国家为界限。世界上没有专门的英国学、美国学、日本学，只有各国共通的文学、史学、政治学等。中国自命有"国学"，却不明白其特质、价值、贡献，于是"国学"就成了"一团糟"的别名，广义的"经史百家杂钞"，提倡国学或国学研究等于自吹自擂、自欺欺人。埃及学、亚述学甚至东方学，皆因埃及、亚述和东方古国已经亡国，西洋人越俎代庖研究其学术，估定价值。中国国家依然存在，民族依然是中国民族，中国人必须自己研究自己的学术，不必仿照西洋学者对待埃及、亚述的办法。

此外，还有其他三个相关理由，总体是避免近年来"国"字泛滥的危害。

第一，就是我国近来"国"字的风靡一时，好像中国无论什么一种丑东西，只要加上了一个"国"字，就立刻一登龙门，声价十倍的样子。

五更天十八扯的调子，现在不叫做小调而叫做"国乐"了。卖狗皮膏药的勾当，现在不叫做走江湖而叫做"国医"了。甚至前一个月上海四马路上的馄饨铺，亦要叫做"国菜馆"了。这样类推下去，那末小脚、辫子、鸦片，等等东西，亦都可以叫做"国脚"，"国辫"或者"国烟"了。这不但弄得"斯文扫地"，而且"国"字竟变成一切妖魔鬼怪的护身符了。

第二，"国"字泛滥，容易产生自大自是的错误精神，阻碍民族进步。第三，体现狭隘的国家主义精神，违反先贤"天下为公"的大同精神和西洋学者"知识无国界"的学术公开精神。总之，中国人应该起来一致推翻"乌烟瘴气的国学"。

何炳松既反对按照西方对待埃及、亚述的方法，取名"国学"，又主张遵循西洋学术分科原理，对中国学术分工进行和分析研究。他认为，德国的雷赫特和芬（Reehthofen）和美国的威利斯（Willis），比利时的多桑（D'Ohson）和英国的霍尔涅特（Horworth），英国的攸尔（Yule）和摩尔斯（Morse），美国的劳佛（Laufer），都不是中国的国学大家，但是以精于研究中国地文地理、中国元代史迹、中西交通史、西域植物传入中国考著名于全世界。

而中国人自命国学专家，却让瑞典的安特生（Anderson）代替研究中国古代石器，让美国的卡德（Carter）代替研究中国印刷术的西传，让法国的伯希和（Pelliot）考订敦煌石室的古籍，让法国的考狄厄（Cordier）代替编《中国通史》，让日本的桑原骘藏代替研究蒲寿庚，替秦始皇帝申冤。中国人等到西洋人赏识《大唐西域记》，才去研究慈恩法师；等到西洋人赏识《诸番志》，才去研究赵汝适；自己有国学，却还要从荷兰出版的《通报》（*Toung Pao*）这类出版物中去翻译中国史料。原因都只有一个，西洋学者有分工办法和分析功夫，而中国国学家却没有。因此，国学家必须摈弃"国学"，降尊纡贵做中国学术上一小部分的彻底研究功夫。具体而言，中国学术各流派如史学、文学、哲学、科学等，都应该先研究某科特质，再用现代科学眼光估定价值，然后把它和世界学术中同一科做比较，断定它对于世界学术有何等贡献。以史学为例，中国史书体裁的编年体、纪传体、史表志书和目录、纪事本末体、从司马迁到郑樵的旧通史体和章学诚的新通史体，史学原理著作有刘知幾《史通》、章学诚《文史通义》，史籍有《四库全书》中的乙部书及误入经子集之部的书，都必须以现代西洋新眼光估定其特质、价值、长短利弊，有价值的就全部保存、继续发扬、违反科学精神、没有价值的就应该打倒。（何炳松：《论所谓"国学"》，《小说月报》，第20卷第1号，1929年1月）

郑振铎于上年12月25日撰成《且慢谈所谓"国学"》一文，明确主张中国当下首务是全盘输入西方科学与文化，而不是提倡国学。只要中国不亡，"国学"便不会沦亡。近年来，"国学"经过几次厄运，但在二三千年来的根深蒂固的传统思想和人人皆有的爱护乡产国物的狂热相结合之下，至今仍然存在，甚至重新抬头。

所谓国学要籍的宝库，如《四部丛刊》，《四部备要》之类，每个中上等的家庭里，几乎都各有一部，而《古今图书集成》也有了资格和《英国百科全书》一同陈列于某一种"学贯中西"的先生们的书架上。几种关于"国学"的小丛书，其流传之盛，更百倍于所谓"科学小丛书"。向来只买皮脊金字的洋装书的人，如今也要搜集所谓线装的古书了，做了几任的"刚白度"的人，如今也要集集宋、金、元本的名著了。每一个大学开了门，总有一个所谓"国学系"。每一个图书馆建立起来，总要在书架上安置了一大批的"国学必读书"。每一位国学大师也总有他的许多信徒与群众，自《国学书目》开列出来以后，总算是"旗开得胜，马到成功"了。

然而，梁启超、胡适等人主张国学复兴是中国的文艺复兴，学理上却无法导向复古创新之路。"国学"概念来自欧洲人的"中国学"，不符合现代科学发展的趋势。就学者群体而言，西方中国学研究不存在中国人所谓"国学家"。西方中国学家群体主要有两种：一是识得中国文字的牧师、领事一类人，只请教过秀才举人，读过《四书》，对于中国无论什么事都要谈说，文学艺术宗教哲学，历史地理以及一切，与国内的中学国文教师一样，贩卖的只是粗浅的常识，并非专精的学问，现在已经过时；二是未见识得中国文，但在某一专门领域涉及中国事务的专门学者，涉足中国领域的植物学、矿物学、天文学、化学等，自己不承认是"国学家"，也不应当被视为专门的"国学家"。就学术分科而言，"国学"不是一种专门的学问，不能与植物学、动物学、矿物学、天文学、化学等相比肩，不能成为一个专门的学系，没有与植物学系、动物学系、矿物学系、天文学系、化学系相对立的资格。"国学家"更不是一个专门的学者，不配与植物学家、动物学家、矿物学家、天文学家、化学家同立在一个讲坛上。"国学"不过是中学国文课的扩大，名为包罗万象，其实一无所有；"国学家"是中学国文教师的抬高，似乎无所不能，其实除了古书训诂外，一无所知。这是中国古代士大夫做派的遗毒，必须肃清。大而空的"国学"观念诱使部分有为青年沉迷于死去的、无用的古籍诗文，侵夺了社会一部分的工作力量；代表广博追求，妨害走专精研究道路；易使社会充满复古空气而排拒外来文化，影响新道德新习惯的养成；整理国故只是重新钻回故纸堆，缺乏参考外文书籍甚至通晓外来语言文字等基础性知识。总之，只有肃清这种古代士大夫做派的遗毒，才有利于中华民族的进步和发展。（郑振铎：《且慢谈所谓"国学"》，《小说月报》，第20卷第1号，1929年1月）

郑振铎对于"国学"名词久有许多意见发表，因而非常赞同何炳松打倒"国学"的主张。特别是在民族主义刺激下，"国"字风行，危害中华民族的前途与发展。

自从欲将线装书抛到厕所中去的吴老头子不开口了之后，"国学"便大抬起了头；自从梁任公先生误入协和医院被"洋人"草草率率的无端割去了一个腰子之后，"国医"的信从者便一天加多一天！自从某先生开列了他的无所不包的《国学书目》以后，便大众都来开书目，且竟有人以补正"国学书目"之故而荣膺大学教授之职的；于是便有英雄豪杰，乘时而起，发扬国光于海外，太虚和尚则在伦敦、巴黎、柏林，宣传中国的佛教思想，陈焕章博士则在伦敦朗声背诵"大道之行也，天下为公"的大同理论。猗欤盛哉！一切"国"产的思想与出品万岁！

上述"国"字号事物，比"国货运动"还要狂热，本质上则是"盲目的国产思想与出品"，必须从思想上审查清楚，清除危害，才能为学习步武西方的科学，鸣锣开道。

我们要的是机关枪、飞机，不是百千万的"国士"、"勇士"；我们要的是千百个科学家，专门研究者，不是几万万个的"国学大家"；我们要的是能拯救国民的贫乏与愚呆的人，不是狂热的盲目的爱国者。总之，我们要的是科学，是步武西方，以建设新的中国，却不是什么"国学""国医""国技"；我们要的是发展，却不是仅仅的所谓"保存"。（何炳松：《论所谓"国学"》，《小说月报》，第20卷第1号，1929年1月）

何炳松、郑振铎两人对国学的抨击，既是西式分科思想深入影响中国学术进路的表现，也有国民革命由南向北推进的政治影响在内。何子恒观察到：

国学本早是死灰了，但因胡适先生打起了科学方法的旗帜，于是"故纸堆的火焰"重复燃起，顿然间骷髅都站了起来，同时胡适之梁启超顾颉刚也触目皆是了。不论南北东西，大学里唯有国学班的锣鼓最响，著作文章，也唯有国故整理最热闹。

国故整理虽然成绩贫乏，但是附上了"科学方法的尊严"，令人"实在不敢说半个'不'字"。所幸胡适在《治学的方法与材料》中，判决"故纸堆这条路是死路"，希望"一班少年人"不要"向故纸堆里乱钻，多学一点自然科学的知识与技术"，因为"那条是活路"。有人认为："胡适之忽而国故，忽而反国故，主张不定，一定失败的。"何子恒则谓这正是胡适在其"科学精神""实验主义"指引下，"立刻改悔"的表现。不过，胡适以为中国三百年来朴学家和西洋科学家的方法完全一样，只因材料不同，导致结果不同，何子恒则不完全认可。理由"就是西洋三百年来的科学，是到'自然'里去，中国三百年来的学问，是到故纸堆里去，不独方向不同，并且态度也迥异"。

中国三百年来的治学态度，是中世纪非科学的态度。唯西洋三百年来才是科学态度，才是近世态度。中世纪的治学态度，就是"与古为邻"，"与鬼为邻"，用古以释今，抹杀自己人格而开"倒车"的行径；至于近世的精神，就是要站起自己的人格来开拓世界，撇开故纸堆里的传说陈言，而到自然界去找真理，这两种态度的不同，可从由中世纪转入近世代的哥白尼身上表现出来。

而"中国的训诂考据，除了找出古义古训与书籍的真理之外"，不能"跳出古人的圈套"。"单替古人训诂，只肯定了古人著书立说的意义，单替古书考真伪，不过是肯定古人著书立说的真相，对于古说的权威，却始终不会撼动半点"。当然，胡适完全否定中国古代的科学成绩，"不啻把中国有科学（理论应用一起在内）的西洋镜完全拆穿"，则未免有些"过火"。

实在中西的学问技艺，只是发展的程度上有高下的差别。这种发展的程度高下的差别，在器用上是最容易看得出来，在制度上便难些，到学术方面，那便是更难了。器用的优劣，是摆在什么人眼前，不需什么大知识经验，便可判断出来；制度则非先懂得他人国家政治社会的事情，不能做客观的比较；若学术则在不能认识他人学术之前，决不会做公平的评判，盖有所蔽而不见使然也。

"英国数理哲学家怀德海……与社会学家霍布斯……说我们中国人没有做到为学问而学问的地步，没有达到产生抽象科学的阶段。"换句话说，中国的治学还谈不上科学方法。中国数十年来认识西洋文化的历史，可以分为羡慕西洋制造、惊叹西洋政治制度、服从西洋学术建设三个阶段。中西学术技艺程度既有如此不同，则"科学方法的招牌无论怎样漆得金光灿烂，总是会叫人怀疑"。"科学这个名词，在中国已变成轮舟火车制造机械——总之物质文化——的代名词了。"即使按照这样将错就错的理解，科学也需要特定的条件，"最大的背景"有"知识的"和"经济的"两种，缺一不可。归纳起来，中国没有科学及科学方法的理由是："（一）中国不好哲学与纯粹科学的研究，知识的条件不具足。（二）向来中国的道德是消（极）的极禁欲主义；发明机器是犯法的奇技淫巧。（三）中国人不曾存心先去积极做外国生意，给欧洲人争了上锋；在国际商业上成了被剥夺的消费者而不是赚钱的生产者，所以经济的条件不具足。"（何子恒：《因胡适的〈治学方法与材料〉问到西洋科学发达的背景》，《广州民国日报·现代青年》，第172号，1928年12月31日，第1—4页）

据何定生说，胡适发表《治学的方法与材料》一文后，《广州民国日报·现代青年》编辑何子恒即非常关注，曾对何定生说："胡适之先生的态度又变了！"何子恒、何定生两人并不反对国学整理，也不是对于国学整理做根本攻击，两人具有基本的一致意见。不过，何定生不同意何子恒将梁启超、胡适和顾颉刚相提并论，因其"几乎是以为今日所有的治国学者，仍是梁任公，胡适之式的治国学，仍是三百年来的朴学，仍是中世纪非科学的治学，这是太笼统的观察了。其实治国学而像顾颉刚所持的方法和态度，已真达于科学的之域了"。胡适"这两三年来的心，好像很苦"。先是提倡整理国故，后来受不了一般人的骂，在北京大学研究所国学门恳亲会上改变态度倾向，尚存不带成见的整理主张。如今怕贻误青年，不啻"已在开倒车"。原因是，前后逻辑矛盾。认清这点，前提是厘清整理国学的价值和方法。国学怎样整理，是方法问题；整理国学有何作用，是价值问题。从方法上讲，以纯粹的抽象科学论，价值说不能存在，盖求知、求真相、求真理，不应问及价值。论价值，则不是学问，学问和价值根本不相容。西洋文化也存在实利，然而"实利这件事物并不是意中的功效，而是意外的酬报"。据此分析，胡适前后对于方法与材料的转变，逻辑上则站不住脚。胡适认为："同样的方法，用在不同的材料上，成绩也就不同。""顾氏阎氏的材料全是文字的，葛利略一班人的材料完全是实物的。""文字的材料是死的。"将胡适关于中西治学风格的比较，排列成"论理形式"如下：

> 关于材料的：（大前提）"文字的材料是死的"。（小前提）"顾氏阎氏的材料全是文字的"。（断案）故顾氏阎氏的材料全是死的。

既然材料有生死，方法也该有生死。不过，胡适却不承认。其"论理形式"如下：

> 关于方法的：（大前提）"顾炎武阎若璩的方法，和葛利略牛顿的方法是一样的"。（小前提）可惜"顾氏阎氏的材料全是死的"。（断案）故顾氏等的方法也死了。

分明生死在于材料自身，在胡适那里，方法变成死的了，前后具有"两样属性"。假如承认方法是生的，则不能说阎若璩等的方法是死的，故而得到"论理形式"如下：

> （大前提）"顾炎武阎若璩的方法，和葛利略牛顿的方法是一样的"。（小前提）葛利略等方法是生的。（断案）故阎若璩等的也是生的。

如果方法生死如同材料，则凡做得有效的方法，一定是生的。而功效未可知时，则无所谓生的方法。胡适说："科学的方法是用惯了，……所以他们的余力，便可以有惊人的成绩。""方法用惯了，……便可以有……"即承认方法在见功效之前可以看出生死，同前面所说方法跟材料的生死说又有矛盾。胡适又说："等你们在科学试验室里有了好成绩，然后拿你们的余力，回来整理国故，那时候，一拳打倒顾亭林，两脚踢翻钱竹汀。"实则"实验室里有了成绩"，固然可以见得方法是"生"的，但"回来整理"的仍是"死"材料的"国故"，方法是跟材料而生死，何以能够"一拳打倒顾亭林，两脚踢翻钱竹汀"？胡适之所以前后如此矛盾，原因不外乎把"方法"与"成绩"混为一谈，提倡前清"时务"式的学问，而又不愿意负担责任。数千年来，中国文化不发达的原因，正是由于永久埋葬在太浅薄的功利之故。"国学的整理，用严密的、深沉的、冷静的、细心的科学方法下手，在今日正是新的彻底的大运动的时期。换句说，正是中国传统思想的根本的革命运动的开始。"按胡适前后主张，可知国学没有任何整理必要，因其不可能有实用价值。清代汉学家也不例外，如同胡适所言，他们不会"创造平常不可见的情景"，不能够"根据假设的理论，造出种种条件，把证据逼出来"，故而"他们的方法和牛顿、葛利略的"方法根本不同。相反，顾颉刚编《古史辨》，"吓倒了许多大人君子，圣人之徒"，"传统思想且因为他的新贡献而根本动摇"，正是"很光荣的一道新的亮光"，"很威猛的一种新的力量"。"于思想上开了新纪元"，"论方法"则"会用'假设'，会'创造'证据"，皆为阎若璩等不懂，而与牛顿等的方法一样。（何定生：《愿胡适之先生更进一步》，《广州民国

日报·现代青年》，第179号，1929年1月12日，第1—4页）

何子恒"自信于国故的整理，不会有什么影响。若有影响，也是胡先生的功过"。"想研究哲学与文化史"，却发现"现在的国学整理家"，不容别人"偷巧"。譬如想要知道中国的自然科学、逻辑学、科学方法、历代考试制度及古代宫室服装用具的式样与变迁之发展"程级"，而国学家却都不能提供简捷的科学史、逻辑史、科学方法教科书、考试制度沿革史及相应的专史书。国学家既拿国学与西学并举，那必定国学与西学的范围内容一致。而西学分为自然科学、社会科学、方法科学、价值科学、实用技术，"国学的分类也应这样"，"都该拿现代的学问形态做目标，而整出头绪来的"。否则，仍然是"杂乱无章的一团糟的知识"，等于"缘木求鱼"。西洋学术发展史的途径是"分化"，不是"笼统"。因此，甚望国学家有以教之："（一）国学的范围怎样大，与西学的区别在那里？（二）国学的分类，能否依照西学的分类？（三）三百年来的汉学家所用的方法，何以不是科学的，现在的汉学家所用的方法，何以是科学的。"（何子恒：《再说几句话》，《广州民国日报·现代青年》，第179号，1929年1月12日，第4页）

3月31日，李茫然在《广州民国日报·现代青年》发表《反国学的共鸣》一文，归纳何子恒、谢扶雅、何炳松、郑振铎反对"国学"的六点理由。内称自从胡适发表《治学的方法与材料》之后，不但《广州民国日报·现代青年》"掀风作浪的竖起反国学的旗帜"，而且《小说月报》1929年新年号反映了"上海方面的反国学空气，也一样的紧张"。"尤其奇怪的，就是双方对于国学家的抨击批评几乎是不约而同的。"何子恒《因胡适的〈治学方法与材料〉

问到西洋科学发达的背景》和《再说几句话》谢扶雅《异哉所谓
"国学"！》，以及何炳松《论所谓"国学"》、郑振铎《且慢谈所谓
"国学"》五篇文章，共同点有六：

（一）国学的性质、内容、范围，国学家自己没有认清。
（二）国学家的工作，不过是考据训诂寻章摘句的贩旧货。
（三）国学家虽以无所不知自负，实则一无所知。（四）国学
家的整理无结果。（五）国学整理应该分工，故亦无所谓"国
学"。（六）国学整理应该先具现代的科学知识。

依次摘引各文主要论点，说明六点理由。（李茫然：《反国学的共
鸣》，《广州民国日报·现代青年》，第 223 号，1929 年 3 月 31 日，第 1—2 页）

何、郑两人的论调，引起一些共鸣，也招致批评。4 月 15 日，
署名"岷江"者在东京《雷声》杂志刊文，讥讽倡导国学和批判国
学者集于一身的诡异现象。

"国学"这个名词确太含混笼统，但国内一般人所称的
"国学"也似乎有他相当的界说。不过"国学"之为害于中国
人，尤其是一般青年，总算得不浅。胡适之虽似乎早在赞助吴
老头儿将线装书抛到毛坑里去，但北大的《国学季刊》发行，
胡先生的发刊词，实实在在是在提倡"国学"，虽然是有异乎
旧日之所谓国学也者。

与胡适的整理国故相比，"郑振铎是前两年在《小说月报》作

中国文学者生卒年表（？）及中国文学大纲的，在这两种大著内闹的笑话真算得不少了，现在来一篇《且慢谈所谓'国学'》，不啻"是他的自忏之文"。尽管郑曾出过国门，"但终久免不去他的粗浅之病"，即使是《小说月报》同期，除了"《且慢谈所谓'国学'》《打倒……》"外，"复有《警世通言》《丛书书目汇编》《弘治本三国志演义的发见》《关汉卿绯衣梦的发见》《西游记杂剧》《挂枝儿》等等读书杂记"，还有如《特洛哀的陷落》《荷马系的小史诗》等"外国东西"，不知"像空城计里诸葛亮口说的上知天文，下知地理的时代"早已过去。郑所提三点主张，即"建设巨大的外国文的图书馆""建设各种科学的专门研究院、实验室""用印行四部什么、四部什么的印刷力来翻印科学的基本要籍与名著"，都很赞成，前提是郑"不要浪费有用的工作力写什么《读书杂志》，印什么是《中国文学大纲》"。虽然郑"外国文不一定高明，但'生路是西方科学，与文化的输入与追求''工作西方科学与文化的介绍与研究'等时髦的语调唱一唱，也可以显得自家是很不同流俗的"。（岷江：《郑振铎的反国学运动》，东京《雷声》，第4期，1929年4月15日）

4月24日，署名"霜钟"者在《徽报》刊文抨击何炳松和郑振铎"这一对宝货，糊里糊涂的硬把国学拉扯作外国人眼中的'支那学'，而将它诋丑得无以自容，这好像一个人跑到外洋，听见人家批评中国的淫妇，跑回家来，也不问青红皂白，就抓着他娘痛打一顿一样"。事实上，国学在青年中的影响不如他们所说的那么大。

　　要说中国青年，有许多许多人迷恋国学，因而大惊小怪，生怕"国"的太过分，中国要亡种，不惜口诛笔伐，给他一个

斩草除根，这个说起来，真要教所谓国学羞的无地自容。国学
在中国青年的脑筋里，真有这样大的势力吗？中国青年诚然也
有一部分，和古书结缘的。但那不过是跟了梁启超、胡适之，
逛一回游戏场。不消几个转儿，就要溜出来。肯傻头傻脑，老
躲在这里不肯走开的，恐怕百中选不出一个。何郑痛恨中国青
年不注意机关枪、飞机这个气生得是对的，不过以为中国青年
不留心机关枪、飞机，其祸根乃在迷恋国学，不问事实如何，
便把国学推出午门斩首，我不得不唤一声刀下留人。

**吴稚晖用机关枪和飞机与外国对打的主张固然是对的，但也要
中国青年养成新兴味，并不是痛骂国学即可实现，需要学界和社会
互相配合，共同倡导并提高科学水平。**

至少也要郑振铎先生肯牺牲一只饭碗，把那本只配在粪
坑里喂蛆，对于青年无益有害的《小说月报》停办，也要商务
印书馆老板，肯牺牲百分之百的红利观念，把那些乌烟瘴气祸
国殃民的《四部丛刊》之类，一齐送到粪坑里休息，腾出地位
来，多卖一点有利于青年的科学书，庶几乎障碍悉除，新机别
创。否则，照郑何二位先生一点见解，一面把"国八股"打得
落荒而走，一面却抱了"洋八股"，不忍释手，那还不是一样
的误尽苍生吗？其实在一般青年脑筋里，国八股的魔力，远不
敌"洋八股"。就何郑两人的理论说，何炳松还说了几句有力
量的话，郑振铎却除了跟着放屁外，别无表现。他的大作，比
何炳松多喊了几句口号。最可笑的，他有一句口号"建设巨大

的外国图书馆"。郑振铎自以为对于外国文，有一点半瓶醋的资格，便旁若无人的大谈其外国文图书馆，也不想想自己的外国文是什么程度。译了一部《海鸥》剧本，错得一塌糊涂，被人攻击的体无完肤。在中国，像郑振铎这样自忘其丑的人，如果多了一点，就是把全中国的图书馆，都改成外国文图书馆，又有什么用处？

"两位宝货，硬把弥天大罪算在国学账上，而结果究竟没有把国学的罪案说清，也只好将什么太虚和尚、陈汉章在英国现丑的事，拿来栽赃在国学身上，含糊了案"，不过仅仅是"说大话"而已。"发誓要把线装书扔在毛坑里三十年的吴老头儿稚晖，最近在汤山"，照样"大看其什么《汉书》"，"像何郑这两个小子"也就不值去说了。（霜钟：《斥郑振铎与何炳松两个饭桶大骂国学》，《徽报》，1929年4月24、27日，第2版）

△　无锡国学专门学院《国光》季刊第一册出版，仅出一期。

该刊分为通论、专著、文苑、丛谈四个栏目，由无锡国学专门学院编辑兼发行，无锡锡成公司印刷。其发刊词谓：

> 姬周以降，诸子钲离，百家杂出。识大识小，同源而异流。其大至于弥六合、穷天地；其小者一名一物，辨析至于极微。迁流递变，不可究极。而得其真者，虽大小万殊，其要归皆一于道，而以辅世长民。顾物穷则变，积渐然也。海通以来，欧化东征，曲学小生，见异思迁，自轻家丘，以为弗如。昧昧我思，传不云乎：国于天地，必有与立；风徽未沫，典籍

犹存。神州旧学，不远而复；敝院同人，古训是式。读书以谋
救国，斯文蕲延一线。并出刊物，用存坠绪；季出一册，颜曰
《国光》。虽夏声不振，师法式微，操钟鼓以飨爰居，冠章甫
而入被发。或招违俗之讥，岂望移风之效。然披条索贯，董理
秘文，亦欲以知天人之故，通古今之变；观国之光，普熠大千。
虽曰未能，愿从事焉。（刘桂秋：《无锡国专编年事辑》，中国大百科全
书出版社，2011 年，第 87—88 页）

"本院编印刊物定名《国光》，一时风行。"（《本校大事记》，《国专
校友会集刊》第 1 集，第 4 页）

2 月 3 日　北京大学研究所国学门同人商议国学研究机构的未
来出路。胡适提议北大改设研究院，下设国学分院。

下午七时，钱玄同与北京大学"国学研究所同人"在东兴楼吃
饭。（杨天石主编：《钱玄同日记》整理本中册，第 736 页）

2 月 4 日，胡适与友人谈北京大学改革设想，提议改北大为研
究院，分设自然科学、社会科学、国学和外国文学或文学四院。胡
适应徐旭生宴邀，与李书华、李圣章二人谈论北平教育意见。徐旭
生邀请胡适北返，愿意亲自到南方游说北大旧人回来。胡适认为，
北平大学没有固定的经费，规模太大，没有办法持续。若经费有办
法，局面稍定，大家自然都想回来，设立北京大学大学院，国学院
是其中之一。胡适日记载：

饭后润章（李书华——引者）再三问我对于北平教育有什
么意见。我推辞再三，最后对他们说，我希望他们把北京大学

改作研究院，略依五年前我同 prof.Grabau（葛利普教授）和李仲揆拟的"北京大学大学院规程草案"的办法，分四个分院：（1）自然科学院；（2）社会科学院；（3）国学院；（4）外国文学院或文学院。

今年北大本不曾招预科新生，以后但招研究生，不招本预科插班生。五年之后，便只有研究院。如此计划，可避免现有之北大学院、师范一二院、法学院、文理分院的种种重复，又可以提高北方及全国之教育程度。至于经费一层，单筹北大研究院的经费，并不很困难。但统筹北平大学区经费，却不是容易的事。"如此计划，可以吸收全国的学者及各大学的最高毕业生。"旭生最热烈地赞助这计划，润章与圣章似亦表同情。他们问我要原拟的规程，我答应了。"可惜次日李书华辞职，草案作罢。（曹伯言整理：《胡适全集》第31卷，第324—325页）

2月7日　广东省政府主席陈铭枢设宴欢迎萧佛成，两人均主张提醒国民党第三次全国代表大会注意设法引导暹罗华侨注重国学。

是晚，陈铭枢在广东省政府设宴，为从暹罗返国参加国民党第三次全国代表大会的"前海外部长萧佛成"洗尘，列席者计有邓世增、冯祝万、张谞文、马俊侣、许崇清、黄节、陈策、连声海、李青、欧阳驹等要人，以及海外华侨招待所、暹罗同志互助社、古巴支部办事处、香港总支部、海外同志社等团体代表百余人。陈铭枢致欢迎词，述及近来日本人注重在南洋一带实行经济侵略，不独华侨地位危险，即祖国经济，亦蒙影响，希望侨胞特别戒备，特别注意，将来在国民党第三次全国代表大会至少提出三个要求，其中之一即要"维持固有文化，注重国学"。次由萧佛成演说，亦说："暹罗华侨教育，备受取缔。凡属教员，须经过暹文考试，不合格者不能充当。此点若我不力争，恐数年后国学行将沦丧。"（《萧佛成抵粤详纪》，《申报》，1929 年 2 月 16 日，第 3 张第 11 版）

2 月 16 日　报载正风文科大学素来注重国学，成绩斐然。

"正风文科大学，素注重于国学，成绩斐然。本学期除添设德文、教育二科外，后聘请国学专家、大同大学国文主任朱香晚君，为子学、小学教授。又以学生进步，全在作文，特聘国学专家、前清名孝廉、前清华大学国文教授叶醴文君，专任批改学生作文。""新旧名宿，罗致一堂。故日来索章报名者，纷至迭来云。"（《正风文科大学添聘新教授》，《申报》，1929 年 2 月 16 日，第 3 张第 12 版）

2 月 27 日，正风文科大学开学。中学部国文、英、算，各科平均注重。

大学部则专注重于国学，本学期之课程，经学为沈彭年、沈信卿担任。彭年讲《公羊》《穀梁》外，复取经史子中关于长乐之故实，汇订成编，以助兴趣。信卿则讲《左传》《易经》二种。子学、小学为朱香晚担任。史学为赵瑞侯、朱大可担任。美术文及词学为王西神担任，特自编选本讲解。诗学为顾佛影担任，专讲作法兼讲哲学。作文札记为叶醴文主任批改。（《正风文科大学新订国学课程》，《申报》，1929 年 2 月 25 日，第 5 张第 17 版）

2 月 17 日　北平各界与广东旅平同乡会在老墙根广惠寺公祭梁启超，致祭团体有松坡图书馆、尚志学会、时务学会全体学生、清华研究院、前财政部司法院各职员、香山慈幼院、广东旅平同乡会及梁启超亲戚故旧门生五百余人。（《北平各界公祭梁启超》，《新中华报》，1929年2月18日，第6版）清华研究院同学与祭者有杨鸿烈、吴其昌等。（蒋天枢撰：《陈寅恪先生编年事辑》增订本，上海古籍出版社，1997年，第71页）

伍庄在《祭文》中说：

> 君一生力学，思虑精密，条理井然。动笔辄数万字，滔滔不竭，如汇流之百川。三十年来，全国思想皆受君暗示，为剧烈之变迁。君善用科学方法整理国学，收浩瀚无涯，如示诸掌，能令读者心受言诠。此学界前途之大业，非君不能任；今君竟绝笔，安得不令人忧痛而悁悁？（伍庄：《祭文》，夏晓虹编：《追忆梁启超》增订本，第40页）

总结梁启超以科学方法整理国故的特点和贡献称：

> 近年以科学方法整理国故，著述日多，学者仰之如泰山北斗。其著述条理之分明，爬梳之得法，抉择之精确，疏释之发皇，能使学者读其书，省精力而获益多。当兹世界文化大通之会，不通国学，不可以读外国之书；通国学而费一二十年光阴焉，则老矣。国学浩如烟海，无门径真无以入，故不能不有赖于整理之人。假令天假先生以年，则今后国家虽乱，其以学术惠我国民者，岂浅鲜哉？（伍庄：《梁任公先生行状》，夏晓虹编：《追忆梁启超》增订本，第5页）

郑振铎在《小说月报》发表《梁任公先生》一文，总结梁启超的学术贡献主要表现在六个方面：一是鼓吹宣传"新民"之必要；二是介绍西方的哲学、经济学等的学说；三是"运用全新的见解与方法以整理中国的旧思想与学说"；四是研究政治上经济上的各种实际问题；五是对于历史著作的努力；六是文学的创作。梁为人所恭维或所诟病的就是善变，无论学问、政治活动、文学作风，均不例外。又感觉最灵敏，感情最丰富，四周环境一有显著变动，他便起而迎感。例如，前几年"人生观与科学"的论争，由于朋辈有一部分加入，他便也不由自主卷入旋涡；有几个人开列《国学书目》，研究墨子、戴东原、屈原、印度哲学，他便也立刻引起了久已放弃了的研究兴致。其特点是不谬执成见，博大而不精深。

他喜于将某一件事物，某一国学术作一个通盘的打算，上下古今的大规模的研究着，永不肯安于小就，作一种狭窄专门的精密工作。例如，他要论中国的学术，便写了一篇《中国学术思想变迁大势》，要论中国的民族，便写了一篇《历史上中国民族之观察》，要对于"国学"有所讲述，便动手去写一篇《国学小史》，要对于中国民族的文化有所探究，便又动手去写《中国文化史》。这些都是极浩瀚的工作，然而他却一往无前的做去；绝不问这个工作究竟有无成功的可能。……他的《国学小史》为民九在清华学校的课外讲演，五十次的讲述，讲义草稿盈尺。我们未见此稿，不知内容究竟如何，然即就其论墨子的一部分（已印行，即《墨子学案》）而观之，已可想见其全书内容的如何弘博了。（郑振铎：《梁任公先生》，夏晓虹编：《追忆梁启超》增订本，第54—83页）

梁启超晚年的文化事业，对史学关注最多。缪凤林说："庚申以后，梁氏任各校史学讲座，益专力于史；诏人治学，亦以史为首图。尝谓史学为国学中心，故开列学生书目，特详乙部。较之时人之浮慕国学虚名，而史籍阁束不观者，相去悬远。"（缪凤林：《悼梁卓如先生（1873—1929）》，夏晓虹编：《追忆梁启超》增订本，第101页）

对于梁启超逝世的社会反响与其所起作用不成比例，吴宓在《空轩诗话》中评论说："梁先生为中国近代政治文化史上影响最大之人物。其逝也，反若寂然无闻，未能比于王静安先生受人哀悼。吁！可怪哉！"（孙敦恒：《清华国学研究院纪事》，葛兆光主编：《清华汉学研究》第一辑，清华大学出版社，1994年，第337页）

常乃惠则区分"学者"和"思想家"的角色与界限，认为博大而不专深正是思想家的特点，就此而论，梁启超的社会作用比王国维大。

梁先生却也不是一个道地的"学者"，这话恐怕更容易引起人的怀疑。人们对于"学者"和"思想家"的分野是往往弄不清楚的，其实两者的界限显然不同。学者是埋头做研究工作的人，思想家却是要指导群众的。达尔文是学者，不是思想家；赫胥黎、斯宾塞是思想家，却未必是学者。纯粹的学者看不起思想家的浅薄，然而一般社会却需要思想家更甚于学者。在整理国学方面，梁先生的功力、成绩未必胜于王国维、陈垣诸人，然而在社会所得的效益和影响方面讲，梁先生的成绩却远非诸学者所可及。在一切未上轨道的国家里，社会需要思想家更甚于学者。一千个王国维的出现，抵不住一个梁启超的死亡的损失。（燕生：《悼梁任公先生》，夏晓虹编：《追忆梁启超》增订本，第91页）

2月24日 国民政府考试院向国民党第三次全国代表大会提交工作报告，内称曾经"派员赴中大国学图书馆查取关于各朝代之考试书籍"。（《考试院工作报告》，《大公报》，1929年3月23日，第1张第4版）

2月28日 安徽大学聘请姚仲实主持国学。

先是，经安徽省政府聘定教育厅厅长程天放兼代校长后，安徽大学教务积极策划，文学院院长、法学院院长，业经物色公布。最近对于预科学长，请谭书林博士担任。是日，又电约姚仲实"主持国学"，聘李范之、潘祖矶为教授。"谭、姚、李、潘或为博学鸿儒，或系经学专家。"（《皖省教育要讯》，《申报》，1929年3月3日，第3张第12版）

2月 中国学会订定出版部寄售章程，发布征集会员所著所印书，以便推销。

章程规定，凡有图书委托中国学会出版部代售，须先送样书一份，并阐明定价、折扣及寄售人住址，交本会审查，如可代售，即行奉复，否则奉还样本。代售折扣应于寄售时双方协定，但同一书更在他家寄售，折扣有比中国学会廉，中国学会亦可援例照最廉价结算。出版部地方狭小，凡寄售书寄存若干部，须依中国学会通告之数目配付。每年分国历六月底和十二月底二届结账，由中国学会将本届存销数报告寄售者，照已销数归款，不得透支。凡与中国学会有别种往来账目，不得以寄售款作抵，以清界限。凡寄售与中国学会往返寄售汇款等所需寄费汇费，均归寄售者认付。寄售书如遇天灾鼠伤水渍污损等，中国学会不负赔偿责任。每届结账时，如其书不合销路，当通知寄售者取回。寄售者如欲委托中国学会刊登各种广告及发推广信等，均可代办，唯应将所需之费先行付清。凡寄售，一律刊载中国学会书目，不另取费。如欲登载特别地位或加印说明等，须照广告收费。（《中国学会出版部寄售章程》，《中国学会会员录》，第5—6页）

中国学会发布启事称，在上海西藏路二马路口平乐里陆续征集各会员所著书及所印书，以便推销，务请依照以下各条，随时惠覆。一、会员自己出版之书，请每种先寄五部或十部，开明定价及折扣交来。第一次至多十部，如有售缺，当随时奉告。二、会员所编撰之书，而版权已售于他书局者，请将书名及出版人牌号见告，由中国学会与出版人接洽代售。三、会员如有家藏木板旧书，因不合需用，而愿售去，请将书名、价值通告出版部。四、会员如因研究某种学术，而急需访购某种或某类书籍，请通告出版部。（《中国学会出版部启事》，《中国学会会员录》，第7页）

△ 经提中央大学区行政会议议决，国立中央大学校长张乃燕训令中央大学国学书局（前江南官书局）改名为"中央大学区国学书局"。（《国立中央大学训令第二七八号》，《国立中央大学教育行政周刊》，第82期，1929年2月25日）

国学书局最初名金陵书局，后称江南官书局。与之密切相关的，有淮南官书局，及江楚编译官书局，庋版地、售书处均同，而隶属不同。清同治二年，曾国藩为两江总督，驻安庆，其弟曾国荃督兵围攻金陵，捐赀养士，刻王夫之遗书，军书旁午之时，文人学者，辐辏安庆，从事校刊。三年，湘军克金陵，士大夫随曾国藩东来，置局于铁作坊。四年，《船山遗书》竣工。李鸿章督两江，与莫友芝、张文虎等议刻经史诸书，于是因其人其地而为金陵书局。七年，移局冶城山飞霞阁。阁势高旷，适于眺览，文士往往著之题咏。阁下旧有太乙泉，后易名养泉。局制绅督而官佐，一时学者云集。校书之暇，流连觞咏，历任江督，宾敬儒者，相承不替。刊本最著者，有四书、诸经、《史记》《前汉书》《三国志》《文选》、王氏《读书杂志》《渔洋山人古诗选》，出于张文虎之手，《穀梁》《毛诗》《后汉书》，出于戴望之手，皆极矜慎。而《史记集解索隐正义》一书，张文虎用力尤勤。当时京朝大官，索局刻书纷起，因其校刊之精突过殿本。咸同间，督抚兼治兵理财之权，外销之款至夥，自江南兴办书局，各省踵之，其经费皆出于闲款，不在经常出纳之列，稽之曾李奏牍，可以知其性质。唯局虽分设，事多协商，故江南先刊四史，湖北踵刻史书，因有分任全史之举。当时督抚和衷共济，又多学者参与其间，综其颠末，不独为书林佳话，亦可见治体休明。惜何绍基在淮南，倡刻注疏，欲以穷经胜治史，各局未能助此胜业，仅淮局成《毛诗》一种。光绪初，金陵书局易名江南书局。距同治初才十许年，而局势已形衰替。虽曾国荃复为两江总督，范志希任提调，汪士铎、冯煦成、肇麐等任校勘，迥不逮同治时之盛。至刘坤一督两江时，愈益不振。戊戌变法，各省裁减局所，金陵书局改归江宁府管理，局款无出，"仅恃流存书价印售周转"，冶山高阁，学者论文下榻之所，专储书版，而贡院街售书之肆，乃专"江南书局"之名。淮南书局在扬州琼花观街，初曰"养贤馆"，嗣改为"书局"，亦以养耆宿。局刊善本，自何校《毛诗注疏》外，以薛寿所校《隋书》为最。金陵初任十五史，淮南分其《隋书》，明与金陵相辅翼。其经费出自闲款，亦与金陵同。辛丑以后，江南官书局归江楚编译官书局兼管。丁未夏间，淮南书局亦并属江楚。因其时新学萌芽，视旧籍为无足轻重，故以印售旧书之事，归入译著新书局。江楚编译局乃光绪辛丑，刘坤一、张之洞会奏变法，议兴学堂，先行设局编译教科书，设局江宁，初名江鄂，后改江楚，以刘坤一自逊无学，编译之事，取裁张之洞，宁任费而鄂居名，非合数省财力为之。是年秋九月开局，刘世珩为总办，缪荃孙为总纂，陈作霖、姚佩珩、陈汝恭及柳诒徵等为分纂，陈作霖为《礼书初编》《元宁乡土教科书》，柳诒徵删订《字课图说》，增辑《支那通史》为《历代史略》。柳诒徵自辛丑到局，丙午则辞。而翻译日本书之事，则罗振玉居沪，偕刘大猷、王国维等担任。自周馥督两江，主译西籍，延陈季同领局事。端方督两江时，陈季同已逝，聘陈庆年为坐办。前后编译之书，都若干种，而舆论少之。宣统元年，江苏谘议局议决裁撤是局，而两江总督张人骏奏就局款改为江苏通志局，且欲志局并入江南图书馆，时陈庆年兼主图书馆，为书辨之甚力，遂别设志局。宣统三年，志局与图书馆同隶一总办，以节靡费。

辛亥鼎革，志局中辍，编译局书版及所管淮南书局书版，卒归图书馆管理，而由江南官书局发售。民国以来，江南官书局归江苏省长公署及教育厅管辖，出入款目列载省议会预算册。1928年冬，改名中央大学区国学书局，而淮南、江楚售书余利，归图书馆。1929年，未之或替。江楚之书，除国学书局存售外，储图书馆者有二万一千余册。淮南之版，除朝天宫所存外，储图书馆者有四千五百余片。江南局版，同治中刊者，载在上江两县志。光绪中续刊者，亦可按目而稽。以上均存朝天宫尊经阁。唯三局书版，年久失修，蠹损不可胜计。手民潦草，烟墨模糊，新印与旧印，相去天壤，议者正谋改良，以续前贤之绪。而经理员李楷林以教育厅远在省会为词，朦呈教育部，请其接收。教育部亦未一考此局历史，望文生义，漫以为江南、淮南、江楚诸名，皆非一省专有，遽呈行政院，允其所请，苏省政府一再咨部，请其交还，积久未能解决，遂成为部省争执书局悬案。（柳诒徵：《国学书局本末》，国学图书馆编辑：《江苏省立国学图书馆第三年刊》，南京龙蟠里本馆，1930 年）

△　孙德谦受聘为大夏大学国学系教授，本月到任。（《教员名录》，《私立大夏大学一览》，1931 年）

3月1日　无锡国学专门学院行开院礼。

上月27日，私立无锡国学专门学院召开校董会会议。出席者有钱基博、孙家复、钱孙卿、俞复（钱孙卿代）、程炳若、蔡兼三、荣德生、唐保谦（唐星海代），主要讨论审核本学年全年预算、本学年第一学期决算及起草校董会章程等事。（《无锡国学专修学校校董会议纪录·中华民国十八年二月二十七日》，转引自刘桂秋：《无锡国专编年事辑》，第 88 页）"奉教育部令，核准补助本院经费，每学年洋三千元。"（《本校大事记》，《国专校友会集刊》第 1 集，第 4 页）

唐文治记云："正月二十日，行开院礼。余因病，未能往。……思亲不置，病十余日，始瘳。""课诸生'礼记'。作《礼记大义并研究法》。"（唐文治著，唐庆诒补：《茹经先生自订年谱》，沈云龙主编：《近代中国史料丛刊》第三编第九辑，第 99 页）

3月2日　北大学院清校运动积极进行，1927年入校的考编级生连日奔走。本日，北大学生会召开代表大会，议决清校运动要案十五件，包括国学研究所改名国学研究馆，隶属于北大，不属北平大学管辖。(《北大清校问题》，《新中华报》，1929年3月4日，第6版)

迄至本月下旬，经过内部极力整顿，北大学院教授、学生纷纷回校，各种学会次第成立。"第二院在西小院北房拳术室，闻该院院长陈大齐请假赴京，其职务由何基鸿代理，其所兼第一院主任，由国学系主任马裕藻兼代……闻何马二氏，昨日（二十三）均到校视事云。"(《北大学院开学后》，《新中华报》，1929年3月24日，第6版)

△　容庚清理以燕京大学国学研究所款项购买古物的账目。

其日记载："结算代学校购买古物账。凡四百九十五元，除来三百五十元，尚欠一百四十五元。此数由国学研究所预定《彝器图录》款挪用。"(夏和顺整理：《容庚北平日记》，第174页)

3月3日　正风文科大学国学系教授聚会，商量新订国学课程。

正风文科大学定于3月4日开学，国学系新生甚为拥挤。3月2日，特举行教职员聚餐。到者有沈彭年、沈信卿、朱香晚、叶醴文、周梦贤、杨安麟、严畹滋、廉相成诸君，商订本学期课程。中学定下星期四上课，大学9日上课。

该校以注重国学为宗旨，鉴于文艺二字，有联带关系，特聘美术专门学校国画教授马孟容教授国画，大夏大学艺术教授马公禺教授书法，讲授碑帖源流及书法之要点。又以作文一科，最关紧要，学生之进步与否，全在于此，故大学部特请前清华大学教授叶醴文专任改文，中学则请商科大学国文教授、山阳周人菊专任改文，以冀学生得有实益。日内报名入校者，大有应接不暇之势云。(《正风文科大学新订课程》,《申报》, 1929 年 3 月 3 日，第 3 张第 12 版)

开学后，中学部 3 月 8 日上课，大学部 3 月 11 日上课。本学期所聘教职员，除沈彭年、沈信卿、朱香晚、叶醴文、朱大可诸名流耆宿外，"复请前教育部社会司代理科长，北平大学、畿辅大学、国民大学国学教授，常熟徐思贻为总务主任"。"并为便利于有志专攻国学者起见，特设大学预科班，凡中学尚未毕业而于国文有相当程度欲专习国学者，皆可插入此班。故日来报名入学者，仍极踊跃云。"(《正风文科大学之新猷》,《申报》, 1929 年 3 月 12 日，第 3 张第 11 版)

报载本学期新聘五位教授：

> 一位是专门改作文的前清孝廉叶醴文先生。一位是担任经学的前《申报》常识编辑沈信卿先生。一位是大同大学国文主任、现代小学专家朱香晚先生，任该校子学小学。一位是诗人朱大可先生，任该校史学教授。一位是该校总务部主任兼国文教授的前社会教育司科长、北京大学教授徐诗镓先生。

因专究文科，来校学生大都不脱书生本色，举动文温，在此欧美风化侵入的时候，尚能绳守特性，勤俭朴实，可推全沪各大学的冠军。小帽子耸在头上，马褂不离长袍，尤其余事。其中穿西装的漂亮朋友十不得一，就是只有一身西装看时候出风头的也是十不得一，身穿中装，足着皮鞋，套上一条西装裤子的全校只有五人。晨夕只听见各级学生，特别是国学系，吟诗、唱词、诵古文、读骈文，摇首摆身地高喊着。这几天春光明媚、春色动人的时候，常常可以听到"春眠不觉晓，处处闻啼鸟。夜来风雨声，花落知多少"或"忽见陌头杨柳色，悔教夫婿觅封侯"。男女同校，界限分明，虽然并没有任何严禁，女的摆出神圣威严的面孔，各人存着"我不犯人，人不犯我"的自重心，间或有的，不过"同床各梦"，在每人的心坎里隐藏着各人的神秘。原因不必怪，女生只有杨君蕊、陆佩均、平德华、陈白雪、江苹五人。五人中要算平德华的两个笑涡，最足动人，可惜人数太少，否则公举做校花，当之真无愧。（宽生：《古气盎然的正风》，《申报》，1929年4月9日，本埠增刊第5版）

　　不久，正风学校国学系新到一位女同学郭龙，同学瞩目。报载："前几天新来一位同学姊，姓郭名龙，身段高大，年二十五岁，我们十二分地欢迎，因为又多得着一位慰情天使。等到教员点名的时候，第一次极幽默的私下轻语着，觉得她名字的特别。第二次就老实不客气的开玩笑了。教员点名到郭龙时，三五位少数的同学都不约而同的呼着'咚'字的尾声，于是哄然大笑。""今天平德华女士来了，女生一共有六位，教务处特别留意，于原有位子每条长枒坐五人外，在长枒前添置较短的书桌两只，一面放一只，每只坐女生三人，很宽适的坐着，同学中的一个课余时写在黑板上一个问题，另外的一位马上回答了。现在写在下面，问：为什么男女不平等？答：因为生理上的不同，做男子的应该让她们占便宜。"（宽生：《正风国学系新到女同学》，《申报》，1929年4月23日，本埠增刊第2版）

　　8月后的新学期又大事刷新，添聘多名新教职员。"国学科目，新添文学批评，古籍校读法、政治史等，由该校教务长、前江苏教育厅长沈彭年君等，担任教授。该校以注重国学著名，近日远地学生至该校报名专修国学者，纷至沓来，甚为踊跃云。"（《正风文科大学添聘新教职员》，《申报》，1929年8月29日，第3张第12版）

3月9日 沈兼士在燕京大学演讲《国学研究之我见》，主张最重要的是具有历史的眼光，认清各派学术的背景。3月22日，载于《燕京大学校刊》。

沈兼士将近世五百年来学术发展的历史，分为三个时期。一、明清之间，为独断研究时期。明清鼎革之际不是"道学派"的黄金时代，思潮所趋，总不离"道学"色彩。其尾声则有"东林""复社"等团体为根本台柱，以讲学为名，骨子里含有政治意味。这种精神固然值得钦佩，事实上每以一人的主观常识为论理标准，对于学术的贡献实属凤毛麟角。只有姚江派可注意，与后世学潮的改变有相当关系。二、清代考古学派。又分为：（一）考古学全盛时期。从姚江派的反应趋势看，本有趋向于自然科学的可能，但实际上却成了考据古典的文学，最大的原因是与西方教廷的教意之争，中国学者对于"艺成而下"的学问向来不甚注意。结果走入"文献"的道路，在"文字狱"影响下，又趋于考古方面。康雍乾嘉，宋学很盛，反宋学的汉学同时也很澎湃，汉学占据主导。汉学学者共有四派，即惠定宇的吴派，以信古为重心；戴东原的皖派，以考古为重心；焦里堂、汪容甫的扬州派，章学诚、全祖望的浙东派，对于史学有很大贡献。最重要的工作是史料鉴别，伪书辨正，轶事编辑，经学笺注，次及于文字、音韵、地理、算术、金石、方志、丛书、类书等。乾嘉年间之考古学，是清代文化的结晶，主要表现为经学和史学的发展两点，先有一种考据，并以考据结果作为学术基础，自然能升堂入室，与独断文学判然不同。此外，龚自珍、魏源两人的著述以考古学为背景，只以经世致用为目标，势力薄弱，成效无几。洪杨乱后，考古学风渐成过去，反汉学的宋学思想酝酿。（二）考古学没落时期。鸦片战争后，教士东来，国人更因丧师辱国，渐次觉醒，重拾二百年来被蔑弃的"洋货"——西学。同治以后，秩序渐复，学术亦渐内荣，根本仍在考古正宗，但明末遗老的思想复活，而顾亭林、黄梨洲等人经世致用的说法，复为学者所重视，"独求其是"的论调，甚嚣尘上。总之，清代三百年学术始终不离考古色彩，而理论背景又以考古为根据，各种论调不失严密的优点。中叶以后，因受"外潮"影响，学术渐趋蜕化，精神终未贯彻，因此"经世致用"之说，昌旺一时，成功之点终归是考古的经史两方面。清代学术的缺点，一是方法和态度不健全，以解经为主，没有形成独立的相关学科；二是取材过于狭窄，没有超越经典的书面材料。

明了近五百年的学术趋势，可资指示研究国学应取的步骤有六个方面。一是考古之外，研究时政。二是文学并非单纯东西，还包括科学元素在内。三是注重小说研究，不是古人以为的道听途说，无关宏旨，而是其中以"历史""思潮""时间"等为背景，使之成为独立学科。四是注重"风俗"研究。从前学者全是知古而不知今，取材方面对于古代每求完备，但对现代民风实欠明了，应该改正。五是注重图书设备。近来北平设有陈列馆，可惜经济时感困难，未来发展尚在期望。六是分工研究国学。例如华北一带，多古帝建都之地，以为考古中心，当较分外适宜。南方民族繁多，以为民风言语研究中心，也很适宜。各依地利，分工研究，则可事半功倍。此外，必须注意两点：一是东洋史著作。我国自古从无东洋史著作，日本东洋史则以日本为重心。此种情形，对于中国外交、国际地位以及建设等问题，全没有切肤关系。因此，中国学者对于著作以中国为中心的东洋史，应当计划考虑。二是中文外文并重。世界语言本以欧洲为中心，但中国人口为其他任何国家都难以匹敌，至少中文与外文应当立于平衡地位。（沈兼士讲演，李德荣笔述：《国学研究之我见》，《燕京大学校刊》，第25期，1929年3月22日）

3月15日 江西省教育厅厅长陈礼江拒绝国立北平大学文学院分院国学系赣籍学生沈季钦的毕业参观费请求。

沈季钦为四年级学生，致函国学系，声称江西省向章规定，凡国立大学省籍学生，毕业时赴国内各处参观，每名发给参观费一百元，恳请转函江西省教育厅，请予按章发给，并祈于当年5月以前汇发到院。北平大学文学院鉴于该生本年暑期修业期满，根据学院定章，毕业学生须于毕业前，由学院派员率赴国内各教育发达地方参观考察，以资借镜，该生届时应随同前往，遂转函江西省教育厅予以协助。江西教育厅厅长陈礼江以未列有此预算为由，予以拒绝。（《江西省教育厅公函》，《江西省政府公报》，第12期，1929年3月18日）

3月18日 中国学会通告介绍会员丁福保的著作《说文解字诂林》。

丁福保所编《说文解字诂林》，是"文字学界之大著作"。"其前钱可庐、王南陔所未竣功者"，至丁福保始成。其书有四善：一、检一字而各家学说悉在；二、购一书而众本均备；三、无删改仍为各家原面目；四、照原本影印，决无错误。"故无论藏有文字学书

或未藏有文字学书者，皆不可不备云云。"（《中国学会介绍说文诂林》，《申报》，1929年3月18日，第4张第16版）

3月22日　北平文理分院致函北平大学高等教育处，请向各机关推毂任用本届包括国学系毕业生在内的三十五名学生。

本年国学系学生有刘璞、彭绣珍、陈叔华、易淑瑛、陈徵麟、王素英、韩培厚、步舜英、沈季钦九人。函称：

> 该生等历年刻苦研究，不惮艰辛，其成绩均资卓著，品性具属优良，将来服务社会，指导后进，有裨社会前途，必匪浅鲜。用特将本届各系毕业生，开列名单，先期函达，即请查照，转知所属各学校，各教育机关，及其他机关，遇有聘任该项教员及职员时，希即函达本院，俾便择尤推荐，至纫公谊。

（《文理分院推荐女生》，北平《益世报》，1929年3月23日，第2张第6版）

3月25日　署名"亦同"者在北平《益世报·科学运动》第一期的"每周评论"刊文，提出比保存和整理国故更重要的是学习科学。

名为《守持与扩进——关于国故》，写于3月24日，批评整理国故只是守持，克承家学，正如清儒只是整理旧物，没有向前奔跑一样。文化事业需要努力向前，不能只是蹲下细看前人成绩。"所以，我们固须保存国故，整理国故，但这并不是最切要；最切要的，乃努力现在学术向前走去！而在此被人家落下太远了的时候，更应奋力跑着追去，追去！""要在文化事业上继续扩展猛进，最切需的便是研究科学！科学才是真正的，其他，说不定就是虚幻的，骗人的，非文化真正之路。"（亦同：《守持与扩进——关于国故》，北平《益世报·科学运动》，第 1 期，1929 年 3 月 25 日，第 9 版）

3月27日　崇化学会学员陈恩霖等致祭严修，表彰其倡导国学之功。

是月 14 日，严修逝世于天津，享年七十。祭文称："夫子一生之道德文章，昭昭在人耳目，盖棺论定，无烦赘述。惟比年国学不兴，斯文将坠，我津绅耆，悯焉忧之，爰有崇化学会之成立。而我夫子实为之倡，延名师，筹巨款，不遗余力。"

> 每讲期课期，必躬与其事，风雨寒暑无间也。遇有执经问难者，则循循善诱，辞不惮烦。是小子之学业，得以有今日者，实多出自高厚之赐，方期春风化雨，永沐恩施。熟知天不假年，大星忽陨，噩耗传来，小子之失声痛哭，宁能自已耶。续国学之将亡，挽斯文于未坠，千钧一发之际，彼苍者天，胡不□遗一老，岂惟学会之不幸，实我津前途之大不幸矣。（《崇化学会祭严范老文》，天津《益世报》，1929 年 3 月 27 日，第 4 张第 16 版）

崇化学会由严修领衔创办，最初会址在其私邸蟫香馆。严修逝世后，崇化学会改由华壁臣主其事，并迁会址于河东二经路。1935 年 8 月间，又迁到东门里府学明伦堂，设讲坛于奎星阁之北，华壁臣特颜其室为"崇化室"。仍由章式之担任主讲，各董事轮流到会值班。嗣因章式之病逝于北京，一时未能物色适当的继任主讲，临时暂由王斗瞻、骆寿先、石松亭、杜金铭、郭霭春等维持讲学。这些继承维护国学者，原来都是崇化学会早期学生。日本全面侵华期间，天津沦陷，崇化学会原有官方补助费断绝，难以继续维持，但又不愿意停办。为了占住明伦堂的房子，改由胡峻门一人独力支持。后由龚作家联系凤祥帽店的经理张誉闻，应允按月资助一笔经费。于是，聘请鼓楼东第二图书馆馆长郑菊如，及王纶阁、王斗瞻、龚作家、俞品三、王叔扬、李澄波、井蔚青、郭霭春等，共同维持残局，分别讲课，使得濒于奄奄一息的崇化学会，出现起死回生之貌。当时重新修改招生章程，增添新课程，规定郑菊如讲《诗经》，王纶阁讲《左传》，龚作家讲《论语》《孟子》，王斗瞻讲"学统"，俞品三讲《说文》，郭霭春讲"史学"，胡峻门讲《通鉴》，李澄波讲"史地"，井蔚青讲《公文程式》等。除设有讲习科外，还有学术讲演会，每天晚上讲课两小时，内容包括经学、史学、文学及修身等。这种局面，一直维持到天津解放。（刘炎臣：《严范孙与崇化学会》，中国人民政治协商会议天津市委员会文史资料研究委员会编：《天津文史资料选辑》第38辑，天津人民出版社，1987年，第116—117页）

3月28日　啸天讲学社增加国学演讲会。

啸天讲学社成立已经三年，"从者日众"。今年添设演讲会，每星期六下午七时起，专讲"国学上重大问题"。兹定阳历3月30日讲"我们如何解决六经的今古文问题"，4月6日讲"自然哲学与老子"，4月13日讲"墨子思想与今日的我们"，4月20日讲"中国的文艺复兴时代"。每个问题，一次讲完，并欢迎同志参加，另赠免费听讲券，以提起国人研究国学的兴趣。（《许啸天演讲国学四问题》，《新闻报》，1929年3月29日，第4张第16版）

△　中国学会出版部成立，地点设在跑马厅二马路口平乐里，凡会员所著之书籍，皆可代售，并可代会员访购各种书籍。现有

会员的大宗旧书正在寄售，购者请至出版部选择。（《中国学术消息》，《时事新报·中国学术周刊》，第20期，1929年3月28日，第2张第4版）

中国学会出版部经营以下事业：代售会员自己已出版之书、代售会员所编撰由他书局出版之书、代售会员不愿留用之家藏旧书、代会员访购因研究某种学术所急需之某部或某类书籍。（《中国学会设立出版部》，《中华图书馆协会会报》，第4卷第5期，1929年4月30日）

3月　金陵大学国学研究会召开成立大会，聘请黄侃、胡小石等为指导员。

金陵大学一直以英文闻名，自从国民革命军抵达南京，遂趋向英文、国文并重。"此固大势趋此，然亦由当事者有所醒悟耳。"该校有志研究国学诸生，深觉精神散漫，感情淡漠，皆因无共同研究机关，主张有必要组织研究会。于是，文密、刘古馨、闵君豪等纠合同志，于本年3月开国学研究会成立大会。会员有张龙炎、孙林皋、吴邱、刘世瑞、杨济民、张学琛、李庸芬、黄席群、余来成、周荫棠、闵君豪、施则敬、文密、程桂庭、刘古馨、丁廷洧、钱幹廷。继续加入者有赵鹏升、刘锦章。"观此成立之期虽不久，然会务之进展，则日新月异，实有一日千丈之势云。"

国学研究会为便于进行会务起见，采取委员制。成立时议定选举执委五人，分任总务、交际、文牍、编辑、会计五部事务。首届执委为文密、闵君豪、刘古馨、周荫棠、吴邱，第二届执委为张龙炎、黄席群、李庸芬、余来成、孙林皋。聘请黄侃、胡小石、胡翔冬、高敬轩诸教授及刘国钧科长、陈裕光校长为指导员。除每周举行常会一次外，每二周更有演讲会一次，讲师均为国内研究国学负有盛名者。当年上学期已讲十余次，主讲教师在校内者有黄侃、胡小石二教授，校外有柳诒徵、吴梅、汪辟疆、王伯沆诸教授，"所有之讲稿不日即可见诸该会所出之期刊中"。除请名人演讲外，还有期刊创作，内容分研究、论说、小说、诗歌、词曲等门类，材料多为本校诸教授及会员心得作品，所有经费已由上届职员等筹划就绪，不日即可印出。国学研究会特色有三：组织基于会员需要，不像他会与会员不相关涉；纯为研究学术，不像他会存在党派系别；有本国教授黄侃、胡小石等热心指导，会员均有所依归，潜心研究。（《金大国学研究会之进展》，《金大周刊》，1929年第2期）

1929年冬，金陵大学国学系学生闵君豪等倡议组织的国学研究会，由校内"以国文为主系或辅系及对国文有兴趣者"为会员，刊行《咫闻》杂志。1931年，改为中国文学研究会，印行《金声》杂志。据向映富所撰概况称：

> 本校国文系，成立于民国13年，其始洪荒草创，规模初具，及后，国内大师，莅校讲学，科目渐备，研习国学者，亦与日俱增，济济多士，盛极一时。民18年冬，同学闵君君豪，倡议组织国学研究会，联络感情，观摩学术，赞同者有文君密、周君荫棠、刘君古馨等念余人，刊有《咫闻》一册行世。嗣因诸子先后毕业，东西星散，会务负责无人，是以中辍。民20年，富立言恢复。旋获徐君复、高君小夫等三数十人，共勤厥成，易名为中国文学研究会。大抵延请名儒演讲，砥砺学行，并印《金声》，以资学者参考。人事变迁，其中措施，不无得失，而较其他学会徒托空言，实有过之无不及。

顾问有黄侃、胡小石、胡翔冬、吴梅、刘继宣（确杲）。指导会员有张守义、余贤勋、吴徵铸、闵君豪、高炳春、袁觐贤。（南京大学高教研究所校史编写组编：《金陵大学史料集》，南京大学出版社，1989年，第279—280页；本校编辑部编行：《金陵大学出版物目录》，1936年，第35页）

本年，徐复就学金陵大学，从黄侃问业，曾听黄论及国学书目问题。"先生讲课，时时称引余杭章太炎先生之说，以为后学矩范。章先生指示青年必读二十一书，先生以为尚有未备，增益为二十五书。"具体书目是：经学十五书，为《十三经》加《大戴礼记》《国语》；史学四书，为《史记》《汉书》《资治通鉴》《通典》；子部二书，为《庄子》《荀子》；集部二书，为《文选》《文心雕龙》；还有小学二书，为《说文》《广韵》。"以上青年必读二十五种，包括四部上最重要的典籍，可以囊括一切，也是治各门学问的根柢。当时社会上盛行梁任公、胡适之开列的《一个最低的限度的国学书目》，先生认为泛滥不切实际，没有揭示出重点，故提出二十五书以纠正此偏向。"（司马朝军编：《黄侃年谱》，湖北人民出版社，2005年，第298页）

4月6日　沈阳道德研究会开国学讲演会，先后请袁洁珊讲《论语》，富建中讲《易经》。

本日及13日，沈阳大南门外道德研究会先请该会名誉会长、国民政府东北政务委员会副委员长袁洁珊讲演"国学"，内容为《论语》公冶篇。"听众颇多"，"听众二百余人，历二小时许，讲者听者均无倦容"。（《袁洁珊讲演国学》，《盛京时报》，1930年4月15日，第4版）

5月4日下午二时，"特延宿儒富建中，讲演《易经》。听众百卅余人，皆关心国学者。该会此项工作，实与吾人加惠良多"。（《道德

会国学讲演》,《盛京时报》,1930年5月6日,第7版）

6月22日下午一至三时,又请袁洁珊讲《论语》述而不作篇,
"到会听讲百四十余人"。(《道德会讲演国学》,《盛京时报》,1930年6月
23日,第2版）

4月13日　北平中国大学举行十六周年纪念大会,除游艺外,
还举办各种展览会千余种,内有国学系学生筹设的石画陈列室。(《中
大纪念日将举行展览会》,北平《益世报》,1929年4月11日,第2张第6版）

4月15日　路朝銮在《同泽半月刊》发表《国学之解释》一
文,认为国学是与科学相对待的中国固有学术,包括经史子集四
部,经史为核心。

国家文明包括物质文明和精神文明两类,两者性质不同。近世
科学日新月异,物质文明进步的效果显著,只有精神文明能够穷天
地、亘古今,一成不易。"国学云者:为吾国固有学术,别乎世之
所谓科学,赖以维持伦纪,范围民物,俾长保此精神之文明者也。"
物质文明,形下之器。精神文明,形上之道。器非道无以立,道非
器无以行。二者固有相得益彰之美,而未可偏废。国学内容虽然浩
博,但以经史子集四部为纲要,又以经史为根柢。经包括身心性命
之理,仁义道德之说;史包括兴衰治乱,是非得失之迹,皆与持
躬涉世息息相关。具体的研究方法如下:研经者宜从《论语》《孟
子》入手,以先端其趋向,然后旁及群经,就汉宋诸儒学说,观其
会通,去其龃龉,要归于身体力行;读史者宜先从《资治通鉴》入
手,借诸政闻,然后纵观众史,上下古今,使历代因革损益,了如
指掌,即举而措诸天下何难。至于研经读史之暇,苟有余力,参之
诸子以博其机趣,推之群集,扩其见闻。如是则体用兼赅,华实并

茂，智识日以浚，才力日以充。既非俗儒占毕可比，仍与研究科学时间，两不相妨，人亦何惮而不为。

至于研究国学的意义，桐城派姚鼐义理、考据、词章三者并重，和曾国藩辑《经史百家杂钞》，论为学程途之语，并无新奇可喜之论，贵于践履笃实和普及，不在培养专门研究之士。"呜呼，自清季兴学以来，不过二十余稔耳！而习俗沦胥，经籍道丧，至于如此，迁流所极，更未知其所终，然天不变道亦不变，民彝物则之理，终当不绝于天壤，吾知国学必有剥极而复之一日。"据孟子"经正则庶民兴，庶民兴斯无邪匿"之言，"及经之责，是在吾党"。（路朝銮：《国学之解释》，《同泽半月刊》，第 2 卷第 6 期，1929 年 4 月 15 日）

4 月 16 日　顾颉刚到苏州振华女校国学研究会讲演《古史辨的主旨》。

苏州振华女校设"有经学课，亦甚提倡旧礼教"，故顾颉刚此次演讲"极论读古书非应用古代生活于现代，借以正其趋向"。（顾潮编著：《顾颉刚年谱》增订本，中华书局，2011 年，第 195 页）

4 月 24 日　国立北平大学北大学院第三次评议会议决，研究所国学门应请院长敦请沈兼士继续为主任，即日起负责积极进行，每月开支，暂仍照北京大学时代数目办理。（《国立北平大学大学院布告》，《北大日刊》，第 2155 号，1929 年 4 月 29 日，第 1 版）

4 月 26 日　燕京大学纽约办公处来电，称哈佛燕京国学研究所津贴已决定奖给毕奈德。

"毕君现在北平华语学校就学，闻此种津贴之给与尚系初次云。"（《燕京大学校刊》，第 29 期，1929 年 4 月 26 日）

4 月　无锡国学专门学院遵照教育部通令，增加军事训练，聘请史渭清教授，并举行图书馆奠基礼。(《本校大事记》,《国专校友会集刊》第1集，第4页；《校史概略》,《无锡国学专修学校十五周纪念册》，无锡国学专修学校，1936年，第2页)

6月4日，国民党中央训练总监部复函无锡国学专门学院称："查该军事教育资格尚无不合，暂先准予备案。一俟本部对于私立学校军事教育通盘筹划时，仍须听候考试，以凭加委。"(《训令第七六二号》,《教育部公报》，第1卷第7期，1929年7月)

5月13日　赵简子写成《我对于国学的见解》一文，赞同章太炎国学应改称语言历史学的观点，批评学界混淆自然科学与国学本质的谬妄，并从范围、方法、性质三个方面区分了语言历史学、自然科学和社会科学。在方法上，他则明显推崇唯物史观。5月19日，该文发表于《广州民国日报·现代青年》。

署名"古宋人"，即赵简子。赵简子针对何炳松推翻国学的四大理由，指出章太炎早已在《国故论衡》中提出"国学"应以"语言历史学"来代替，才能避免种种流弊、俗见和成见，进而从范围、方法、性质三个方面区分语言历史学与自然科学的本质差异。然而，受胡适、梁启超等倡导国学的影响，社会上出现了整理国故与保存国粹混而为一的现象。保存国粹是"保守的，沈腐的"，"保守国粹犹如保存古物一样，故于国家文化是无价值的"。"新文化运动及新思想之介绍之前或同时，必对于旧有的思想加以否定，而在起始否定，及新文化及新思想尚未有立足时，即打起整理国故的旗帜。"整理国故是"以西洋文化的真髓，以新精神，新认识来作一次古代文物思想的总批评，总结算，新估价"，对于国家文化是有益的、进步的，但也缺乏科学的修养，甚至矫枉过正，存在"似欲把语言历史学（国学）完全地视为自然科学，把研究自然科学的方法及目的等视为和研究语言历史学完全一样"的谬妄。

语言历史学的研究方法之所以不能全盘照搬自然科学，是因为两者存在范围、方法和性质的根本差异。一是范围不同。语言历史学包涵广博，且受时空限制，具体包括"语言文字学，历史，文学，艺术，及在这些材料中可以探求政治思想史，经济思想史，文化史及科学思想的片断"，而自然科学绝对不受时空限制。二是方法不同。语言历史学必然具有主观色彩，而自然科学纯为客观研究。中国既要充分吸收科学，作为研究国学的基础，也不能抛弃故纸书册的研究。赵简子回应胡适关于生死材料的观点，强调方法更重要。

材料是静的，方法是动的，死的材料要运用活的方法才有生命，新的生命。如近代经济学，德国便有静的经济及动的经济之分。经济的事实是不变的，而经济的组织是可变的，只是由具有思想自由的人善为变动而已。文艺史上有古典主义，浪漫主义，自然主义之分，而无产阶级派的新艺术家便分为贵族的文学，资产阶级的文学，劳动文学或无产阶级的文学；文学的事实是不变的，不过观者所用观照的方法不同，而结果自然不同，这是彰彰然的。譬如没有好久以前，《东方杂志》上有一篇《周易的时代背景及精神生产》[郭沫若（笔名杜珩）的《周易的时代背景与精神生产》，发表于《东方杂志》第25卷第21、22号，1928年11月10日、25日]，这篇研究方法绝与古代所用的方法不同，完全以站在唯物史观上用时代性与社会性去观照这部作品而研究的，所以结果是很新颖的，动听的，并且较以往的研究具有新鲜的印像。

赵简子不同意何定生对顾颉刚的评价，以顾颉刚倡导的古史辨和民俗研究为例，表现出"怀疑精神"，并不是反科学的，至多只能说是非科学的。一方面，顾在北大读书时，"尚没有用科学来帮助国学的提倡，而且中国的学术在故纸中尚有无数须整理的工作，所以顾先生没有吸收科学的修养，这是中国学术幼稚的影响"；另一方面，顾"有不必待科学的修养，而须在文字作一翻急切的工作，所以古史辨便产生而打破中国传统的古代历史及古代思想"。这是时代关系使然，不能责怪。

三是性质不同。何炳松所谓"历史者，叙述人类社会之总绩，并阐发其因果之关系，演进之脉络，以为后来炯鉴者也"的定义，是反科学的"旧的历史学"。

历史注意事实之实质上的各种异点，而自然科学在各种实质上求它们相同的地方；历史将各事实的一方边作普通的各个研究，所以没有一定的范围，而自然科学专注意在许多实质中某一种原质，所以非常单纯，而研究的范围由复杂而简单。历史又须受时间空间的限制，而这种限制在自然科学是没有的。自然科学研究的步骤是观察与实验，然而在历史上这种观察与实验是不可能的。所以历史是纯粹主观的学问，而自然科学便是纯粹的客观的学问。

比较而言，社会科学研究更像自然科学研究。

> 历史的目的在纪述人类活动的浑沦，而社会科学在求人类活动的通则；历史在过去生活中求不同，而社会科学在过去生活中求相同；所以研究历史之结果是人类活动之浑沦，而研究社会科学之结果是人类活动中之定律。（古宋人：《我对于国学的见解》，《广州民国日报·现代青年》，第 260 号，1929 年 5 月 19 日，第1—3 页）

赵简子区分"国学"与"社会科学"的做法，被何子恒批评为过分强调差异，忽视了科学方法的一致性，客观上使"国学"和"科学"成为互不相关的两张皮。何子恒认为，研究国学必须具备自然科学和社会科学的素养，国学运动之前必须有西洋文化输入运动。因为缺乏现代科学素养，所以现在的国学运动产生了两种后果：国学成为"一种离开科学的随便的研究"，而科学方法成为"一个空洞的招牌"。国学研究的本质是建立中国社会、经济、政治、技术、科学、思想、语言、法律等各个专门分科的"特殊史"，这就决定了国学研究必须吸收和运用欧洲四五百年发展而来的现代学术方法，扩大视野，真正充足学术培养。"这就因为这些特殊史的建立，不是干脆一个怀疑或高挂一个科学方法所能济事的。这是迷信高悬科学方法的胡适之与顾颉刚的人们所应有的觉悟。"学习社会学出身的何子恒，批评中山大学图书馆将十分之六购书经费用于购买故纸堆，致使"国学的研究已占了科学研究（自然、社会一起在内）的上风"，与此方向背道而驰。最后呼吁："要使国学运动健全，必先努力奖励自然科学与社会科学的研究；要奖励自然科学与社会科学的研究，必先经济我们的金钱时间精力，不使浪掷于超乎时代的早熟的国学运动方面。"（何子恒：《说几句》,《广州民国日报·现代青年》，第260号，1929年5月19日，第4页）

△　苏恢元在《大同学报》发表《国学复兴谈》一文，主张认清西方新学的"杀人"实质，提出恢复中国国学的途径。

恢元居士俗名苏恢元，于1916年创办大同学会，标榜阐明大同原理，以实现大同世界为基本宗旨。《大同学会创办大同学报发端文》述及缘起称："盖鉴于斯世之民性，颇有日趋小异之势，民性愈小愈异，则聪明愈闭，公德愈荒，而相争相害之苦愈剧，终有难乎其为人类者矣。故特标大同二字，以为讲学之宗义。"（《大同学报》，第1期，1929年5月13日）

苏恢元说："一国欲常存于世界，必自有其独立不坠之学则，是即名曰国学。其国之国学不行，其国即无独立自由之希望，以国学实为一国民众之灵魂也。"中国国学的真义在于伏羲、广成子、黄帝、尧、舜、老子、孔子数位圣贤遗留的经训，可惜自汉以后，知者渐少，至于逊清，国学全亡。

国中上级人士，不知于斯时求复国学之真，竟以西方不经之学，继承国学之敝，而国民之受病，遂日剧一日而不可治矣。盖国学虽荒，犹不过形成衰弱之症，而西学则多含有残杀之毒性，一受其薰染之后，则由假兴奋而大发狂乱，神明失主，虽有良医，不可救也。

西方新学杀人实质，表现在损人利己、违反自然、不明性源。"损人利己则争，违反自然则劳，不明性源则无主必乱。表面上之物质进化，即其所以杀人之器具也。"复兴中国古学途径有五：一是慎择书籍，以"周易、阴符、道德、尚书、春秋、周礼、礼记、四书、孝经、广成子诸经"为"正宗"，大学内不可不完全诵读；二是改善注疏，恢复诸经原旨；三是设立学校，以旧日书院为增损，分为习静、诵经、论治、游艺四门；四是访寻名师；五是昭明宗旨，以率性为归。（恢元居士：《国学复兴谈》，《大同学报》，第1期，1929 年 5 月 13 日）

5月14日 葛毅卿在北平《益世报》发表《再论整理国学问题》一文，回应胡适、何子恒、何定生等的讨论，揭示以科学方法整理国学的含义、价值和方法问题。

自从胡适提出以生死分别材料以来，如何用科学方法整理国学，再次成为国学研究的热门话题。何子恒、何定生等人的回应，使讨论深入分析科学的本质、学科性质的同异及科学方法运用的限制等问题。葛毅卿首先批评何子恒"自然即科学"，及所谓"中国三百年来的治学态度是中世纪非科学的态度"的观点，其根据是"西洋三百年来的科学，是到自然里去；中国三百年来的学问，是到故纸堆里去"，不啻意味着"到自然里去的，便是科学态度，到故纸堆里去的，便是中世纪非科学的态度"，"这种误认自然即科学，非自然即非科学的方式"，逻辑上就不通。欧洲中世纪和中国三百年来的治学态度虽然同样都是到故纸堆去找证据，但目的或用意根本不同，中世纪经院学派和清代治学大师不能相提并论。如中国的训诂考据，固然是找出古义古训与书籍的真理，清朝学者的治学特点却不在于"烂纸堆里翻筋斗"，而在于"不讲没有证据的话（这只要同宋人的话一比较便知），这便是科学者的态度。他们治学的方法，是从千头万绪的乱丝中，归纳出几个条理来，然后再从这假定的条理中，再去一项一项的印证"。这种演绎和归纳的方法，"确是合于科学方法"，与植物分类学家整列所有植物，比较异同，然后得出几个完密概念来的做法，并没有本质不同。清代以来学术没有大的发展，不在于没有科学方法一点。西洋近三百年来各项学术都有超前进展，原因主要在于思想自由和科学方法获得应用两点，均和文艺复兴打破偶像崇拜有关，恰为中国学术所不及。胡适将方法与材料分开的逻辑也有些牵强，但没有完全否定国学整理本身，只是未就"学问"二字的范围做出限制，因而引起何定生的"推测"。事实上，中国大学学习理科毕业生以及留学归国研究自然科学的人不在少数，提倡者清末有刘坤一、张之洞，现在有陈独秀、吴稚晖，及胡适、郑振铎、何炳松等，效果始终不彰，症结在于重量不重质。否则，"即使全中国青年，都跑向自然科学去，或者全中国的大学，一律停办文科，也是没有好的效果出来"。

近代以来，对于"国学的领域问题"的看法，学界存在三个派别。一是维新派。主张中学为体、西学为用。国学大略相当于中学，其"含畴"是正统派的圣经贤传，阴阳五行，以期与还局限于造船、制弹、天文、地理等几种"科学"知识的西学相比拟。二是整理派。主张国学是"生货"，不是"熟货"，"总之是一种复杂的总和，不是一个问题或某种单位的学术"。梁启超、胡适、李笠等开具国学书目，"于是国学（暂名之为国学）便视为某种固有学术了"。三是桐城派、阳湖派遗裔或小丛书派。混名为国学家，其实不能算是"问题"，应列入文艺题目之下，和各国文艺做比较研究。

葛毅卿倾向于整理派，或受傅斯年"科学是事实之汇集"观点的启发，批评梁启超所提国学范围太小，提出的"问题"真少，"决当不起每个专门问题的研究指导"。"所谓整理国学，是把过去的中国文化如历史、语言、社会、宗教、经济、民族等，抓梳之序列之，作一个系统的叙述。"整理结果只是各项"文史"和"学术史"。具体方法一言难尽，总的原则有三：其一，由博返约。如王国维的古器物铭释研究，高本汉的中古中国语言再造。其二，比较研究。如研究中国语言，必须学习几种"近代世界通行语"，分别音的生理、物理、语调、心理、符号，学习生理学、物理学、音乐学、心理学、标音学。近代中国北方语言受满蒙语影响，中古中国语言和日本语、高丽语、安南语、粤语、突厥语、吐蕃语、印度语、西藏语都有关系，必须学习满蒙语及中西交通史、东洋文化史，特别是宗教史知识。研究古语言，须精习经学中的小学，还有印度日耳曼语历史、语源学，特别是古波斯语、东方土耳其斯坦"死语"等西方语言史知识。其三，彻底精神。讲究逻辑，不能含糊其词。总之，等到将来把"问题"都分别解决了，便再没有"整理国学"的名字。（毅卿：《再论整理国学问题》，北平《益世报》，1929 年 5 月 14—16 日，第 3 张第 9 版）

5 月 15 日 "夫凡"在《时事新报》撰文，讽刺在中国旧书里寻找门径已无出路，到外国留学镀金的"国学家"。

当时的一个普遍现象，即"要做人上人，要发财"，就"非到外国去镀一回金不可"，进而"非到外国留学一下，挂块金字照牌不可"。

最近，甚之所谓国学家也者，也像到过外国一回便靠得住一点，有本事一点，说话可以说得响亮一点似的。譬如说，你是国学家，算研究中国从古以来一切学问的人，你到了外国，你便可在什么法国国家图书馆里，英国图书馆里，找一点在中国不常见的旧东西，抄了出来，带回中国，卖卖"野人头"，包你一般有意识或无意识地仰慕精神文明的浅薄无聊的青年，会佩服你博古通今，会赞美你学富五车；甚之，你卖的野人头是假的野人头，人家还会惊叹你的博学的。要在大学里教教什么中国文学的人，以及要编编什么中国国学书籍的人，只想在中国，只在中国旧书里想找门路是找不出的了。我奉劝诸位，还是赶快弄一点钱，买张开往欧州［洲］去的船票，到外国去镀金吧。一旦洋金镀上了，在你们还没有踏上故国国土的时候，早有人预备着"权威""学者"等等的匾额来送给你们呢！（夫凡：《镀金国学家》，《时事新报》，1929年5月15日，第4张第2版）

5月17日 张元济致函四川国学会，感谢宋育仁惠赐《国学特刊》五种、《讲易》一种，共六册，转赠商务印书馆东方图书馆公开展诵。（《致四川国学会》，张元济：《张元济全集》第3卷，商务印书馆，2007年，第612页）

5月24日 江苏省教育经费委员会议决无锡国学专门学院补助

费，再续发四个月。（《苏教费会致管理处函》，《申报》，1929 年 5 月 24 日，第 3 张第 11 版）

5 月 25 日　暨南大学文学院院长陈钟凡发表讲演词《我们研究国学的态度及其方法》，提出暨南大学中国语文学系以文学、文字和语言为研究对象。

同日，还有暨南大学校长郑洪年讲"研究国学的途径，及本系学生在暨大应负的使命"，暨南大学教务长杨汝糅讲"国文与各科学的关系"，"指导诸位研究国学的方法，极有条理"。陈钟凡主要讲"我们研究国学的态度及其方法"，"不过报告我个人治学的方针和计划"，作为暨南大学中国语文学系的指针。首先，明确中国语文学系的研究对象。

我们中国旧有的学术，从前没有经过科学方法的整理，不便明晰的分科别类，人每浑称之为"国学"。国学实在是个笼统的名词，因为他含义不清，内容繁杂，所以研究中国文学，史学的，可称之为国学家；即提倡静坐修炼的，也何尝不冒着这个招牌？这可算得我国学术界的耻辱！我们现在要划清界限，认定范围，以"文学"及"文字""语言"三者为我们研究的对象，不能不将我们对于中国学术的态度先表明一下。

其次，明确客观研究的态度和以科学方法整理为系统的目标。

近二十年来，研究中国学术的人，其态度约分新旧两派。旧派主张保存孔教，恢复帝制的，那是最固陋的"复古派"，现在值不得我们批评了。新派对于旧学极端怀疑，因古书真伪混淆，不可尽信，至说夏禹屈原并无其人，这种极端的"疑古论"，我们也不敢十分相信。还有半新半旧的中西合璧派，说到民治主义，就想到孟子民贵之言；论到社会主义，就高诵《礼运篇》大同之说，这种牵强附会，也觉得滑稽可笑。我们现在研究中国学术，不论他新的也好，旧的也好；有价值也好，没有价值也好；合于西方学说也好，不合也好。我们不参加一毫主观的意见，完全以客观的态度，考查他的来源和变迁，再求他所以变迁的原因，及变化以后发生的影响。总想以科学方法，把固的有［固有的］学术求出一点系统来，成立一种完美学科罢了。

具体而言，则古文字方面，以甲骨文字为第一期，鼎彝文字为第二期，小篆为第三期，隶书、草书、楷书为第四期，"推求原始的字母，逐渐孳乳的痕迹，和字音字义变迁的条理"。先看清楚古文字的嬗变，再讨论文字改进问题，以图应现世的需要。语言方面，应先从语音着手。如古韵问题，不同时代、不同地域用韵标准仍然不清楚。古声问题，还有历代声纽转变的条理，尚未有明白考察。古代语音学迄今尚未到确定成为科学的时期，当根据古人韵文、韵语、韵书及谐声文字、中外译音，分时分地，一步一步推寻。今声今韵自经教育部国语统一会宣布注音字母，似乎有所标准，但注音字母以北部语音为主，推之各省，不能普遍，又太简单，不敷应用。现在有人主张用罗马字母，或国际音标。采用何种音标是容易解决的事，最重要的是先详细调查各地语音，区分普遍和特别，然后才能定出全国通行的音母，某种为一方特有的闰母。进一步研究语言学，分古语、今语二者。古语以《尔雅》《广雅》《方言》《世说新语》等书为根据，旁参历代史书、群经、诸子，及各家文集和笔记，以求古代语根，及历代语言嬗变。考古语可在研究室内进行，今语则非至各处实地调查不可。再由各省方言中，择定最普遍的为国语。文学方面，分欣赏、批评、创作三事。欣赏前人文艺，必定要有直观和直觉的能力，完全推想作者描写的境界、含蓄的情感，才能领略蕴含的深刻意味，绝不是解释一字一句、一章一节所能了解。批评某一派的文学，非先看清楚某时的文艺思潮、文体流变，"不能知到他在当时文坛上的价值，文学史上的地位，及其于后来的影响"。批评一人的文学，也应知作者生平及时代，环境的关系，旁征其所受前人的影响，及家庭社会的熏陶，方能估量其文艺价值。创作"完全发挥各人的天才，造成种种特殊的风格"，但修辞及体制必经相当训练。内容须有丰富的情绪，伟大的想象，更非有极深的修养不可，绝不是模拟所能成功。文学范围除古代文艺，即《诗经》《楚辞》、乐府诗、古近体诗、词、曲、小说而外，也应当注意现代民众文艺。拟分戏剧、小说、歌谣三项，征集材料，加以整理批评。"愿大家各就所在的地方，分头从事，日后或有若干的程绩。"（陈斠玄先生讲，孟廉泉笔记：《我们研究国学的态度及其方法》，《国立暨南大学中国语文学系期刊》，第 2 期，1929 年5 月 25 日）

　　两月后，报载暨南大学中国语文学系拟聘"国学"有相当根基的苏雪林为讲师。

　　苏女士不但对于新文学有深切的研究，而对于国学也有相当根基。她在中国文坛上，在最近所谓时髦女作家中，可谓数一数二了。她的著作，散见于国内有名的文艺杂志上。凡是读过苏女士作品者，莫不知道她是擅长描写自然美和母亲之爱的。她的著作出版，大都在北新书局。苏女士曾一度留学法国，据说她的署名不一而定，别号为绿漪女士云。（恋：《再介绍暨大一位女讲师》，《申报》，1929年7月22日，本埠增刊第5版）

苏雪林并未在暨大授课，此后任教于沪江大学、东吴大学、安徽大学、武汉大学等校。（苏雪林：《我的教书生活》，沈晖编：《苏雪林文集》第2卷，安徽文艺出版社，1996年，第82—89页）

△　钟应梅在《厦大周刊》发表《读了何炳松郑振铎二先生讨论所谓"国学"的文章以后》一文，赞同何炳松所说"国学"名词含混的评价及国学整理方法，同时讽刺郑振铎对于整理国学言行不一和不免笼统的问题。

厦大国学系学生钟应梅赞同何炳松所说现代科学注重学术分工的精神，及"国学"概念含糊的相关评价，认为"国学"二字，大概是指"大中国之学术"。以"中国的学术"总括过去和现在的一切，范围广泛的东西，"硬派作是专门学问，实在是笑话"。

现在所谓"国学"的范围里面，事事物物都是毫无头绪，亟待整理的东西。其中有哲学，有史学，有政治学，有法律学，有经济学，有文学，有语言文字学，有考古学，尚有治旧学必需的工具，如：目录学，校勘学，……等，真是五花八门，令人目眩心惑。这许多门别里面，再加详细的分析，其中任何的一项，都足供我们毕生的研究；而现在国内各专门以上学校所定的国学课程，却都是广罗万有，这不是叫人去走诸葛军师的八阵图吗？走的人固是劳而少获，领导的人也是万分的痛苦。我尝听许多教师们都极力主张把现在人所谓"国学"分科别类，叫人好分头去研究。

当然，何炳松也有言辞过激之处，"因为要维持国学家头衔的缘故，自己一个小小的脑袋里，一定要把一部偌大的四库全书全都装进去"的糊涂囵囵，毕竟是"绝对的少数"。"就朱熹朱彝尊章学诚他们，也是单人独马陷在八阵图里面，只得左冲右突的乱钻，幸而天才还高，卒能就理学文学史学上杀出一条血路来；其他的学问，不过是在里面左冲右突的时候所得的一点罢了。""如果先有人指给他们理学文学史学的路，自然他们的造就要加几倍。""一定说他们不愿意由博归约，也未免太冤枉他们了。"总之，钟应梅希望推翻所谓"国学"后，学界得力者可以另辟几条中国学术的新途径，"领导多数的人都到学术的最尖端去，那末，安特生桑原骘藏他们的研究，也许是椎轮之于大辂呢"。

然而，郑振铎的态度表面上与何炳松"同调"，"骨子里却是不同"。何主张要"分析研究""到壁角里去"。郑却主张："古书等到一百年一千年后再加整理研究，也并没有什么关系；宋元版的精本流入异国，由他们代为保存，也并不是什么可叹息的事。"且郑对于整理国学的态度言行不一，《小说月报》的新年号里面，有好些读书笔记，如《警世通言》《丛书书目汇编》《弘治本三国志演义的发现》《关汉卿绯衣梦的发见》《西游记杂剧》，可见郑对于古书，正在下研究整理保存的功夫，显得"太不合时宜"，太过于"爱谈所谓国学"，过于"玩物丧志"。郑振铎曾经很郑重地说："警世通言的出现，于研究中国小说很有关系！""重编丛书目录，是有惠于后学的工作！""佚书的发现，使中国小说史大异其面目！"如此言行"未免太不忠实"，反映出郑振铎的双重人格。郑再三强调慢谈所谓"国学"，生路在西方科学和文化的输入与追求、介绍与研究，却忘记择学要以人的能力和兴趣为标准，"国学不必人人来研究，西方科学也不能人人去研究"。否则，为何郑不在铁路学校毕业，却要编辑小说，钻进旧书堆里去写读书杂记，如此"浪费了有用的工作力"。因此，"说中国学术不必人人来研究，是对的；说大多数的人可以且慢谈国学，也是对的。至若说完全抛弃，等到一百年一千年后再来着手，恐怕到了那时候无从着手，也无人着手了"。

此外，郑振铎批评提倡国学，保存国故，认为其结果会导致社会充满复古空气，拒却一切外来的影响，因此决不可能一面提倡国故国学，一面廓清旧思想旧习惯，否则就是添薪止沸，南辕北辙，也掩盖了真正的国学研究及其意义。"所谓国故国学"，不"仅仅代表'天命玄鸟，降生于商'，'天王神圣，臣罪当诛'"一类的思想；"所谓整理国故"，不等于"就是复古运动"。梁启超的《先秦政治思想史》《清代学术概论》，胡适的《中国哲学史大纲》《白话文学史》，都"在国学的范围内"，都是"整理国故的工作"。当然，"国学"的确太过笼统而不专门，亟须"到壁角里去"，希望郑注意及此，著述缩小范围。例如，郑编著《文学大纲》，内容网罗万有，洋洋大著，但中国近代文学部分，却将诗人黄遵宪的籍贯"从嘉应——梅县——硬搬到南海去"。"若使郑先生专就俄国——郑先生的俄文学是有研究的——或其他小点的范围来写，当然要比现行的文学大纲更确实，更精彩一点。所以我的确希望郑先生切实'且慢谈所谓国学！'以为天下先。并照何先生的话做去，以免'玩物丧志'。"（钟应梅：《读了何炳松郑振铎二先生讨论所谓"国学"的文章以后》，《厦大周刊》，第 206 期，1929 年 5 月 25 日）

5 月 28 日　中国学会编辑的《中国学术》改由《民国日报》出版，由周刊改为双周刊。至 1929 年 11 月 6 日，先后共出 12 期。

中国学会所编辑之《中国学术》周刊，原在《时事新报》发行，已出至 25 期。忽于 5 月 16 日，接《时事新报》函称："减缩篇幅，所有各种周刊，一律忍痛割爱，以节开支等语。""以致本会已经发稿之二十六期周刊退回，未能出版。"承《民国日报》允许，在报内继续发刊。"惟因各种刊物支配关系，只能两星期出版一次，决定于每月第二星期二，第四星期二发行，改名《中国学术》。凡本会会员有讨论学术之文章，请陆续惠寄为荷。"（《中国学会启事》，《民国日报·中国学术》，第 1 期，1929 年 5 月 28 日，第 4 张第 4 版）

《民国日报》和《申报》均有相近报道，前者略谓："本月初旬因《时事新报》减缩篇幅，曾停辍两周。兹胡君已与本报接洽，附在本报发行，改为《中国学术》，每两周出版一次，于第二、第四星期二刊出。第一期已于今日出版，国内学术界，尚希注意。"（《〈中国学术〉继续在本报刊行》，《民国日报》，1929 年 5 月 28 日，第 3 张第 2 版）

截至 1929 年 11 月 6 日，《民国日报·中国学术》出版了 12 期，载有胡朴安《文字废弃研究》《汉书古今人表》《民族主义下之三礼学》《易经学》《历代群经派别略论》《国学名词与实质》，卫聚贤

《墨子学辨序》，释太虚《胡寄尘先生墨子学辨序》，徐傅保《荀子议兵篇内容之研究》，胡道静《白马论然疑》《公孙龙子学者考》，姜亮夫《诗骚谚语考》，闻宥《东山读书记》，胡怀琛《老孔墨三家文体之比较》《李耳考》《评儒教与中国文学》《墨经与佛经之对照》，李续川《易乾坤文言篇义自叙》，以及《陆续加入会员题名》等。

本年9月，有人以古文今文的分派视野，分析当时国学研究有三派。除北大、东大两系之外，胡朴安另成一系，接近东大。

数年以前，新文化运动怒潮中，亦突起一帜，其出版刊物，如北大《国学季刊》《国学门周刊》《国学门月刊》，清华《国学论丛》，朴社《国学月报》，东大《国学丛刊》，大东书局《国学》月刊，医学书局《国学辑林》，群众图书公司《国学专刊》，其他不以国学标名而时作讨论国学之杂志，尤指不胜屈，几如雨后春笋，一时怒发。其中除《国学辑林》《国学专刊》，等于□以外，大约分别为两派：北大、朴社、清华同一系，东大另成一系。东大一系，柳诒徵辈主之，议论稳健，颇守清儒汉学家法。北大等一系，王国维、梁启超为其导师，顾颉刚、沈兼士辈为其健将，主张类多新奇，甚浓染今文家彩色。其分野与策略虽不同，顾其主旨则一致，同以整理国学为任务。不独此也，即以对于新文化运动而言，局外人不察，谓为两者居于对敌之地位，亦大错误。吾人不欲多举明证，即以梁启超、顾颉刚辈观之，一方面为整理国学之工作，他一方面又作新文化运动之健将，可知两者不但非交敌团体，且同站在推进文化之一条战线上也。大东书局之《国学》月刊，为国学专家

胡朴安先生所主编，似又在上述北大东大两系之外，独立另成
一系。倘以分野言之，古文家彩色较浓于今文家，谓其接近北
大，毋宁谓其接近东大比较确实也。大东《国学》月刊，仅出
三期，在社会上历史甚浅，故学术界无多影响。胡先生主编国
学刊物，影响最大者，厥为民国十二年在《民国日报》附刊
之《国学周刊》，曾刊行两年有余，并汇订《国学汇编》三集
行世，曾再版两次。自国民革命军进展长江流域以后，举国人
士，齐努力于军阀之摧残，整理国学之呼声，遂与新文化运动
之怒潮而同落。迨全国底定，又因训政开始，亟亟致力建设之
工作。国内智识界，更未遑学术之讨论。胡先生虽为老同盟，
顾独甘淡泊，兼以党国要政，已有诸老友主持，可不烦筹计，
乃以整理国学指导青年引为己任，谋国家百年树立之大计，与
友人海宁陈乃乾、松江姚石子等，组织中国学会于海上，并发
行《中国学术周刊》于《时事新报》，以赓续《国学周刊》未
竟之事业，冀以引起国内学术界之注意及谋继起。出至二十五
期，因《时事新报》改变篇幅之故，复回至《民国日报》出
版。兹闻《民国日报》谋新闻之竞争起见，所有该报各种附
刊，如《青白之园》《妇女》的一律停刊，《中国学术》亦同罹
厄运，改为月出一次矣。（扰龙：《国学厄运欤》，《小日报》，1929 年
9 月 23—24 日，第 2 版）

5月30日　上海精武会请罗啸傲、罗抱一举行国学宣讲。

上海横浜桥精武会请罗啸傲、罗抱一在该会中央大会堂举行
"国学宣讲"，每星期一次，借以"宣传文化"。听讲者均可自由入

座，印有讲义分送，并不收费。(《精武会之国学宣讲》,《民国日报》,
1929年5月30日，第3张第2版)

6月2日　王国维去世二周年，清华研究院师生集资，于清华
园内工字厅东南土坡建了一个"海宁王静安先生纪念碑"。(孙敦恒:
《清华国学研究院纪事》，葛兆光主编:《清华汉学研究》第一辑，第338页)

6月3日　厦门大学开始编辑前国学研究院藏书目卡片。

厦门大学生物院三楼前国学院藏书室，所藏中西书籍有数百
种，其内善本颇多，每逢星期日开放阅览。近以该处藏书仅有书目
一本，不便借书者检查，自今日起已着手编制卡片，完全归并厦
门大学图书馆管理。(《前国学院藏书编制卡片》,《厦大周刊》，第208期,
1929年6月8日)

6月4日　科学运动社编辑的北平《益世报·科学运动》第11
期评论栏刊文批评出版界偏重文艺和国故，忽略科学，强调科学才
是中国当务之急。

评论对出版界之代表，商务印书馆出版《学生国学丛书》《国
学小丛书》，中华书局当即急速出版《学生国学读本》，两家书局竞
争聚焦"国学"，视其为"宝贝"，尽力提倡，却不组织出版《学生
科学丛书》的现象首先表示不满，谓:"老实说，这两家还算好的，
国学之外，还肯出一些科学书籍。其他，你随便往任何书店去看，
架上堆积，层层累累，都是文艺，次是国学。说到科学么，比晨星
还少，或竟无有。"并对"举国若狂"皆趋于国学，报纸副刊更甚
的现象表示不解，强调中国百废待治，中国文艺刚在萌芽，的确需
要往精粹方面努力，中国国故杂多，也亟待整理，都不必排斥。不
过，"既全须提倡，便应有所先后，分别急缓"。比较而言，"科学是

实际进化的工具"，最应提倡。至少应用平等眼光看待，不能如"现在先文艺国故而后科学，重文艺国故而忘了科学"。（《书店与报纸副刊》，北平《益世报·科学运动》，第11期，1929年6月4日，第9版）

6月7日　清华大学举行欢送毕业同学大会，研究院最终一班于今年毕业。

大会主席致词时称，本届毕业具有空前绝后的意义。教务长致词后，研究院方面由徐景贤代表致答词。"其中以徐君之论调与态度最为惊人，宛似天安门前之演说云。"（孙敦恒：《清华国学研究院纪事》，葛兆光主编：《清华汉学研究》第一辑，第339页）

6月12日　江苏省江都县教育局取缔江都县民萧汉私下组织的国学研究所。

江苏省江都县民萧汉以"国学研究所所长名义"和图记，具呈省民政厅，请求续修县志，民政厅厅长缪斌特令江都县转饬教育局详查复核。据该局呈复云："萧组织该所，并未经立案手续，图记亦系私刊。昨以该民举动欠当，迹近招摇，除呈请民厅核办外，已饬公安局从严取缔。"（《地方通信》，《申报》，1929年6月12日，第3张第9版）

6月14日　北京大学公布《国学季刊》编辑委员会委员，以朱希祖为主任。

是日，公布《国学季刊》编辑委员会委员有朱希祖、马裕藻、刘半农、沈兼士、钱玄同、马衡、陈垣，以朱希祖为主任。（《本院布告》，《北大日刊》，第2191号，1929年6月15日，第1版）

6月26日，国立北平大学北大学院评议会通过朱希祖、沈兼士、马裕藻、刘半农、马衡等为研究所国学门委员。（《国立北平大学北大学院布告》，《北大日刊》，第2202号，1929年6月28日，第1版）6月27日，北平大学北京大学院恢复北京大学名号。

7月2日下午四时，《国学季刊》编辑委员会改组后第一次开会，议决如下：《国学季刊》号数继续前北京大学《国学季刊》第二卷第一号；版式行款纸张与前北京大学《国学季刊》一律相同；定9月中出第二卷第二号，8月中齐稿；交北平京华印书局印刷；编撰稿件每千字一律酬金五元，翻译稿件每千字一律酬金三元；稿件由编辑委员会审查后付印，有必要时得由委员会转请专家审查。（《附国学季刊编辑委员会议决案》，《北大日刊》，第2207号，1929年7月9日，第2版）

7月3日，发布征文启事，朱希祖负责收稿。启事称该刊已出至第二卷第一期，海内外纷纷定购，后因故中断达二年。现拟继续出版，由委员会议决编撰，稿件每千字一律酬银五元，翻译稿件每千字一律酬金三元，欢迎校内外有价值稿件。稿件交北大第一院史学系教授会朱希祖收。（《北大国学季刊委员会征文启事》，《北大日刊》，第2207号，1929年7月9日，第1版）

12月，出版了《国学季刊》第二卷第二号。1930年，又出版了第二卷第三、第四号。

6月16日　中国学会召开第一次常会。

上午九时，中国学会假康脑脱路徐园，开第一次常会。到会者陈乃乾、李宝琛（陈乃乾代）、张秀勤、张江白、姚明晖、孙禅伯、谭禅生、胡朴安、胡惠生、唐文治（胡朴安代）、丁儒侠、聂其昌、温应虬、郑肖厓、庞青城、李续川、王引才、黄经问、伍仲文、朱尊一、凌莘子、胡怀琛、胡道静、卫聚贤、顾实、谢利恒、郭步陶，庄通百，杨千里，王恪成，许修直。"当推胡朴安主席，谭禅生纪录。"首由胡朴安报告半年来经过情形，略谓：依照本会简章，每年开常会两次。本会事务，计分三部，即编辑、演讲、会务，另外组织一出版部。编辑一部，本编有《中国学术周刊》一种，由《时事新报》发行，已出至二十四期。《时事新报》因减少篇幅，将各种附刊一律取消。《中国学术周刊》亦在取消之列。不得已商量《民国日报》，承其允许，得以继续发行。唯因篇幅关系，改为二星期发行一次，现已在《民国日报》发行二期。至于编印《中国学术丛书》，亦编辑部与出版部预定之计划，但因种种关系，不易实现。现在付印者，仅《阿母河记》一种，不日当可出版。次由陈乃乾报告会务及出版部大概情形。

报告毕，由胡朴安征求各会员对于中国学术之意见。伍仲文言，对于胡朴安《整理中国学术之意见》，极表赞同，并祈望各会员照此计划切实工作，实可发扬中国民族之精神。次由卫聚贤演讲河南洛阳搜集上古石器之经过，末言"治中国学术，须用科学方法，并要有革命精神"。次郭步陶言，正拟著述两种书，一《中国文字变迁史》，二《中国文法变迁史》，并略言著述方法之大概。后由孙禅伯、胡怀琛、谢利恒继续讨论出版事件及整理中国学术方法。直至十二时散会，即在徐园聚餐，下午二时始散。"是［时］大雨沱滂，到会者尚有三十人，可征近日对于中国学术之趋势矣。"

（《中国学会第一次常会记事》，《民国日报·中国学术》，第3期，1929年6月25日，第4张第3版）

△　毛一波撰文评论《小说月报》国学专栏，主张对于国学，既不轻视，也不迷信。

毛一波指出，类似何炳松和郑振铎以为国学名词不妥，国学可以慢慢研究，旨在唤起人们轻书本而重实物的话，早在1925年唐钺就已说过。但如今已非三年前时代，国学已经为一般青年所尊崇。其实，国学家不必迷信国学，也不必造成一种风气，使青年们都跑入故纸堆。"因为国学是死的知识，是偏于书本的。我们如今要努力的是活的知识，是重在实物的研究。"正如胡适倡导青年们从故纸堆及早回头，多学自然科学知识和技术那样，"对于国学的态度，我以为就应该如此。但我们自信不是轻视国学者或迷信国学者"。

（毛一波：《论国学》，《真美善》，第4卷第3期，1929年6月16日）

6月21日　午后四时，燕京大学哈佛燕京学社国学研究所执行委员会在欧美同学会集会。（《各项会议时间》，《燕京大学校刊》，第35期，1929年6月21日）

6月22日　报载香港英陶书院夜学加授经史等科，聘请香港大学中文学院黄大成教授。同时拟请马炜谱演讲《求学时代之梁启超》。

香港歌赋街英陶书院"近为提高学生中文程度起见，特在夜学加授中文，增聘香港大学中文学院黄大成主任教授，课程注重经史等科，以为各界人士及有志投考香港大学初级试者，得以补习中文"。"又闻该校第六次学术演讲，拟于下星期日廿二日，请宿儒马炜谱先生讲《求学时代之梁启超》。闻马君与梁氏同学多年，对于梁氏生平，知之甚详，此次演讲，当有真知卓见之处云。"（《英陶书院之国学运动》，《香港工商日报》，1929年6月22日，第3张第3版）

6月24日　报载前清翰林杨雪桥在北京西单太仆寺街创设雪桥讲舍，招收学生，讲授国学。

据称杨雪桥经陈垣、刘半农、尹硕功、沈兼士、胡玉缙、张鹏翎等学界巨子介绍，在太仆寺街罗家大院七号创设雪桥讲舍，所授课程完全为国学，如经史子集、词章、周秦诸子、宋明学案、四库提要及诗文等，每日上午九时至十一时，或下午三时至五时上课，"诚为学习国学绝好机会"。（《雪桥讲舍成立》，《新中华报》，1929年6月24日，第7版）

6月底　清华研究院正式宣告结束。

陈寅恪改任清华大学中文、历史两系合聘教授，赵元任被中央研究院聘为历史语言研究所研究员兼语言组主任。清华研究院前后四届70多名毕业生，或执教，或从事研究，后来大都成为我国在语言学、史学、哲学、古文字学、考古学等方面的著名专家学者，为国学的继往开来做出了贡献。其时清华研究院季刊《国学论丛》第二卷第一、第二号均已编出，即将付印出版。（孙敦恒：《清华国学研究院纪事》，葛兆光主编：《清华汉学研究》第一辑，第339—340页）

据1933年《清华同学录》，"国学研究所"毕业同学，1926年至1929年共四班，计69名。标明职业或地址的主要有：王力，国立清华大学中国文学系专任讲师。王耘庄，白马湖春晖中学国文教员。王庸，北平图书馆编纂委员兼图部主任。王静如，北平北海中央研究院历史语言研究所。王啸第（竞），长沙湖南大学教授。王镜苏，国民政府立法院编译处总务科副主任。方壮猷，曾任北大、师大等校教授、讲师等职。孔德，国立上海商学院教授。史椿龄，河北省盐山县县立中学校长。司秋沄，甘肃学院教员兼图书馆主任。朱芳圃，浙江十中国文系主任。朱广福，商务印书馆编校员。全哲，湖南衡阳上马趾口二号。何士骥，北平中法大学文学院讲师、国立北平大学女子文理学院讲师、国立北平师范学院研究所编纂员。李绳熙，已故。李鸿樾，湖南长郡中学校教员。吴其昌，国立武汉大学教授。吴金鼎，国立中央研究院助理员。吴宝凌，前国立上海交通大学国文专任讲师。汪吟龙，南京中央大学文学院。余永梁，四川忠县花桥寺。余戴海，河南淇县城内阁东节考祠东边。宋玉嘉，辽阳城南四里庄。门启明，山东临沂省立第五中学、河北保定省立六中暨二师任课。周传儒，北平师范大学教授。姚名达，国立暨南大学历史社会系教授。侯坶，国立北平大学及燕京大学讲师。姜寅清，前上海大夏大学、持志大学中国公学教授，现闲居。徐中舒，国立中央研究院历史语言研究所专任研究员。徐景贤，南京中央大学文学院。马庆霱，已故。高亨，前任职东北大学教育学院。高镜芹，北平西单后百户庙三号。黄淬伯，中央政治学校专任讲师。黄绶，四川盐运使顾问。张昌圻，留法里昂大学。陈守实，安徽大学教授。陈邦炜，家居求学。陈拔，江苏省海门县私立海门中学高级部国文教员。陆侃如，法国巴黎中国公使馆转。毕相辉，未见职业或地址。陶国贤，云南省垣万钟街中华圣公会内陶宅。冯国瑞，甘肃省皋兰中山大学教授。冯德清，未注职业或地址。杨筠如，山东青岛大学。杨鸿烈，云南省立东陆大学师范学院文科主任。葛天民，吉林第一中学教员。赵邦彦，国立中央研究院历史语言研究所编译员。闻惕，湖北省立高级师范教授。裴占荣，山东邹平县山东乡村建设研究院。裴学海，私塾经学小学教师。管效先，湖北樊城十字街。刘盼遂，清华大学专任讲师。刘纪泽，安庆安徽大学。刘节，国立北平图书馆编纂委员兼金石部办事员。郑宗荣，广东香山南屏乡郑贻燕堂。蒋天枢，北平市第一中学教员、大同中学教员。蒋传官，湖南柱阳县立师范学校高级班国文教员兼柱阳通俗报主笔。卫聚贤，国立暨南大学教授。蓝文徵，青岛市立女子中学国文教员。戴家祥，浙江省立高级中学教员。谢念灰，已故。谢星朗，四川万县县长。谢国桢，国立北平图书馆。储皖峰，国立浙江大学教授。颜虚心，法国巴黎中国公使馆陆侃如转。罗根泽，清华大学国文学系讲师。杜钢百、程愙未注职业，通信均由上海暨南大学姚名达转。（《同学总录》，北平清华大学编印：《清华同学录》，1933 年）

△　济南齐鲁大学国学系出版《国学丛刊》，仅出 1 期。

该刊没有发刊辞，载有齐鲁国学系师生的考证文章，如周幹庭《十五国风之排列法》、栾调甫《释夫子》、张维思《三归考》、许慕贤《墨子为印度人辨辨》、孙碌《读王献唐公孙龙子悬解》、陈鹏远《尧典历法考》、陈宗禹《伏生尚书二十九篇考》、陈景圣《左传之真伪问题》、毕于藻《论语记孔子弟子称谓考》、周述政《邓析子辨证》、王敦化《宋词体制略考》、吴秋辉遗著《说囿》等文章。

6月　中国大学国学系第四班学生毕业，计有武福萧、阎培贞、张文寅、崔仲华、万心权、杨庄华、董祖荫、赵学曾、赵继圣、赵国栋、郑国梁、张积锴十二人。（《历届毕业同学姓名录》，《一九三五之北平中大》，1935 年）

△　本年厦门大学国学系第四届七名学生毕业。

计有吴大阶（男，福建南安人），吴经文（男，福建安溪人），陈恭（男，广东梅县人），何适（男，福建惠安人），杜煌（男，福建惠安人），邱立塔（男，福建晋江人），谢俊（女，广东潮安人）七人。（厦门大学校史编委会：《厦门大学校史资料》第6辑，厦门大学出版社，1990 年，第7页）

△　持志大学出版年刊第4卷，胡汉民题写封面"若为国学无忘，斯志也守之常"，署名"汉民集字题"。

《持志年刊》载专文叙述文科国学系四个年级的学生情况，包括学生从老师辈学到的研究国学的方法总结。四年级"同舍十五子"。（姚潜伯：《文科国学系四年级级史》，《持志年刊》，第4卷，1929年）三年级有二十余人。（陈秋澥：《文科国学系三年级级史》，《持志年刊》，第5卷，1930年）二年级起初有十三人，转学后只剩下十人。

> 就出去的六位而言，他们大概都为了目的不同，方向有异，所以不能不转。然而以章君元模的精通中西学术，因为家庭的关系，竟中道辍学，这确是本级的不幸；所幸的是转来的同学，如杨君士林，胡君道静，他们的聪明才力，也不亚于章君。

二年级学生徐绳祖认为，治学全靠方法，得到诸师引导，归纳为："注重科学的方法，以应用于一切史科的驾驭，使国学成为科学的国学"；"对于材料的去取，轻纸上的空凭，而重遗物的实证"；"除去盲目的爱国心，消灭泥古的态度"；"铲绝'鉴赏诗词，就是研究国学'的糊涂心理"。（徐绳祖：《文科国学系二年级级史》，《持志年刊》，第4卷，1929年）

陈耆君《治国学杂谈》一文，受胡朴安的影响，认为国学只是暂称之词，将来整理就绪后，可作为历史陈物。近年整理国学成绩不多，方法未善固然是一方面，最大问题在于态度不当，功利观念过于明显。

盖若辈治学，首必重视其结果，而后定其志。故每宣言曰，今者西方学术，一日千里，称雄世界，而我国数千年之蕴蓄，庞大之思想，反默默无闻。长此以往，吾国学术之亡无日矣。故吾侪宜亟亟治理之。又曰，彼异国人者，今且进而研治我国国学而著有成效矣，吾侪苟不再事治理之，行将贻笑万方，而无面目见祖于先［祖先于］地下矣。又曰，今者科学破产，正为精神文明代兴之日。吾侪正可趁时而兴，俾发扬我国固有之文明于世界，以增进学术界之地位焉。噫，若辈奋勇之精神，固甚可钦可佩，而无时无地不忘于功利，亦属可惜可悯。故吾人治学，不当问其有用无用，更不当问其何为而治。要之，各择其所喜者，秉诚挚勇猛镇静之态度，入身于可靠的事实之中，出发于不诬古之地，凭无偏的批评而达于至真之竟［境］。至其中途将发生若何现象，亦不预计，而结论则当倍加审慎，而后使之成而各种科学，空泛无羁之国学二字，可不再叩入予之耳鼓焉。（陈耆君：《治国学杂谈》，《持志》，第 4 号，1929 年 12 月）

7 月 3 日 北平女子学院举行毕业典礼，毕业学生包括国学系，合计三十人。（《北平女子学院昨举行毕业式》，天津《大公报》，1929 年 7 月 4 日，第 2 张第 5 版）

△ 报载大夏大学自卢晋侯主持文科以来，国学系等内容益加扩充。

先是，卢晋侯任东陆大学校长、东大文科主任、云南教育厅厅长。大夏大学日前召集会议，计到陈柱、戚毓芳、杨正宇诸教授，议决每系设立一个研究课程，共计二个绩点，作为毕业生必修科目，由各科主任担任。下学期各系所设科目，国学系有"中国学术分类研究"。（《大夏文科分系研究》，《申报》，1929年7月3日，第3张第11版）

7月4日　报载移风学院开办暑期学校，专门部包含国学等三十余门课程。（《移风学院开办暑校》，《申报》，1929年7月4日，第3张第11版）

7月初　无锡国学专门学院行放假礼。（唐文治著，唐庆诒补：《茹经先生自订年谱》，沈云龙主编：《近代中国史料丛刊》第三编第九辑，第100页）

7月12日　署名"不敏"者陆续在《小日报》撰文，批评《小说月报》"打倒国学"的口号纯粹为谋求改善销路，本身亦为国学研究的乱象之一。

自从《小说月报》第二十卷第一号刊载讨论国学的几篇文字，对于"国学"二字，多所指摘，引起国内学术界注意，但其目的可疑。

据商务编辑同人言，此不过商业竞争上一种策略耳。《小说月报》初出世，所登篇什，与《红玫瑰》相仿佛，销数甚佳。后为新文学份子，据作大本营，专登新文学之作品。顾智识界人数究寡，且智识界又非尽新文学分子，曲高和寡，销数之退缩，自可不待卜筮。《小说月报》为唯物史观计，亦不能不变更策略，以求生存。故拟另辟途径，打倒国学之旗帜。弗论其言之是否成理，固一富有诱惑之揭櫫也。闻得此一针吗啡后，其销数斗［陡］然增加，是亦策略之所谓成功欤。（不敏：《打倒国学？》，《小日报》，1929年7月12日，第2版）

关键是国学界突破禁忌，新论迭出，却天马行空，并无实据，则令人担忧。

> 年来整理国学之声浪，甚嚣尘上，三四年来一班讲时务者，讲洋务者，讲维新变法者，讲民主政体者，所打倒之圣人微言大义，以及诸子百家学说，均为一班时髦的学者，自破纸乱籍堆里爬剔而出，视为秘传不出之法宝，绞尽脑汁，精究此义，以饱饫同调。其天资高绝者，尤能打破一切，纵其海阔天空之思想。故翻旧案，出奇制胜，以惊当世。海客谈瀛，新奇可怪之议论，层出不穷。如章太炎谓颜渊系孔二先生之娈童，顾颉刚谓禹为虫，胡怀琛辨墨子为印度人，卫聚贤证明西王母邦系汉朝大宛国，以及谓夏民族系蒙古民族，商民族系苗民族，直可与《汲冢竹书》益干启位、启杀益、伊尹囚太甲，先后媲美，诚国学中之创作家也。（不敏：《海客谈国学》，《小日报》，1929 年 7 月 26 日，第 2 版）

7 月 15 日　清华大学校长罗家伦率领师生吊唁研究院导师王国维。

7 月 11 日，天津《大公报》据清华通信称：

> 国立清华大学研究院国学门前任导师王国维先生，于民国十六年夏间沈湖自尽，海内外学术界均极哀悼，而该校师生更深怆念。自前岁秋季由研究院同学会商得学校同意，即以是年奖学金移作王先生纪念碑基金。复由该校历任当局与导师及毕

业同学等慨捐巨资，本年春始将款项筹足。并请清华老同学、现任东北大学教授梁思成君代为绘制纪念碑图样。图中除碑身碑座外，又添制石凳石阶及喷水池等，颇称精致。碑址择定该校科学馆南小山东麓槐荫下。计此项工程瞬届半载，刻下碑身碑座渐次告成，该校校长罗家伦氏，已嘱研究院同学会积极筹备，拟择于本月十五日上午九时举行奠碑典礼。又闻罗氏以王国维先生在清华学术史上，关系甚深，而哲人其萎，备极感伤，并拟于是日奠碑礼后，帅全体赴颐和园鱼藻轩凭吊，下午五时赴清华园东七间房王国维先生墓前公祭云。（《清华大学建筑王国维纪念碑行将落成》，天津《大公报》，1929年7月11日，第2张第5版）

纪念碑由梁思成设计，陈寅恪撰文，林宰平书丹，马衡篆额。碑文云：

> 海宁王先生自沈后二年，清华研究院同人咸怀思不能自已。其弟子受先生之陶冶煦育者有年，尤思有以永其念。佥曰，宜铭之贞珉，以昭示于无竟。因以刻石之词命寅恪，数辞不获已，谨举先生之志事，以普告天下后世。其词曰：士之读书治学，盖将以脱心志于俗谛之桎梏，真理因得以发扬。思想而不自由，毋宁死耳。斯古今仁圣所同殉之精义，夫岂庸鄙之敢望。先生以一死见其独立自由之意志，非所论于一人之恩怨，一姓之兴亡。呜呼！树兹石于讲舍，系哀思而不忘。表哲人之奇节，诉真宰之茫茫。来世不可知者也。先生之著述，或有时而不章。先生之学说，或有时而可商。惟此独立之精神，

自由之思想，历千万祀，与天壤而同久，共三光而永光。（《清华大学王观堂先生纪念碑铭》，陈寅恪：《金明馆丛稿二编》，生活·读书·新知三联书店，2001年，第246页）

清华学生刊物《消夏周刊》，对于落成典礼有详细记载。至7月15日，纪念碑位于科学馆南土山东麓两槐树之间，约高七尺，挺立于四尺许高之碑基上，色呈淡黑，颇足表示哀思之意。正面大书"海宁王静安先生纪念碑"十字，刻着陈寅恪所撰碑铭。碑前点缀品如喷水池等，尚未兴工。

碑上蒙黑绫，两槐间悬党旗及国旗，上挂总理遗像；旗前隙地，设一木台，为讲演之用，台上有桌，白布被之；碑下及台前尚置青草数盆。近十时，来宾及本校同学陆续至，先在后工字厅略为休息，且进茶点。十一时齐至碑前，成半环形而肃立，由吴其昌赞礼。照例文章做后，主席启幕，众人向碑三鞠躬。继为罗校长讲演此纪念物之意义及王先生之人格与学问，讲词中尤推重其治学方法与其坚强之意志。校长讲毕，为侯君堮建筑及募捐经过之报告。次为来宾演说。有梁漱溟先生对于国事一篇感慨。复次则为王先生公子答词。殿以摄影。

落成典礼宣布散会后，侯君每人分发颐和园入门券一张，大众于是出校门，或乘洋车，或自行车，向颐和园进发。十二时后在鱼藻轩王先生（沉）湖处凭吊。礼毕后诸人中有即归者，有游园者。至午后五时，又在校中取［聚］齐，至校东七间房王先生坟茔公祭。（杜若：《王国维先生纪念碑落成典礼志盛》，

《消夏周刊》，第1期，1929年7月24日）

　　早至者家属有其哲嗣某，教授有义宁陈寅恪先生，滕县孔老先生，研究院有吴其老，刘节老，周公，侯爷及其他似曾相识之同学，大学部同学有香雪，虚室，守雌，憎缘，夕芬，行难，苍苍，鼎甒，士德等，陆续至者约三五人。轩南向，菡萏吐其清芬，微风轻拂，沁人心脾，涤尽俗尘十斛。轩中面南处设有一案，上供西洋点心多品，未祭前，为生人所咀嚼将及其半外，别无长物，一时许赞礼吴其老引长其无锡白"行礼"，继之以"三鞠躬"，殿之以"静默三分钟"，礼成。摄影者立于舟中为与祭者撮一影后，众人略啖祭点散而之四方，各寻其乐处，孔老先生及某某诸君子，由师大学生军之驻扎颐和园者，强游山后及南湖。……汗盛泄之后，至某轩啜清茗，以增水分，席次五君子坦然与孔老先生相问答，清谈碎玉，所获关于欧美大学之知识尤多，洵有与君半日语，胜读十年书之概［慨］。游谈间，江左人物以铅笔书其悼王诗："旷代经师绝代人，苕年词曲见精神，文章谨严都金玉，学行端方世所珍。"足见其倾倒之至意矣。四时半，同人言返，回顾西山隐隐，碧波淼淼，芙蕖菡菡，四大寂寂，哀"纷吾既有此内美兮，又重之以修能"之哲人与波臣为伍，伤"夕阳无限好，只是近黄昏"，难禁古往今来天南地北之无穷感慨矣。（灵均：《昆明祭王琐记》，《消夏周刊》，第1期，1929年7月24日）

7月16日　清华研究院同学会成立，决定继续办理《国学论丛》，并建立梁启超墓前纪念亭。

清华大学研究院自创办至今，已历四载。每届毕业生服务于京沪平津粤汉辽汴等处者甚众，虽散居四方，而精神团结一致，颇有蓬蓬勃勃气象。一载以来，如京沪两处，曾由旧同学现任暨南大学教授程憬，及现任教育部考古专员卫聚贤等，分别筹备同学会分会。其各项简章及具体组织，均将商榷就绪。而本月内研究院举行王国维教授纪念碑奠碑典礼，各地同学，多不惮远道，特来参加，因与在校同学，讨论同学会事，一致赞成，暂于平市成立同学会北平总会。爰择定 16 日下午六时，假座中山公园来今雨轩开正式成立大会。该会会员，踊跃出席。"迨七时许，宣布开会，公推周书舲君主席，谢刚主君纪录。"首先通过会章，继讨论各项议案。选举常务委员五人，金谓《国学论丛》为吾院全体师生精神之所贯注，应思于世界文化史上，有所贡献。当然改由北平同学总会派员继续办理，以维持固有之精神，即为永久之事业"。遂复选举《国学论丛》社委员五人，专司编辑等职。并选筹备梁任公先生墓前纪念亭委员会委员五人。当开会时，特请该院导师，到会指示。议事既毕，言笑尽欢。至十钟后，师生告别而散。（《清华研究院同学会北平总会正式成立》，天津《大公报》，1929 年 7 月 18 日，第 2 张第 5 版）

7 月 19 日　李翰杰在韶关撰成《异哉所谓"国学"！》一文，批评"国学"概念在学术分科繁细时代过于笼统，复受国家主义影响，政治气太浓。8 月 9、11 日，该文刊载于《中央日报》。

内称学术是世界公产、人类共业，学术不应以国家、朝代划分，应以学科性质为单位。虽然中国并非无学之国，但一个国家或民族具有特殊思想文化是一件事，"把这许多的东西一古脑儿浑合起来"称作"国学"又是一件事。法兰西、美国国家有学术，但学术界未曾见有"法兰西学""美利加学"。笼统加上一个"学"字附于某国或某民族之下，只有对沦亡已久的过去民族而言，"代远年湮，引起考古学者的研究兴趣，遂出现有所谓埃及学、巴比伦学、叙利亚学等"。中国既以老大自居，西方人遂列为古国，成立所谓"支那学"与"埃及学"等并驾齐驱。所谓"汉学""宋学""明学""清学"等，将来或许还有"民国学"，都是与"国学"两字一样的非科学名称。如果这些"民国学""清学""明学"乃至"周学""商学""夏学""舜学""尧学""伏羲学"等而成一大"国学"，以之与"法学""美学""英学""德学"等所组成的"西学"相对，必将引起张之洞"中学为体，西学为用"的结论。

具体而言，许多大学文科组织列着国文部、英文部，更有若干设立国学门或国学研究院，大多数大学文学部总是分国文学系、英文学系等，其实并不合适。大学文学部可以分作诗系、戏剧系、小说系等，而中国的诗可与英诗、德诗，屈原、李太白的诗可与泰戈尔的诗，Omar Khayam 的诗可与 Wordsworth 的诗，一起在"诗"的课门去研究，不必把某人的诗从"诗"的大天地里挖出来，分别编在某国文学项下。小说、戏剧亦然，乃至教育、哲学、宗教、政治、经济、政法、史地等，无不应将中国和各国的一起并合比较研究。我国学术界需要分科的专门家，将所谓"国故"自由宰割，自由配组。譬如，假定胡适之是逻辑学专家，他自然会或者或多或少应负点责任，将国故里面的逻辑材料，从别的一大堆非逻辑的材料中区别、裁割，整理并系统化，纵则组之为史，横则组之为学，更在与印度因明及西洋逻辑比较研究之下，予以吟味和批评。别科专家同样如此，则整理成功时间上会快些，"功效上会 effective 些"。

当"国学家"或"西学家"完全绝灭之日，只有所谓史学家、法学家、伦理学家、心理学家等，中国学术才会走上正路。总之，"纵然我们在小说上看过有十八般武艺件件精通的盖世英雄，但在学术分科繁细已极的现代，决没有门门淹贯的全能上帝"。（李翰杰：《异哉所谓"国学"！》，《中央日报》，1929 年 8 月 9、11 日，第 3 张第 1 版）

7 月 25 日 卫聚贤在《东方杂志》发表《应用统计的方法整理国学》一文，认为统计学是整理国学的科学方法之一。

文章分导言、前人应用统计方法整理过国学的举例、用统计方法整理国学的效用、制造统计图表的方法、由统计结果推求变化原因五个部分。第一节导言指出，研究学问应有理论、证据、方法三个条件，理论要圆通，证据要确凿，方法要精密。用科学方法整理国故，说得多做得少，只有"提案"，没有"计划书和标准案"可供参考。统计学就是整理国故的众多科学方法之一。卫聚贤毕业于山西商业专门学校，商业学校有统计学一门功课，他受了一点统计学影响。后来到了清华大学研究院，就采用统计学整理国学。第二节前人应用统计方法整理国学的举例，分为政治方面，如户口、物产、财政、交通、疆域、险要等，都非做详细调查，有系统记载，大规模计划不可。以《逸周书·职方解》《尚书·禹贡》为例讲述人口和田亩。学术方法，如《史记·十二诸侯年表》和《春秋大事表》。第三节关于用统计方法整理国学的效用，统计表系将漫无系统的事实，依所定项目，按其性质异同，分别排列，使成系统，以便考察。功用在便于考察、比较、记忆、总计，及减少重复说明等；统计图功用在于使事实表显，彰明昭著，并且一看就容易了解。第四节关于制造统计图表的方法可分为表列法，步骤是搜集材料、整理材料和原始表的表列；图示法，可分为圆形图、方形图、曲线图、直条图、分布图、形象图、组织图。"统计学是整理既往，推测将来。假使我们不是这样作起，其他同志在那里作革命事业，我们在这里是'非先王之服不服、非先王之言不言'，开着倒车走，有甚么兴趣呢！"（卫聚贤：《应用统计的方法整理国学》，《东方杂志》，第26卷第14号，1929年7月25日）

7月26日　报载北京大学一批老教授已经决定下学年回校，包括国学研究所导师沈兼士、朱希祖、马裕藻等，已在进行该所事务，下学年将次第开办。（《北大老教授多已决定回校》，北平《益世报》，1929年7月26日，第7版）

7月　王重民编辑《国学论文索引》，首编由中华图书馆协会出版。

是书将近三十年间出版各种杂志内国学论文，分十类十目编辑，得目凡三千余则。称名"国学"，实为"中国学术史"。王重民1929年6月17日所撰《叙例》称：

> 分类一事，在现在图书馆学中，实为最繁难之一问题。况此编所收论文，东西中外，均有关系。上下古今，无不包容。米盐博辩，焉能一一纳于轨物之中！但分类之事，类举目张，意在以简御繁也。故因论文以立目，集众目而成类；览此总目，即不啻一中国学术史大纲也。

《国学论文索引》首总论，次群经，次语言文字，次考古，次史学，次地学，次诸子，次文学，次科学、政治、经济、社会、教育等学，而殿之以图书目录学。凡诸论文，学者可因类求目，因目寻篇，据其篇题与杂志之卷数号数，按之杂志，无不得也。手此一编，则数千百册之杂志，可得而用。而以"国学"为名，只是中西学术分科过渡阶段的不得已。

近人谈分类学者，或宗四部，或主欧美，因其原理上有不同之点，故二者似不得兼用。此所分类，既有文学科学之类，复具群经诸子之名，故牴牾之处，在所不免。在此过渡时期，而亦莫可如何也。故因事利导，循义入类，据事分编。如天算医学，不入"诸子"；而《模制考工记车制记》一文，见于考古，不入《周礼》，即此意也。至近人关于杨朱事迹，颇多论文，而附见道家《列子》者，以杨子无书，而列子有《杨朱篇》也。其他可以隅反。

每类在全编之内，可视为一独立部分，故通论之论文，均弁于各类之首，余者以性之所近，括为若干小类，并列于次。而每一小类之中，其类目或以性质定其先后，或以时代定其先后。论文有性质较为相近，或篇目太少，不便别立类目者，往往附于某类某目之后，如《孔教》附于《四书》之后。或附于某类某目之内，如货币、实业、商业等附入经济学。畸零小品，集得若干篇，则择性之所近，成一小类，标以"杂考"之名，附于某类之末，如史学及图书目录学之"杂考"。为参考者便利起见，间用互见例。（《叙例》，北平北海图书馆编目科编辑：《国学论文索引》，中华图书馆协会，1929 年）

1929 年 1 月 15 日，王重民撰《后记》，述及编纂经过称，此

《国学论文索引》之编纂，开始于1925年夏。当时黎锦熙在教育部编审处，以年来出版杂志甚多，拟编索引以纲领之。适逢王重民方知做学问，欲将近二三十年之国学作品，涉猎一过，遂"怀铅秉椠"，遍访北平各图书馆。历四阅月，见杂志五十九种。每阅一文，辄记其题目、作者与杂志之卷数号数，间或附赘数语，撮其文意之要。断自1925年7月，清录稿共得五厚册。唯以搜罗犹有未备，故不敢以不完整的工具献人。1928年适中华图书馆协会有编纂杂志索引之拟议，欲联合国内图书馆界分任之。北平北海图书馆允任国学与文学两索引。王刚好服役馆中，因出旧稿，赓续前志，所未见者补之。"断自十七年七月，前后共得杂志八十二种，论文三千数百十篇。"此外虽未见之杂志尚多，而关于国学之重要杂志，大概已备，因即排列成编，付诸手民。余者与1928年7月以后者随时补苴，再为二编。（《后记》，北平北海图书馆编目科编辑：《国学论文索引》）

据《本书所收杂志卷数号数一览》，杂志依次是：《大中华》《小说月报》《不忍》《内学》《心理》《太平洋》《少年中国》《文字同盟》《文哲学报》《孔教会杂志》《中国学报》《中大季刊》《中华教育界》《中大图书馆周刊》《中华图书馆协会报》《中山大学语言历史研究所周刊》《甲寅》《民铎杂志》《北大月刊》《北平图书馆月刊》《四存月刊》《史地学报》《史地丛刊》《史学与地学》《平中半月刊》《改造》《地学杂志》《努力周报》《社会学杂志》《社会科学季刊》《东方杂志》《建设》《科学》《亚洲学术杂志》《哲学》《浙江图书馆报》《国民》《国故》《国学》《国学月报》《国学周刊》《国学月刊》《国学季刊》《国学周刊》《国学丛刊》《国学卮林》《国语月刊》《国粹学报》《国学论丛》《国学年刊》《国学辑林》《国闻周报》《国文学会丛刊》《国立历史博物馆丛刊》《庸言》《现代评论》《进步杂志》《教育杂志》《清华学报》《晨报副刊》《华国月刊》《最近五十年》《厦门大学季刊》《新潮》《新青年》《新中国》《新教育》《新民丛报》《语丝》《歌谣》《图书馆学季刊》《广仓学演说报》《学林》《学报》《学灯》《学衡》《学艺》《学术与教育》《燕京学报》《觉悟》《读书杂志》。(《本书所收杂志卷数号数一览》，北平北海图书馆编目科编辑：《国学论文索引》)

《国学论文索引》出版后颇受学界好评，不久陆续出版至五编。"读者得此一编，可省翻阅之劳，故颇受一般学者所欢迎云。"(《国学论文索引出版》，《北平北海图书馆月刊》，第 2 卷第 6 期，1929 年 6 月)除讨论分类外，有学者批评《国学论文索引》所收刊物范围不太完备。

这种书除条理外，当求完备；完备是不容易的。本书所收材料，确已不少，但遗漏也还不免。记忆所及，如《国立广东大学文科学院季刊》(十四年秋季出版)，陈石遗(衍)主持的《国学专刊》(十五年三月创刊)，中国学术讨论社的《中国学术讨论集》(第一集十六年五月出版，性质是一种不定期刊物)，都是国学的期刊，本书未曾收入。又如收了《国语月刊》,《歌谣周刊》，却不收《国语周刊》(前《京报副刊》之一)，《民间文艺周刊》，及《民俗周刊》，也不知何故。还有，所收各种杂志中，有些国学论文，并未列入本书。随便举几个例：如收了《国语月刊》，文学类中却无胡适《论三国六朝平民文学》及《论禅宗白话散文》；收了《最近之五十年》，却无胡适《五十年来中国之文学》；收了《学衡》，却没有胡先骈评诗诸文，这都很奇怪。又如收了《歌谣周刊》（歌谣增刊未收），只录论方言的几篇文，论歌谣的一篇不取，也不列此目。若说不收民众文艺，则戏曲一项中何以又有《中国民众文艺一斑——滩簧》一文呢？此等处编者果有别裁，便当于叙例中声述，免得令人惶惑。又所收论文，如已刊入专书，自应注出，以便读者。编者于章太炎《国学概论》等目下，就是如此注明。但也有漏略的：如刘光汉论文札记及原戏已有单行本，俞平伯后三十回的《红楼梦》及高作后四十回的批评，已收入《红楼梦辨》，书中均未说及。（齐：《国学论文索引》，《大公报·文学副刊》，第88期，1929年9月16日，第4张第13版）

8月1日　汉口文化学院国学专修科订定秋季课程，除必修科外，选修科分文学、史学、哲学三科。课程具体如下：

一、必修科（共六十学分，第一年三十六学分，第二年二十四学分）。课程有：三民主义，每周二小时，四学分，第一年一年；国学概论，每周三小时，六学分，第一年一年；目录学，每周二小时，四学分，第一年一年；文字学，每周三小时，六学分，第一年一年；文法学，每周二小时，四学分，第二年一年；历代文，每周四小时，十六学分，第一二年二年；世界史，每周二小时，四学分，第二年一年；外国语，每周四小时，十六学分，第一二年二年。

二、选修科。（甲）文学（课程名为书名）。《诗经》，每周三小时，四学分，第一或二年；《楚辞》，每周二小时，三学分，第二或三年；《文选》，每周四小时，六学分，第二或三年；《古文辞类纂》，每周三小时，四学分，第一或二年；《十八家诗钞》，每周四小时，六学分，第一或二年；《张惠言词选》，每周二小时，三学分，第二或三年；《元曲选》，每周四小时，六学分，第二或三年；《韩昌黎集》，每周三小时，四学分，第一或二年；《杜子美集》，每周三小时，四学分，第二或三年；《陆宣公集》，每周二小时，三学分，第二或三年；《朱舜水遗集》，每周二小时，三学分，第二或三年；《文心雕龙》，每周二小时，三学分，第二或三年；《尔雅》，每周三小时，四学分，第二或三年；《广韵》，每周三小时，四学分，第二或三年。时间均为半年。（乙）史学（课程名为书名）。《尚书》，每周二小时，三学分，第二或三年；《周礼》，每周二小时，三学分，第二或三年；《仪礼》（附《礼记》），每周四小时，六学分，第二或三年；《春秋》（附三传），每周四小时，六学分，第一或二年；《史记》，每周四小时，六学分，第二或三年；《汉书》，每周四小时，六学分，第二或三年；《后汉书》，每周四小时，六学分，第二或三年；《三国志》，每周三小时，四学分，第二或三年；《宋书》，每周三小时，四学分，第二或三年；《新唐书》，每周三小时，四学分，第二或三年。以上时间均为半年。《通鉴》，每周四小时，十六学分，第一二年或二三年，时间二年。《通典》，每周三小时，六学分，第二或三年；《纪事本末》，每周三小时，六学分，第一或二年，时间均为一年。《史通》，每周二小时，三学分，第二或三年，时间半年。（丙）哲学（课程名为书名）。《易经》，每周二小时，三学分，第三年；《孝经》，每周一小时，一学分，第一年；《论语》，每周二小时，三学分，第一年；《孟子》，每周三小时，四学分，第一年；《荀子》，每周四小时，六学分，第二年；《老子》，每周二小时，三学分，第二年；《庄子》，每周四小时，六学分，第二年；《墨子》，每周四小时，六学分，第二年；《公孙龙子》，每周一小时，二学分，第二年；《管子》，每周四小时，六学分，第二年；《韩非子》，每周三小时，四学分，第二年；《吕氏春秋》，每周三小时，四学分，第二年；《淮南子》，每周四小时，六学分，第二年；《论衡》，每周三小时，四学分，第二年；《辨中边论》，每周一小时，一学分，第一年；《成唯识论》，每周二小时，三学分，第二年；《因明入正理论》，每周二小时，三学分，第一或二年；《中观论》，每周二小时，三学分，第二或三年。时间均为半年。《瑜伽师地论》，每周三小时，五学分，第二或三年，一年。《近思录》，每周二小时，三学分，第一年，半年。《传习录》，每周一小时，一学分，第一或二年，半年。《章氏丛书》，每周四小时，十六学分，第二三年，二年。"除上列各书外，如法律政治经济，与西洋哲学科学之名著，均在选修之列，以求适应现代社会之需要，并促本国文化之进步，其课程随时另订之。"（《汉口文化学院国学专修科课程》，汉口《东方文化》，第2卷第1期，1929年8月1日）

8月5日　北平《益世报·国学周刊》创刊，强调用科学的方法、材料的收集、平等的眼光来研究国学。至1930年8月29日出版至第52期，后停刊。

该刊通信由"北平师范大学校努力学社转交"，与努力学社主编的《努力学报》有密切关系。《努力学报》曾在该刊登载出版广告，撰述者有吴承仕、黎锦熙、孙蜀丞（本名人和，字蜀丞）、高步瀛（字阆仙）、刘汝霖（字泽民）、何爵三（家名修担，字士坚）、王重民（字有三）、靳极苍（原名德峻，字极苍）、刘汉、杜增瑞、张岱年（别名季同）、吴伯箫（原名熙成）等，主要是北平师范大学校国文系的师生，专攻文史，后来大多成长为当代文学史、史学史、文献学、哲学史、散文等方面的著名学者。

《发刊辞》"拿着纯粹为学问而学问的精神"，表达了"我们对于现在国学界的观察和我们对于研究国学的态度"。首先回应"打倒国学"和"把线装书丢到茅厕"的论调，强调若经科学洗礼，国学研究的前途乐观。

> 我们对于现在国学界的观察，极为乐观。虽说当着这种年头儿，有的人高唱打倒的口号，有的人发出近二十年暂且把它丢到臭毛厕里的恶声；可是研究的人，因为受了科学方法的洗礼，来整理国故，而藏在地下或抛弃在荒漠之中几千年来的神物，又相继发现，给我们添出不少的新材料，因此在国学界造成两个大潮流：一为新材料之采集和研究，一为旧成绩的集大成，和创作新系统。

安阳甲骨文、敦煌莫高窟、齐鲁封泥、关中与洛阳的古物等，代表新材料的采集和研究。在清代朴学基础上接受"科学的洗礼"，摧陷廓清乌烟瘴气的经学风气，用新证据和新方法治学，代表旧成绩的集大成和创作新系统。"如专治一书，则为读本式的整理，如专治一问题，则将关于此问题之材料创作一新系统。"

关于研究国学的态度，主张三点：一、采用科学方法，并注意在国学研究中的限度。治学之道，方法最为主要。"治科学的人，用新方法方能有新发见，而由新发见又产生新方法，递相为用，治国学者亦何莫不然。"普通固然是用演绎法或归纳法，但研究国学比研究科学更多一层困难。因为科学对象是自然界的现象，国学对象是古人的遗迹。自然界不会骗人，而古人的遗迹，往往真伪掺杂。自然界的现象，可以重新发现，古人的事迹，却一过而不可再见。"试验的手绪，在国学里面，自然有时而穷。所以我们对于古代的材料，未运用它组成新系统之先，必要下一番辨别的工夫，才不至淹没真情。"二、重视收集材料，侧重书籍方面。所谓著述，不过是材料的收集，材料收集得完备，就是好著述，否则就是不好的著述。秦汉以前，书阙有间；唐宋以后，载籍纷繁。研究一个问题，各有各的难处，登峰造极，只要看收集的材料若何。现在参考书籍，较以前便利，取材方面，亦较以前广博，所以一个小小的问题，常经几年的收集时间，方敢下笔。三、要有平等眼光，摈弃主奴成见。对于研究的目的和取材的对象，没有高下等级的分别。"给孔老二做一个年谱和给武大郎作一篇传，要用同等的精力，研究古时候明堂怎样构造，和考证秦汉时代好吃臭狗肉的习俗要用一样的精神。"（《发刊辞》，北平《益世报》，1929年8月5日，第9版）

从表面看，《发刊辞》继承了北京大学研究所为学问而学问的科学态度和《国学季刊》发刊宣言的整理方法，又明显受傅斯年强调收集材料等相关主张的影响，具体做法和内容侧重中国文学史的考证和撰述，方法与傅斯年以问题为导向的旨趣，仍有明显的区别。陆续连载有：心冷《稷下学者考》《绛云楼书目跋》《读书日札》《修文殿御览》《三十卷本文选》，刘汝霖《魏晋玄学小史》《李邕年谱》《嵇叔夜年谱》《阮嗣宗年谱》《昭明太子年谱》《唐玄奘法师生年及西游年代考》《西汉思想概要》，L.M《史记屈原传考证》《古

书的标题》，哲民《李邕书撰碑文集目》，钱振东《中国文学史自
序》，靳德峻《史记研究》《"太史公"考略》《史记讫止年限》《重
考史记名称之由来》《两汉经学小史》《史记伪篇考》《古书字伪举
例》《读春秋札记》《古书字之增衍举例》，王重民《补晋书艺文志
书后》《书古书目四种后》《读高氏子略小识自序》《题玉烛宝典札
记后》，鸿芳《论史记之宜缺楚怀王孙心及项羽宜降于世家》，孙海
波《帝字说》，方国瑜《释经》《孝经古简考》《诗二南名义》，孙楷
第《谈谈包公案》（国语文学史料研究），兼《史记斠读释例》，小
有《释唱"诺"》，固余《诗经的"兴"》等。也介绍国学界出版期
刊和论著，如《中央大学国学图书馆第一年刊》，王献唐《公孙龙
子悬解》，中国学会影印《慎子三种合帙》，张陈卿《韩非的法治思
想》（文化学社出版）等。相关论文合成专著的主要有：靳德峻编
《史记释例》，刘汝霖《唐玄奘法师年谱》《嵇中散年谱》《汉晋学术
编年》《东晋南北朝学术编年》。

8月7日 国民政府内政部处理国立中央大学国学图书馆产权
纠纷。

此前，国学图书馆馆长柳诒徵呈文国民政府内政部，称南京龙
蟠里马公祠系江苏官产，为国学图书馆庋藏版片及职员宿舍，突有
自称山东会馆会长靳某等率领多人，闯入女职员宿舍，冲毁门扉，
肆口无理，迫令馆员克日迁让，声称收回产权。请饬禁滋扰，并附
粘件。8月7日，内政部部长赵戴文以此项产权究属何处，国学图书
馆现经占用应用何种手续，始臻妥善，咨请南京特别市市政府查核
办理。（《内政部咨》，《内政部内政公报》，第2卷第8期，1929年）

8月9日 大夏大学下学年各科各系主任，均已聘定，文科国

学系主任陈柱，高师科国学系主任陈守实。（《大夏各科系主任聘定》，《申报》，1929年8月9日，第3张第12版）

8月11日 署名"冷"者在北平《益世报·国学周刊》第二期撰文，介绍中央大学国学图书馆第一年刊中向达、柳诒徵、范希曾所撰各文。（冷：《中央大学国学图书馆第一年刊》，北平《益世报·国学周刊》，第2期，1929年8月11日）

△ 天津河北省立法商学院分设法律、政治经济、商业三科。本年5月间经北平大学区校长委任留美博士顾德铭为院长后，力加整顿，延聘名家，如以陈瀚一为"国学讲师"。（《法商学院近讯》，天津《大公报》，1929年8月11日，第2张第5版）

8月23日 报载伯希和函托胡适，赞许邵次公撰《书目长编》，并向邵索若干部寄往法国。

《书目长编》为邵次公与其弟子闵树善、陈延瑄等同撰，为目录之目录，颇便治国学者。"著者现已着手重新增订再版，伯希和对此书甚为欢迎。"（《伯希和注意国学书》，《京报》，1929年8月23日，第6版）

8月25日 署名"慕章"者在《中央日报·青白》发文，反驳李瀚杰国学不成立的观点，阐述按照西洋分科学术整理国故的过渡时期国学名称存在的理由和根据。

作者针对郑振铎、何炳松和李瀚杰的观点而起，赞同整理国故只需要少数专家担任，不希望全国中学生、大学生以至全国学者陷入"迷宫"，但反对取消"国学"二字。"国学"名词成立的原因，根本在于中国学术整理的过渡性。

我们晓得清季以前是没有什么国学，国故，这一类名称的。清代《四库全书》分为经，史，子，集，四部，就是从前中国学术的分类方法。自从西洋的哲学，文学，科学，……跟了它的坚船利炮而侵入中国之后，于是中国的一般学者，才知道自己学问的分类不合逻辑，远不若西洋学术的条理分明了。

西洋学术没有"西洋故"，它"从古至今就是界限分明的"，无须专家再整理。如法国、美国没有"法兰西学""美利加学"，因其学术"界限分明"，有条理系统。中国学者"拿中国的一团糟的经，史，子，集，来比西洋的界限井然的哲学，史学，文学，科学，政治学，经济学"，知道仅仅保守现状，决不能胜任，"所以一方面采取西洋的学术来建设新中国的新学术"。

这新学术决不是一团糟的新国学，而是中国有条有理，合于逻辑的新哲学，新文学，新史学，新科学；……一方面要保存祖先遗留下来的宝贵的产业，它虽是庞杂绝伦，但决不像一般洋奴化的朋友所想像的那样毫无价值。之所以我们应当用西洋的科学方法来整理它，使它容易被认识，而不至被不肖的子孙遗忘掉。

由于内容复杂，所以决定了整理的过渡时期"国学"名词存在的合理性。"到了整理的工作完毕之后，国学一名词即使没有诸君的攻击，也会自动取消；所以李先生开门见山的说话，是人人晓得必会实现的事，未必像李先生所自视的以为惊人之谈罢！"

因为整理前后的内容和性质不同，所以"国学"名词必须加上"古代"或者"清代以前"的时间限制，或直称"国故"。"将来的学问，是科学化的学问，是世界潮流中的一部分……所以现在把'国学''国故'，合起来做一个总结账，以后的账目将要记在别一本账簿上。""国学研究院"有必要设立，以为"整理国故"的暂时机构。"不要存在到中国灭亡之后，再让外国人在中国来设立支那学研究院。"国学与大学科系设置，要注意文史哲容易与西学对应。"惟有经学和小学，看来不全是属于文学，但既不能归入他系，所以不得不附入国文系了。"分科专门研究有极大价值，但国学的整体性和笼统性，"仅恃专门科学的智识，而毫无一点（国）学的全部认识"，则难以胜任"宰割配组"的工作。整理国故，结果与"要在国学家完全绝灭之日，中国才会走入学术的正路"的观点相反，而是"中国的学术，完全走入正路之后，国学家才能完全消灭"。（慕章：《读异哉所谓"国学"以后》，《中央日报·青白》，第115—116号，1929年8月25、27日，第3张第1版）

8月　无锡国学专门学院招收第八班学生共五十六人。

唐文治记云："七月行开院礼。考取新生五十六人。"给诸生讲授《周易》。是秋，请苏州单束笙（名镇），为无锡国学专门学院教授。"余以《诗经大义》授之，请其采择传笺，别作注释。"（唐文治著，唐庆诒补：《茹经先生自订年谱》，沈云龙主编：《近代中国史料丛刊》第三编第九辑，第100页）此为第八班学生。（《本校大事记》，《国专校友会集刊》第1集，第4页；《校史概略》，《无锡国学专修学校十五周纪念册》，第2页）

本月27日，以暨南大学文学院院长陈钟凡应允到无锡国学专门学院讲演，教务长冯振致函陈，询问演讲时间以星期几某时至某时

最为适宜，以便排定上课时间表。（姚柯夫编著：《陈中凡年谱》，书目文献出版社，1989年，第27页）

△　北平女子文理学院国学系改为中国文学系。

本年4月，奉教育部令改称北平女子文理学院，以张凤举为文学部主任，经利彬为理学部主任，二人轮流担任院长。本月，国学系改为中国文学系。（《女子文理学院略史》，《国立北平大学一览》"沿革概要"，1934年，第12页）

△　署名"公愚"者披露大夏大学秋季招考国文试题，批评大学新生国学程度低下。

作者评阅大夏大学秋季招考国文试卷，以学生缺乏国学常识为忧，著《国学常识趣答案》一则登报。

在昔科举时代，举国之士，惟国学是务，学子束发受书，柔史刚经，不啻家常便饭。自学制改革以来，蟹行文字，骎骎夺国学之席，每有具大学学士之头衔而不能作一通顺之信札者！至于一般中学卒业生，叩以五经四书为何物，几十九不知所对。数十年间，学风变易之速，良堪惊人。顾近日学校考试新生之科目，多列国学常识一门；然学生根柢既浅，虽极寻常之问题，亦往往答案谬误，出人意表。本年大夏大学秋季招考，国文试卷之一部，为余所评阅，兹就国学常识答案中之最堪发噱者，录数则于下，亦可借以觇近来中学毕业者国学程度之一斑矣。

如问："何谓四部？"答："礼部，工部，商部，农部。"问："何谓四史？"答："上古史，近世史，东洋史，西洋史。"问："何谓三礼？"答："上礼，中礼，下礼。"问："何谓三传？"答："水浒传，唐传，岳传。"问："初唐四杰为谁？"答："李世民，虬髯客，李靖，红拂。"问：《长恨歌》为何人所作？"答："曹操。"问：《资治通鉴》为何人所作？"答："孔子。"问："苏秦张仪师事何人？"答："蔡元培。""诸如此类，不一而足。惜余健忘，未能悉记耳。"（《大学新生之国学程度固如是耶》，《真光》，第28卷第11号，1929年11月15日）

9月10日　北平中国大学举行开学典礼，国学系主任吴承仕出席。（《中大昨日举行开学礼》，北平《益世报》，1929年9月11日，第2张第6版）

中国大学国学系课程，必修科目有文字学史、说文学、尔雅学、音韵学、龟文金文学、专经、经学通论、史学概论、专史、诸子要略、专子、文学概论、文学史、词学、戏曲史、文词条例、唐宋文、汉魏六朝文、上古三代文、唐宋诗、汉魏六朝诗、楚辞、赋选、词选、戏曲选、目录学、古书校读法、小说、论文、英文、第二外国语。选修科目有古声律学、曲律、算术、西洋文学史、外国文学选读、哲学概论、印度哲学、进化学说、因明学、美学、言语学、中国佛教史、中国法制史。（新晨报丛书处编辑：《北平各大学的状况》，新晨报出版部，1929年，第123—124页）

本年秋季，北平中国大学国学系招考新生开学。张致祥此次考进中国大学国学系三年级，"之所以投考国学系，与其说是慕检斋先生经学大师的盛名，还不如说觉得国学系好考一点。由于我并不想钻到故纸堆里去，再加上自己的幼稚，我同检斋先生之间就产生了一段纠葛、误解"。为了投考，张读过吴承仕的讲义。入学后，张亲身听了吴的《经典释文序录疏证》等课程。第一次课堂上，张就知道：

> 他是一位浑厚、和蔼，受人敬爱的老师，又是精于治学的学者。他身材伟岸，在宽宽的脸颊上戴着老花镜，虽然当时他才四十多岁，但讲课看讲义时，把眼镜架到额上，头的前部发已微秃，脑后长发披到颈部，嘴里叼着烟斗。他很注意讲授方法，常常用提问、比喻来引起学生的兴趣。

> 我在听了国学系的其他诸如说文、诗词、金石、校勘等课程，愈益了解"国学"内容之后，就愈益对国学系不满。我想，如果时间退回十多年，就一个私立大学的条件来说，应当算是一个相当完备的系，但是，现在毕竟不符合时代要求了。当时，我对检斋先生的为人并不了解，例如，他对以大勋章作扇坠到总统府痛斥袁世凯，被袁幽禁在龙泉寺的章太炎，曾不避嫌疑，亲自去探视送饭；张作霖残杀李大钊同志以后，他愤然辞去司法部佥事职务，这些足以说明他的关心时事、正义凛然，我却以为他甘心呆在象牙之塔里，落伍了。他为什么不在旧学之外设些新文学课程呢？我没有采取去找先生恳谈的办法，而是串连了一些与我有同感的同学，对一些不合意的课程的老师，采取了拒绝去听课的幼稚行动，使某些老师上课时，课堂里只有空空的桌椅。这样，有几位讲师因此不得不辞职，而先生一方面由于他的民主办学的精神，接受了我们增设近代文艺思潮等新文学课程的要求；另一方面却为此很伤了心。私立大学教员薪资微薄，他好不容易把人请来，却

被我们轰走了。他是极重友情的，怎么对得起那些学术上有一定成就经他再三敦请才来讲学的友人，今后又怎样请得动别人？记得有一次我去找他提出课程改革要求时，他有好一会口嗫嚅而手微颤。他对我这个带头肇事学生的不满，是可以理解的。我没有尊重他，和他谈谈心，至今我还为自己当时的幼稚感到愧怍。（张致祥：《忆我的老师和同志吴承仕》，吴承仕同志诞生百周年纪念筹委会编：《吴承仕同志诞生百周年纪念文集》，北京师范大学出版社，1984年，第9—10页）

学生黄寿祺亦于此次考入北平中国大学文科预科，在预科读了两年书，和吴承仕没有直接接触。

初步了解吴先生的学问，是从预科老师任化远先生（后来任先生也在本科国学系教课）的教学中得来的。那时任先生教《国故概要》和《文字学概论》等课，基本上是用吴先生的讲义和讲稿。任先生对吴先生极其敬佩，也就深深地引起了我对吴先生的仰慕。（黄寿祺：《略述先师吴检斋先生的学术成就》，吴承仕同志诞生百周年纪念筹委会编：《吴承仕同志诞生百周年纪念文集》，第121页）

9月11日　教育部呈请国民政府行政院准予接管国学书局，13日得到行政院同意，并派段柏裁、金家凤接收。（《指令第二五六五号》，《行政院公报》，第83号，1929年9月18日）

中央大学区国学书局经理员李楷林呈请教育部称：

　　窃照国学书局，原名江南书局，向设本京贡院前街，系前清同治初年曾文正任两江总督时创设，委道员提调局务，每年由江宁藩库拨经费银三千两，延聘名宿校刊经史等书，原以振兴学校也。至前清季年，竞尚新学，书局经费停止，改归江宁提学司管理，自后购纸印书及薪水局用等项，仅恃出售书价周转，别无丝毫领款。辛亥光复宁城，局署走散一空，书局幸硕果仅存，时楷林正在局服务，遵将书局遗存各项，造册呈报，蒙前江苏都督程指令开：输入文明与保存国粹，均为新国民应尽之责，所有该局遗存书籍版片纸张等项，仰即妥为保存，以免散失。至局用仍由书价造销可也。此令。等因，遵即开办在案。后因军民分治，书局为民政之一端，改归历任江苏省长与公署管辖。十六年夏，奉中央大学校长张接管，十七年因南京市政府收书局原有房屋为民众茶社，迁书局于金沙井向张祠内设立，并奉改名中央大学区国学书局，现在中央大学区区制改组，查书局向属江苏省署管辖，而省城隔在镇江，书籍版片繁重，迁移固难，尤难得一庋藏地点，可否仰恳部长鉴核，俯赐收归国有，以便就近管辖。

　　教育部鉴于上年奉国民政府令，呈请行政院称，国学书局曾于上年奉国民政府核准归中央大学管理。现在该大学行政院业经结束，以致该局无所禀承，自有改定办法之必要。该局设在首都，原名江南书局，实际淮南、江楚等局书籍印行事宜，亦由该局办理，范围较广。本部拟将该局收归部管，俾可整理。（《呈第一五六号》，《教育部公报》，第 1 卷第 10 期，1929 年 10 月）

自国民革命后，南京特别市教育局即拟收归市管辖，中央大学教育行政院认为属于省范围。争执结果，国民政府裁决属于中央大学区，改名国学书局。"现教育部以该局向来印行书籍，有淮南、楚南、江南等名目，顾名思义，显属国有性质。现中大行政院取消，教育厅移设镇江，教育部已派社会教育司科员段柏莪、金家凤，将国学书局接收，直接归教育部管理云。"（《教部接收江南官书局》，《民国日报》，1929年9月19日，第4张第1版）

9月12日 国立北平天然博物院与研究院分院长李石曾等在西直门外三贝子花园畅观楼宴请当地各界要人，提出北平研究院将设立含"国学"在内的七个学术组织。

李石曾、萧瑜、李书华等代表院方宴请北平国民党党军政学商各界要人，李石曾在致辞时报告成立经过，称北平研究院性质是"昌明学术机关"和"研究学术机关"。学术方面将设立天算、理化、生物、人地、群治、文艺和国学七部，并和故宫、由农事试验场改设而来的天然博物院展开合作。与会者有徐永昌、李竟容、沈尹默、王平、温寿泉、李服膺、楚溪春、陶昌善、陈绍箕、朱我农、刘镇华、周作民、沈兼士、周学昌、钱玄同、王黻炜、李宗侗等一百三十三人。（《昨日万牲园之欢宴》，《新中华报》，1929年9月13日，第7版）

9月18日 刘国钧、何日章、曹祖彬致函上海商务印书馆，批评万有文库各科分配比例失当，突出表现在收录国学书籍太多。

信函指出万有文库缺点：一是依照王云五的中外图书统一分类法，将分类号码分别印于书脊，无补实际。二是因其分类编目方法，不便于图书馆添购管理其他书籍。三是不采用其分类编目方法的图书馆，附赠的目录片即为无用。其他如集中著作之选择，科目之分配，印刷之款式，以及王云五采取的各种方法，均不无可以讨论之处。"质言之，受此书之利益者，只馆中无他书，仅有一部万有文库之小图书馆而已。总之：贵馆之发行万有文库，原以便利图书馆为目的，而实际上反有予图书馆以不便之嫌。"

在分配上，万有文库国学书籍太多，自然科学书太少，世界名著选择失宜，社会科学分配失宜，党义书籍缺乏。"第一集全书，不过一千种一万万字"，"国学基本丛书有一百种五千万字"，种类占十分之一，字数占二分之一。"再加学生国学丛书六十种约四百万字，国学小丛书六十种约三百万字。"总的来说，国学种类占22%，字数占57%。"以中国之人，诚当研究中国之学术，但万有文库，既以全智识为范围，则国学在全智识中，是否应有如此之比例？既欲以普通图书馆用书供献于社会，是否普通社会对于国学之需要，果至如此之程度？"

总观以上五点，则此书选材之失当，比例之不匀，实已不可讳言。以言万有，殊嫌失实，以言供给普通图书馆，亦嫌偏颇。名为综合种科学之学识，实则国学书已居三百余种，实予人以误谬之印象，假令购阅此书者，以为科学不过尔尔，贵馆将何以自解？窃思在书目虽经公布，全书尚未印成，易辙改弦，似犹未晚。（《对于商务印书馆刊行万有文库之意见二》，《山东民国日报》，1929年9月18日，第7版）

9月24日 北京大学《国学季刊》编辑委员会通告，将于本月

28日下午四时在史学教授会召开会议，审查来稿，决定去取，编定次序，请尽快投稿。（《国学季刊委员会启事》，《北大日刊》，第2239号，1929年9月25日，第1版）

9月25日 报载北京大学国文系课程标准确定，分为语言文字、文学和整理国故之法三大类别。

据说北京大学国文系课程标准已经规定，分为三类，课程名称及教员姓名是：一、语言文字类。中国文字声韵概要（马裕藻），中国文名著选（郑奠），中国诗名著选（俞平伯），中国文学史概要（朱希祖），以上一年级必修。语音学（刘半农），语音学实验（刘半农），言语学大意（刘半农），中国文字及训诂（沈兼士），中国声韵沿革（钱玄同），中国声韵沿革（补）接前学年（钱玄同），清儒韵学书研究（马裕藻）。二、文学类。三百篇（未定），楚辞（张熙），赋（郝立权），晚周诸子（林损。原文为林桢，疑为林损），秦汉诸子（刘文典），汉魏六朝文（刘文典），汉魏六朝诗（孙人和），曹子建诗（黄节），唐宋以降文（林损），唐诗（谭祖任），词选及作词法（许之衡），词家专集（俞平伯），词史（赵万里），曲选及作曲法（许之衡），戏曲史（许之衡），中国古代文学批评（范文澜），修辞学（郑奠），小说（俞平伯），小说论（郁达夫），文艺批评论（郁达夫），文法研究（黎锦熙）。三、整理国故之法类。目录学（余嘉锡），古籍校读法（余嘉锡），三礼名物（吴承仕），校勘实习（陈垣），版本源流（伦明），中国古乐学（许之衡），经学史（马裕藻）。三类之功课，凡二年以上各生，得依各人之志愿，于其专门注重三二类以外，更分别选习若干单位，肄习外国语规则，别定之云。（《北大国文系课程标准规定》，《新中华报》，1929年9月25日，第7版）

9月27日—10月1日　燕京大学举行新校舍落成典礼，邀请国内外有关系的团体派遣代表到会，并请著名学者宣读论文，计社会科学、自然科学、国学研究等论文二百余篇。

燕京大学设有三学院十九学系，研究院虽未正式成立，但委员会管理另有国学研究所，系根据哈佛与燕京研究社的关系组织成立，由哈佛燕京社基金委员会拨付108000元。总共739041元。（《北平燕京大学概况》，《申报》，1929年10月5日，第5张第17版）

本月公布的《燕京大学国学研究所所章》规定，私立燕京大学国学研究所以"研究中华国学，沟通中西文化"为宗旨。设所长一人，主持一切所务。所长由北平管理委员推举，取得燕京大学行政执行委员会同意，议决通过后由燕大校长聘任。所长为本所事务会议、学术会议当然主席，本所各种常设及临时委员会当然委员。本所一切经费支出由所长签字负责。设中西秘书各一人，襄助所长办理事务。西文秘书主要职务有本所对外关系、本所外国研究员之研究工作及生活事务、本所西文文字工作。研究员分为导师及研究员、编译员、研究生、特别研究员四种。导师及研究员，聘请国内学者若干名，经本所提名，得大学执行委员会同意，请管理委员会议决通过，由校长聘任，并由本所所长于聘书副署。其职务有负责指导研究生研究工作；选择有关国学之专门问题，做有系统具体之研究，每年将研究成绩著论及演讲；遇必要时，在燕京大学内与国学有关之各学系兼任教授或讲师，授课若干小时；出席本所学术会议；本所议决各项应办事项，需要导师及研究员合作者，经议决定，由所长通知各导师及研究员负责分任。编译员若干名，由所长提名，经本所事务会议议决，再经大学执行委员会通过后，由所长聘任；承受所长指派担任学术工作。研究生招收若干名，招生细则另定。特别研究员，本所得斟酌情形，设立若干名。国内外学者，有专门问题欲来本所研究者，经本所学术会议与事务会议认可，得在一定时期内，在本所做研究工作，唯其成绩须报告本所。会议分事务会议和学术会议两种。事务会议至少每月开一次，讨论本所一切事务。由所长召集并任主席，大学校长、校务长及本所中西两秘书为委员。遇必要时，所长得特约本所研究员或本大学教授列席。事务会议办事细则另定。事务会议议决事项，凡与燕大行政有关系者，须经大学执行委员会议决通过后执行之。学术会议至少每月开两次，讨论本所学术事务。由所长召集并任主席，全体研究员为当然委员，中西两秘书为列席委员，遇必要时，所长得聘请本校各学系教授若干名，为本所特约会员，列席学术会议。所长得随时邀请特别研究员列席学术会议。学术会议议决事项，凡与本大学教授规程有关者，须经所长提出，大学校务会议征求同意，通过后执行之。所章需要修改时，先由本所事务会议提出，经北平管理委员会议决，燕京大学执行委员会核准后实行。(《燕京大学国学研究所所章》，王学珍、张万仓编：《北京高等教育文献资料选编：1861~1948》，首都师范大学出版社，2004年，第616—617页)

燕京大学国学研究所招生简章如下：一、研究范围。中国历史、中国文学、中国哲学、中国文字学、中国考古学、中国宗教、中国美术。二、资格。(1)凡曾在大学毕业，而于上述各门中任何一门确有研究，且有相当之著作者，得投考为正式研究生。(2)凡有与大学毕业生相等程度，而于国学素有研究，且有相当之著作者，得投考为特别研究生。三、研究年限。无论正式研究生或特别研究生，在本所研究两年以上合格者，由本所给予证书。其著作优良者，另由本所给予奖学金。四、报名。自七月十一日起至三十日止，为报名时期。报名者须在此时期内，将大学毕业证书（投考特别研究生者可免），本人著作及以后研究大纲，寄交北平西郊燕京大学注册部，以备审查。五、试期。自九月一日起至十日止，为口试时期。资格审定后，当由本所确定试期，分别通知各生。(《燕京大学国学研究所招生》，天津《大公报》，1929年7月7日，第1张第2版)

导师研究员及学术会议委员有顾颉刚、容庚、黄子通、许地山、郭绍虞、张星烺等，所长及学术会议主席为陈垣。顾又任燕京大学史学系教授，任"中国上古史研究"课，编讲义。学生包括国学研究所班书阁、牟润孙。兼《燕京学报》编辑委员会委员。(顾潮编著：《顾颉刚年谱》增订本，第197—198页)

1929—1930年，哈佛燕京国学研究所支出项及款目如下：保存古物费，3404.21元。房租，3679.00元。研究材料费，961.00元。薪金，26261.36元。奖学金，2500.00元。中印文化研究，25098.47元。翻译费，498.35元。临时用费，19.56元。古物陈列所补助费，3213.54元。《燕京学报》，3775.98元。图书馆，20198.41元。文稿，6200.62元。书信邮电等，1647.18元。哈佛图书馆，6932.42元。图书员特别费，1828.00元。银行存款，22523.58元。共支出128741.68元。收入款目：上年余款，14228.05元，上年纽约来款，98500.00元。图书员特别费，2370.75元。哈佛图书馆来款，13487.74元。利息，165.14元。共收入128751.68元。(燕京大学编印：《北平私立燕京大学一览》，1931年，第334—335页)

9月27日　报载东新小学决定翌日开学，聘请国学深渊教员教授国文。

法租界东新桥东新小学，由无锡戴君捐资创立，办理力求完善。现因各家族欲为其年长失学女子补习国文，纷纷要求附设补习学校。该校特于下午三时至五时，及七时至九时，聘请国学深渊教员二位，分任教授。该校定于本月28日开学。目下尚有余额，如以家境困难，则可免费。（《东新小学近讯》，《申报》，1929年9月27日，第3张第11版）

9月　无锡国学专门学院军事训练教授史渭清辞职，聘请蔡味畲继任。（《本校大事记》，《国专校友会集刊》第1集，第4页）

10月8日　胡朴安在《民国日报·中国学术》发文，主张在中国学术完成系统整理之前不能废弃国学名词，以免废弃了中国学术的本质。并以自撰《国学概论》为整理工作的先导，号召发扬孙中山的民族主义，必须学习国学学科。

胡朴安此前提出整理中国学术的二十条意见，但未见学界回应。针对何、郑等"打倒国学"的口号，强调国学是民族特性的表现，关乎中华民族的生死存亡。通过整理，最终废弃国学名词，保留和发扬国学的实质。在未整理以前，不赞同"打倒国学"的口号。

> 国学这个名词，不能成立，著者在十年前即为此说，不过当时一般人不甚注意耳。近来人攻击国学这个名词更甚，我以为徒然攻击，是无用处，当设法将中国学术，整理成一个系统，使笼统的国学，分析综合，皆有学术系统之可循，则国学这个名词，不废而自废。在未整理以前，假使猝然将这个笼统

的名词废去，实则再无适当的名词可以替代，中国学术，既未成有系统之哲学等，而又不可仍为经学子学之研究，只可一方面锡以笼统之名词，一方面速为整理之工作。我个人意见，虽不赞成这个笼统名词，然亦不主张猝然废去这个笼统名词，呼甚么口号，打倒国学。国学的名词，将来必须废去，国学的实质，将来不仅不能废去，而且要加以发扬。所以打倒国学的口号，甚为危险。中国青年，多半盲从，以打倒国学名词之口号，即认为打倒国学实质之口号。我以为学者立论，当持慎重态度，所以我虽最早认为国学这个名词不能成立，然而十余年来，犹未敢讲这个笼统名词废去者，诚以整理工作未曾告竣，恐国学的实质，将随国学的名词俱亡耳。

国学实质必须发扬，也是孙中山民族主义所要求的。

　　一种民族，必有一种民族之特性。此特性之养成，一由于学者思想，一由于政治的制度，二者皆混括于笼统国学之中。因此以推，凡民族之生活、语言文字、风俗习惯，无一不浑括于笼统国学之中。使我们未曾做一翻整理工夫，遽尔呼打倒国学的口号，设盲从者因此而打倒国学的实质，则民族之特性，不仅无由表见，久而久之，将为他种民族所镕化，亡族之险，更甚于亡国。立于民族主义之下，对于中国学术之观，应有此种思想也。

为了引导整理国学工作，胡朴安拟草一篇《国学概论》。纲要

如下：第一篇国学。分述国学者中国民族相传之学，无论精粗若何，皆与民族有密切之关系。无民族之特性，民族即不能永久保存。民族之特性，由于历史之养成。国学者一民族历史之结晶。国家之基础，建筑于民族特性之上。民族主义之下，国学为人人必习之学科。第二篇研究国学之目的。分述了解本国思想之渊源，及其变迁之迹。考求制度之沿革，与习惯变迁之关系。辨别本国习惯之良否，谋改革之方法。发展民族之特性，容纳外国之学说。第三篇研究国学之分类。共分语言、文字、思想、文章、伦理、政治、法制、财政、军政、教育、社会、艺术、技术、地理、博物十五类。第四篇研究国学之方法。分述收集材料、辨析种类、分别有用无用、依类编纂。

　　以上是我对于整理国学的一个计划，这种计画我已写了二十条意见，披露于本刊。一方面就正于本会会员，一方面就正于国内学者。半年以来，有唱无和，不仅赞成者，寂寂无闻。即纠正者，亦寂寂无闻。此或由于我的见识敷浅，不足引起学者之注意，抑或由于国学实质，真有打倒之必要，整理实为多事。愚者之见，锲而不舍，强聒而再言之，世人或亦有念我愚者，起而教之乎。（胡朴安：《国学名词与实质》，《民国日报·中国学术》，第11期，1929年10月8日，第4张第4版）

　　11月22日，胡朴安撰文，进一步申述其《国学概论》纲要的基本观点，名为《民族主义下之国学》。（胡朴安：《民族主义下之国学》，《京沪沪杭甬铁路周刊》，第4号，1929年11月22日）

在阐明国学研究的基本宗旨和态度方法的同时，胡朴安也致力于具体的整理工作，并使之与孙中山的民族主义相适应。胡朴安在《民族主义下之三礼学》一文中提出：

> 研究学术，当以古书为学术参考之资料，为进步的研究，不当以古书为学术最高之命令，为退步的研究。礼虽不合近代思想潮流，然在中国政治上社会上，皆在（有）深切之关系。中国之政治与社会，其原起与变迁，皆由于礼。由害之一方面言，所以委靡不振者，固受礼之影响，由利之一方面言，所以独立当存者，亦受礼之影响。礼在中国，为功为罪，当废弃，当保存，亦大有研究之价值。

> 以三礼为例，《周礼》设官分职，分配周密，计划详细，是一部"最完全的行政制度书"。《仪礼》虽然节目烦琐，不应视作礼仪秩序单，而应当作古代风俗书。《礼记》成于汉儒，渊源于孔子，为七十子传授，颇有论"礼意"的精言，应注重其古今一致的"礼意"，而不是随时代损益的"礼文"。

> 当兹民族主义有力之时代，则凡吾民族文化发生之原始，与吾民族文化进步之境途，以及吾民族文化特殊之情形，皆当彻底了解，保其优长，弃其劣短，然后吾之民族，方可自立于争竞最激烈之世界而常存。欲彻底了解我民族，因应于各各书籍中求之。惟是求之三礼，较求之各种书籍，所得必多。所以吾人研究三礼，当注意三要点：第一当知民族特性与民族常存

之关系，第二当知民族特性之养成与政教之关系，第三当知政教与礼之关系。三礼虽为过去之制度与思想，而关于吾民族之特性则弥切，所以三礼学虽不成为学术上一名词，而有益于学术之研究甚巨也。（胡朴安：《民族主义下之三礼学》，《民国日报·中国学术》，第6期，1929年7月30日，第4张第2版）

在《易经学》一文中，胡朴安用同样学术理念，主张用现代分科方法研究《易经》这部古代学术总汇的学术书。分析言之，八卦为文字之祖，固为文字学之范围，即《易经》之用字用韵释义，亦当丽于文字学。以言者尚其辞，固如文章学之范围，即《易经》之参伍错综以成文，亦当丽于文章学。"易为上古思想之原起"，固如哲理学之范围，"即《易经》之所谓元隐彻潜成深等"，亦当丽于哲理学。孔子学易无大过，固为礼教学之范围，即程子以易为修身齐家治国平天下之道，亦当丽于礼教。易为上古之历史，固为历史学之范围，即一切制器尚象，亦当丽于历史学。易为上古卜筮之书，固为艺术学之范围，即周邵之图，亦当丽于艺术学。以分析文法而研究《易经》，则《易经》一书，与历代研究《易经》之书，皆为吾人参考之资料，所谓学术史而非神秘书。知此则知易经学一名词，实嫌笼统，而无成立之价值，然则仍名易经学，不得已名之也。"中国学术分类，为著者所创，当兹学术改革之际，新者未立，旧者不能遽废，故仍以易经学名之，一方面为旧者之结束，一方面为新者之引导也。"（胡朴安：《易经学》，《民国日报·中国学术》，第7期，1929年8月13日，第4张第4版）

10月9日 《国立中山大学语言历史学研究所周刊》出满100

期，编者刘朝阳辩称并非偏于本国古史和古代文字研究就是国学家的机关报，旨趣恰在于语言学和历史学的科学研究。（刘朝阳：《卷头语》，《国立中山大学语言历史学研究所周刊》，第 9 集第 100 期，1929 年 10 月 9 日）

10月10日　无锡国学专门学院图书馆举行开幕典礼。

唐文治记云："九月，国学院图书馆告成，行落成礼。是馆为本邑孙君鹤卿遗命捐建，院董蔡君文鑫兼三、宗侄炳源、星海等竭力赞成，共费六千五百元。亲家陆君勤之捐书一万五千余册，元、明精本甚多，约共值二万数千元，可感也。"（唐文治著，唐庆诒补：《茹经先生自订年谱》，沈云龙主编：《近代中国史料丛刊》第三编第九辑，第100—101 页）

早在 10 月 3 日，无锡国学专门学院同学会就在报端向校友发出邀请，谓"母校于双十节开图书馆落成典礼，凡我同学自当踊跃观成，惟恐远迩不及周知，除另函通告外，特再布闻"。（《无锡国学专门学院同学会启事》，《申报》，1929 年 10 月 7 日，第 2 张第 5 版）

无锡国学专门学院，原有图书馆，甚形湫隘，特由该院董孙鹤卿哲嗣独力另建图书馆，规模宏大，现已工竣，全部迁入。闻藏书甚富，秘笈颇多，其间多由北平及各处运来者。兹准双十节行落成典礼，柬邀本外埠各界参观，并请名人演说，下午俱乐会游艺。（《国学院图书馆落成》，《时报》，1929 年 10 月 7 日，第 1 张第 3 版）

院主任冯振心"湛精国学，特来沪渎，将于今晚假座都益处，招待各报记者，对于院务，将有所报告"。（《无锡国学院国庆日举行开幕》，《民国日报》，1929年10月7日，第3张第3版）

　　无锡私立国学专门学院，业经呈请教育部批准立案，本学期同学增至一百六七十人，校务进行，一切颇称发达。院长唐蔚芝主讲经学文章，精神健康，灵光岿然。顷闻该院新建图书馆一所，系故院董孙鹤卿遗嘱独力捐造，现已落成。又该院所有前存北平及太仓图书多种，亦经先后运到，兹定双十节上午举行开幕典礼，已请孟宪承、廖茂如演说，并柬邀各界参观。下午二时至六时开俱乐会，表演游艺，藉娱来宾，而资鼓舞。连日同学筹备布置，极为踊跃。（《无锡国学专院图书馆将开幕》，《申报》，1929年10月8日，第3张第12版）

至于典礼情形，据无锡国专校史载：

　　图书馆落成，太仓陆勤之先生设法将前北京国学专修总馆历年收藏图书暨家藏旧籍，前后捐存一万五千册，连同本院原有图书六千册，移庋新建图书馆。双十节，举行开幕典礼。来宾孟宪承、廖茂如两先生俱演说。下午，开游艺会，来宾称盛。（《本校大事记》，《国专校友会集刊》第1集，第5页；《校史概略》，《无锡国学专修学校十五周纪念册》，第3页）

10月15日　厦门大学校长办公室制作本季全校学生数和女生数表格，包括集美国学专修科总数四十四人，其中女生一人。（《本季全

校学生数一览》《本季全校女生数一览》,《厦大周刊》,第 213 期,1929 年 10 月 19 日）

10 月 16 日　江苏省政府委员会第 229 次会议议决,中央大学国学图书馆改称为江苏省立国学图书馆。

江苏省教育厅呈请省政府,请颁发新钤记下厅,以便转给启用。并先令在新钤记未奉刊发以前,准其暂用旧钤记。(《江苏省教育厅呈第三十五号》,《江苏省教育厅公报》,1930 年第 1 期,公牍;《南京国学图书馆改为江苏省立》,《中华图书馆协会会报》,第 5 卷第 1、2 期合刊,1929 年 10 月 31 日）

11 月 1 日,江苏省政府会议议决咨请国民政府教育部称:"以国学书局向归省署及教育厅管理,商请将该书局仍归教育厅收回,以重地方文化。"国民政府教育部复称:"国学书局,系由江南、淮南、江楚三书局改组而成,设局雕镌各费,向为苏皖鄂各省,合筹拨给,非江苏一省所有,特将收归部管,俾可整理。"并且强调:

> 查国学书局,系由江南、淮南、江楚三书局改组而成,虽创办于江苏境内,而设局雕镌等费,向为苏皖鄂各省合筹拨给,成案可稽。其非江苏一省所有,彰彰明甚。当国都未迁南京以前,苏省一如其他省市,所有国有公地公物,统归所在地各官署分别管辖。此属权宜办法,未便即认为永久固定管辖之根据。况本部为全国教育最高机关,对于国内公有典章文物,均有保管改进之权责。北平昔为国都,今为省会,其所有文化学术机关,如具有国有或数省共有之性质者,无不由部管理。关于山东曲阜孔庙,本部所拟呈复保管办法,亦复如是。事关

学术文化，固不应存畛域之见，亦不宜庋藏固守，俾一般民众无参考利用之机会。该书局经理员李楷林，前以奉承无由，呈请收归国有：本部审核该书局性质，既如前述，即予照办。惟以前经大学院呈奉国民政府核定；该书局书版及印行事宜，归国立中央大学管理，房屋归南京特别市市政府教育局收用在案。（《再咨教部国学书局应归省有》，《江苏省政府公报》，第299期，1929年11月28日，教育）

另据报载："凡不止一省二省以上之教育机关，均应由教部直接管辖。并举例如北平历史博物馆、图书馆等，皆已收归教部管辖，以证明之。以此有直接收管之必要，咨省府声明仍由部管辖。"（《国学书局仍由教部管辖》，《民国日报》，1929年11月2日，第4张第1版）

11月13日，江苏省政府咨复国民政府教育部，详述国学书局历史，再次请求国学书局仍归江苏省有。咨文指出，教育部咨文对于国学书局沿革未能尽详，强调"江南书局为苏省独资办理"。江南官书局最初名金陵书局，为曾国荃攻克金陵时所倡办。光绪初始改名江南官书局，每年在藩库领三千两，在支应局领四千两，以为常年经费。光绪二十四年七月间，"由两江刘督，扎饬停止局用，全特流存书价，随售随印"。淮南书局设在扬州琼花观街，由养贤馆改为书局，经费由售书及添拨书院存余经费，以充局用。辛丑以后，始归并于编译局。江楚编译局，在光绪辛丑间，刘坤一、张之洞会奏变法议具学堂，先行设局编译教科书。局设江宁，初名江鄂，后改江楚，以刘坤一自逊无学，编译之事，取裁于张之洞，宁方任费，鄂方居名，初非合两省之财力经营。宣统元年，江苏谘议局议决裁撤编译局案曾曰："该局开设近十年，所出之书无多；采用该局课本者，亦甚寥寥，而每月尚糜千五百金之多，无谓已甚；应请即日停止该局用费，移作别项教育行政经费！"可见该局经费，纯由苏省负担。"民元以来，官书局归省长公署，及教育厅维持，至十余年之久。"1928年冬，改名"中央大学区国学书局"。总合以上各项事实，虽以事关学术文化，固无畛域可分，唯苏省地方人士，均以前清数十年经营事业，及民国以来省方十余年维持历史，所系人心及观瞻甚巨，断不容自省政府时代任其放弃。此次大学区制变更，国学书局管理收归部有，似与事实未合。应请仍旧移归省方，俾得发扬光大，以为一省文化基础。况且值此训政肇始，百端均待建设，若连已有事业而不克保存，则倡始经营计划，更难进行，影响于省政设施，殊非浅鲜。（《再咨教部国学书局应归省有》，《江苏省政府公报》，第299期，1929年11月28日，教育）

10月17日　燕京大学国学研究院学生班书阁、牟润孙（即牟传楷）拟旁听容庚的本科课程，通过顾颉刚向容介绍。（顾颉刚：《顾颉刚书信集》第2卷，中华书局，2011年，第189页）

10月18日　北京大学研究所国学门预告，东方考古学协会定于翌日下午二时在北京大学第二院大讲堂举行讲演会。

滨田耕作讲"世界各国研究东亚考古学的现势"，梅原末治讲"Seythai文化在欧亚考古学的意义"。朱希祖、徐旭生讲"中国西北科学考查团考古工作之概略"。张星烺讲"中国人种中之印度日耳曼种分子"。（《东方考古学协会讲演会》，《北大日刊》，第2258号，1929年10月18日，第2版）

△　北京大学研究所国学门委员会本年第三次会议议决，即日

起委员在所轮流值日。

北京大学恢复后，当局及学生积极进行的事务之一是研究所成立各门，方足长保其全国最高学府之地位。"现则仅国学门草草恢复，经费尚在每月七万五千元以内，因是该校当局，据进行比款，确定研究所独立经费，并成立各学门，闻此事颇有实现之可能。"（新晨报丛书处编辑：《北平各大学的状况》，第4—5页）值日安排如下：周一、二、三下午分别是马衡、陈大齐与刘复、沈兼士，周四上午马裕藻，周五下午刘复，周六上午朱希祖。（《研究所国学门通告》，《北大日刊》，第2258号，1929年10月18日，第2版）

据1930年5月的北大职员录，研究所国学门职员以国文系教员为主，史学系、哲学系、东方文学系次之。导师有国文系教授兼主任马裕藻，教授沈兼士、许之衡、黄节、刘复，讲师陈垣。史学系教授兼主任朱希祖，教授叶瀚（浩吾，浙江杭县）、教授兼图书部主任马衡。东方文学系教授兼主任周作人。哲学系教授徐旭生（讲师待遇）。助教李振郑（山西新绛）、庄尚严、傅振伦（河北新河）、戴明扬（荔生，四川隆昌）。书记王珣、孟桂良（字仲循，吉林宁安）、常濬、戴文魁（华舫，河北大兴），事务员李德启（河北大兴）、金希贤（河北大兴）、刘澄清（濬哲，河北束鹿）。（文牍课编印：《国立北京大学职员录》，1930年）

10月21日　报载陈柱所著《庄子内篇学》业已重版印行，上海商务印书馆、中华书局、中国学会、开明书局、中国书店，均有寄售。

此书系陈柱十四五年前在南洋大学讲授《庄子》时旧著，每篇有批评，有训诂，有大义，言论新颖。"为治国学哲学及欲知陈君

少年思想者，不可不读之书。存书无多，购者从速。"（《庄子内篇学
出版》，《申报》，1929年10月21日，本埠增刊第5版）

10月23日　北平女子学院开会挽留国学系主任周作人，不久
国学系改为中国文学系。

国立北平大学国学系主任周作人，教员有徐祖正、叶瀚、马
裕藻、沈兼士、范文澜、朱自清、许之衡、周天游、俞平伯、魏建
功、黎锦熙、谢婉莹等。必修科目有文学概论，国学通论，文字
学，文学史，古代文学批评，古籍校读法，语音转变研究，文法研
究，新文学研究，近代文艺思潮，诗、词、曲、小说等。（新晨报丛
书处编辑：《北平各大学的状况》，第101、103—104页）

当时周作人代刘半农任北平女子学院国文系主任，回忆称：

> 北伐成功以后，女子大学划归北京大学，改为文学理学分
> 院，随后又成为女子文理学院，我在那里一时给刘半农代理国
> 文系主任的时候，为一二年级学生开过一班散文习作，有一回
> 作文叫写教室里印象，其中一篇写得颇妙，即是讲许守白的，
> 虽然不曾说出姓名来。（周作人：《知堂回想录》第4卷，三育图书有
> 限公司，1980年，第488页）

上月，理学部主任经利彬担任院长，遭到文科学生反对，引起
风潮，周作人请辞。国文系学生恳切挽留周作人，曾派代表谒见，
尚未表示态度，仅说明消极之理由。理科学生致函文科学生，责问
院长问题，以彼等"既以挽留国学系主任周作人先生，开文科同学
全体大会"，且仅召集文科同学出席，理科同学并未参加，"竟借国

学系主任问题，涉及院长问题，要利彬先生永不就院长之职"，实属"蔑视吾理科同学"。声明："关于院长人选问题之表决，当以文理两科为单位，无论何种单独行动，非得吾理科全体同学之同意，不能有效。"（《女院国文系挽留周作人》，天津《益世报》，1929年10月7日，第4张第16版）

10月23日，北平女子学院学生会开会，"因国学系同学要求开全体大会，挽留该系主任周岂明"，以及反对教育部派遣经利彬为院长，请教育部另派校长，但理科学生不参加。（《北平女子学院院长潮》，《时报》，1929年10月29日，第1张第3版）

此次风潮，以本月由女子师范学院院长徐旭生兼代院长而结束。1930年5月，刘半农重新担任院长。（《女子文理学院略史》，《国立北平大学一览》"沿革概要"，第13页）

10月27日　厦门大学文科同学会开会议决，与集美国学专修科同学筹备开会追悼前国学系教授朱桂曜。

朱桂曜曾任厦门大学国学教授，任教两年，敦聘力学，其学术思想，夙为学生所称述。本年秋季，应河南中州大学之聘，于9月12日到汴，即染伤寒，双十节清晨六时，在汴三民医院溘然长逝。"本校同人，骇闻噩耗，无不伤悼。"文科同学会遂于10月27日开会议决，与集美国学专修科同学筹备开会追悼，日期未定（约在两星期内），拟先搜集朱桂曜生平事略，并请求学校通知各教职员加入筹备。"闻河南中大尚欲刊印朱先生遗著，业已向本校征求其任教时之《修辞学》《庄子通论》等讲义云。"（《本校前任国学系教授朱桂曜先生客死汴垣》，《厦大周刊》，第215期，1929年11月2日）

10月28日　厦门市厦口要塞磐石炮台台长刘春曦及厦门市公

安局科长吴春华两人到厦门大学参观国学研究院院藏古物，厦门大学派员引导。

"二君参观各处，颇加赞美，而对于前国学研究院所藏之古物等，尤加注意。"（《各界来校参观汇讯》，《厦大周刊》，第215期，1929年11月2日）

10月29日　国民政府教育部训令无锡国学专门学院改称无锡国学专修学校。

唐文治记云："十一月，教育部令，改国学专门学院为国学专修学校。"（唐文治著，唐庆诒补：《茹经先生自订年谱》，沈云龙主编：《近代中国史料丛刊》第三编第九辑，第101页）

教育部部长蒋梦麟训令私立无锡国学专门学院，鉴于该校名称组织与新颁《大学及专科学校组织法暨规程》均有未合，应改名为私立无锡国学专修学校，参照"大学规程"关于"专修科"之规定办理，以符名实。（《私立无锡国学专门学院改名私立无锡国学专修学校》，陈国安、钱万里、王国平编：《无锡国专史料选辑》，苏州大学出版社，2012年，第18页）

自从呈请立案后，无锡国学专门学院倍加发展。尤其是于学生"读课"外，按月延请名人来校举行学术讲演，以广见闻。"一时学界闻人，如柳翼谋、戴志骞、黄宾虹、雷宾南、陈钟凡、陈柱尊、王伯沆、孟宪承、廖世承、汪旭初等，均经先后敦请来院演讲。本月九日，闻又请词曲家吴瞿安演讲词曲学，届时想必有一番盛况。"（《无锡国学专院名人演讲》，《新闻报》，1929年11月8日，第3张第11版；《无锡国学专门学院又请名人演讲》，《民国日报》，1929年11月8日，第4张第1版）

10月30日　持志大学国学系中国学会举行改选。

下午一时，持志大学国学系中国学会在该校第七教室开全体大会，由总务主任胡朴安主席报告成立经过及研究成绩。接着，选举胡朴安为总务主任，姚明晖、姜亮夫为研究主任，胡怀琛为出版主任。并讨论各种整理办法，为继续研究做准备。（日成：《国学系中国学会举行改选大会》，《持志》，第3号，1929年11月）

10月 胡怀琛《墨子学辨》一书由上海中国学会出版，提出墨子为印度人且婆罗门教徒的观点。

胡怀琛在《中国学术周刊》《中国学术》连载《墨子学辨》，也曾经在《东方杂志》撰文发表墨子为印度婆罗门教徒的观点，此次结集为专著。蔡元培应胡朴安之请，题写书名，于本年10月15日复函胡朴安称："墨子是否印度人，确为值得讨论之一问题。题签奉上。"

学术界对胡怀琛之说多持批判态度，只有卫聚贤与太虚法师颇然胡说。本年6月，任职国民政府教育部古物保存所的卫聚贤为之作序，把胡怀琛与发起古史辨运动的顾颉刚相提并论。卫聚贤说："是古非今，是反动份子。故步自封，是腐化份子。""反动的固然是要打倒，腐化的也不应当让他存在。"努力打倒反动者，是顾颉刚，曾著有《古史辨》，已经行世。努力打倒腐化者，是胡怀琛，现著了《墨子学辨》，快要行世。研究中国上古史的，往往把史学哲学放在一起谈，尧舜禹的禅让，在哲学上讲过，在史学上却失去了进化程序。顾颉刚看见人们要开着倒车走，是以有《古史辨》出世，而有胡适之、钱玄同二位帮忙。胡怀琛的工作，不见有帮忙，而时听见有人反对。关于墨子是否中国人，最好用科学的方法解决，发掘墨子及其学生的墓，做人体测验考古研究。无奈墨子及其学生的坟墓，没法发现，只好纸上空谈。

但就纸上证据讨论的结果，胡先生说的很有理由。反对的方面，只有谩骂，没有有力的反证。反对胡先生的人，是不让胡先生说这话，把中国的圣人（墨子）说成外国人。在我看来，墨子假定他是中国人，胡先生在这个时代，也应该说这话的。

不能因抵制外货的民族主义等行为，妨碍学习外国科学，否则故步自封，革命永远无法成功。墨子系印度人之说，对于倡导学习外来科学的思想方面，可能有所帮助。若其说成立，则可知我国于战国时学术所以突然发达，是受了外来学术的影响。以此类推，现在中国学术如要有进步，当然要参用外来的科学，不要抱着"非先王之服不服，非先王之言不言，吾闻用夏变夷者，未闻变于夷者也"的观点。

这种观念，用上土法，制造土货，埋头书案看古书，作起文章来用古字，古文，不分段落，不用新式标点，本着人心惟危，道心惟微，惟精惟一，允执厥中的遗嘱，努力工作。这种倒车，开到何日是了。（卫聚贤：《墨子学辨序一》，胡怀琛：《墨子学辨》，中国学会，1929 年）

本年 7 月 12 日，太虚作序，从墨子思想中符合现代科学的部分均为中国传统所无的角度，为墨子系印度人之说辩护。称墨子为印度人之说，虽出胡君创见，发前人之所未发，颇骇听闻。然细按墨子之思想，若天志明鬼之神教，论理物理之科学，皆中国学术思想系统中所无，则说为外来之学术，亦深有由致。盖名家始若邓析之流，亦辨析伦礼政制之名义，类似儒家所谓"正名""知言"。后之名家儒家，皆受墨学之影响，于是公孙龙、惠施，近乎名教质力之学，而荀子亦有其论理学。且以为肤黑之外国人，乃称其师资为墨狄，亦殊通允。然是否为印度人及佛教徒，则犹待论定。佛教初盛行小乘之学，为绝对之无神教，除佛陀外，无所崇拜，与墨子之根本思想不相容，应可断言非佛教徒。推测墨家为印度婆罗门教之一派，兼传印度哲学科学，或犹太摩西教一派，兼传希腊哲学科学者。墨家之根本思想，以人类同出于天帝，故应以天之志为志，而上同天志，博爱全世界人类，天与人之交通，则寄乎鬼神，而保傅人类，以实现其兼爱，则须牺牲自己，而刻苦为众，尤有借乎论辩技艺之巧，以为觉济之工具。就近取譬，则如明季时入中国之天主教徒，国人概称曰"红毛夷"，其徒亦传拜神爱人之教外，兼授天算等，可谓墨家之一比例。（释太虚：《墨子学辨序二》，胡怀琛：《墨子学辨》）

本年，陈寅恪借给冯友兰《中国哲学史》上册写审查报告的机会，针砭整理国故中普遍存在的中西比较格义附会现象，并就真伪材料之于史学研究有所阐述。

陈寅恪认为，凡著中国古代哲学史，必须对于古人之学说具有了解之同情，方可下笔。盖古人著书立说，皆有所为而发。故其所处环境，所受背景，非完全明了，则其学说不易评论。而古代哲学家去今数千年，其时代真相，极难推知。吾人近日可依据之材料，仅为当时所遗存最小一部，欲借此残余断片，以窥测其全部结构，必须备艺术家欣赏古代绘画雕刻之眼光及精神，然后古人立说用意与对象，始可以真了解。所谓真了解者，必神游冥想，与立说之古人，处于同一境界，而对于其持论所以不得不如是之苦心孤诣，表一种同情，始能批评其学说之是非得失，而无隔阂肤廓之论。否则数千年前之陈言旧说，与近日之情势迥殊，何一不可以可笑可怪目之。

　　但此种同情之态度，最易流于穿凿傅会之恶习。因今日所得见之古代材料，或散佚而仅存，或晦涩而难解，非经过解释及排比之程序，绝无哲学史之可言。然若加以联贯综合之搜集及统系条理之整理，则著者有意无意之间，往往依其自身所遭际之时代，所居处之环境，所薰染之学说，以推测解释古人之意志。由此之故，今日之谈中国古代哲学者，大抵即谈其今日自身之哲学者也。所著之中国哲学史者，即其今日自身之哲学史者也。其言论愈有条理统系，则去古人学说之真相愈远。此弊至今日之谈墨学而极矣。今日之墨学者，任何古书古字，绝无依据，亦可随其一时偶然兴会，而为之改移，几若善博者能呼卢成卢，喝雉成雉之比。此近日中国号称整理国故之普通状况，诚可为长叹息者也。（《冯友兰中国哲学史上册审查报告》，陈寅恪：《金明馆丛稿二编》，第 279—280 页）

　　△　谢苇丰、王纯甫著《国学问答》由上海东方文学社出版，此书供高、初中学生课外自修参考，分经学、史学、诸子、文学及书画金石五章。（北京图书馆编：《民国时期总书目（1911—1949）》综合性图书，书目文献出版社，1995 年，第 147 页）

　　△　檀香山领事馆赞扬当地华文报纸《自由新报》举行学习汉字的征文和赛字运动，足以引起华侨学习国学之兴趣，有裨海外华

侨教育。

檀香山《自由新报》提倡华侨教育，于1929年9月间举行征文运动，以款项或书籍、文具为奖品，题为"如何能使华侨青年普习汉文"，聘请驻檀香山领事馆黄领事评阅。投稿者共25人，揭晓第一名杨棣棠，第二名陈昆，第三名林其中，第四名黄为，第五名弘道居士，五人奖给10~25元及书籍、文具等。以后十名，亦奖给文房用品，以资鼓励。10月间，《自由新报》又发起书法比赛，亦由华侨赠送奖金及书籍、文具。聘请檀香山领事馆随习领事李家骧为评阅主任，应考学生千余人。第一名陈清奇，明伦学校学生。第二名李悫承，西校麦坚尼中学汉文班学生。第三林英华，明伦学校学生。第四卓理路，中山学校学生。第五程省五，互助学校学生。五人奖给3~15元奖金，第六至五十名奖给书籍笔墨。"此种征文及赛字运动，足以引起侨胞对于国学之兴趣，于海外华侨教育甚有裨益。"（《檀香山华侨提倡国学》，《外交部公报》，第2卷第7期，1929年11月）

11月1日　北京大学研究所国学门考古学会继续在北平中国大学校内进行考古发掘。

先是，北平中国大学校内发现唐碑。

北京大学研究所国学门，预料出土处或有多量古物埋藏。昨派傅振伦前往中大面商该校校长余同甲，请由该所前去发掘，以冀获得更丰富之古物，而供学术上之研究。余当即表示同意，大约日内即可雇工，开始发掘云。（《两处考古》，《华北日报》，1929年10月23日，第6版）

自 10 月 26—27 日（上星期六、日）起，国学门即到该校继续发掘。"研究所委员马衡，及研究员傅振伦、水野清一等，每日均到发掘地点，检视一切。"发掘计划系就原出碑土坑往深掘入，至昨日止，深可一丈三四尺，已为古墓之底墁砖成椭圆形，颇为整齐。再往下掘，则有水浸出。数日来所掘得者，均为陶器碎片及锈钉之类。前日下午获得一个头骨、一个手肘骨，现正往南搜掘，期将墓底完全现出后，或有较为重要之物品出现。"大约再须三四日工作，始能竣事。至所获古物，暂由研究所带回研究，惟将来仍交中大陈列。"至于最初出土之唐碑，现存中国大学会计科，已雇工拓印数百份，不久即可发售，以供世人之研究。（《中大之发掘》，北平《益世报》，1929 年 11 月 1 日，第 6 版）

11 月 10 日，北京大学研究所国学门考古学会发掘中国大学唐碑完毕。据中央社消息载，"北平大学研究所国学门考古学会"前往中国大学唐碑出土处，继续发掘。至上星期日停止，共约十日之久，已将墓底完全刨出，所获古物，计有五种：一、"黄釉露胎之碗一，已碎，惟尚能拼合。按该处月前发现墓碑，纪年唐咸亨元年，距今一千二百六十年，斯碗为我国古磁出土之最早者。"二、死者头骨，手肘骨数片。三、墓砖中嵌有铜钱一枚，是项砖在墓之东西，各发现一块。四、瓦器碎片甚多。五、砖共三百余块，无文字，一面有横道，有密而浅者，有疏而深者。"惟年代过久，起出时十九皆碎断。"前记各项古物，现均保存在考古学会并正在整理研究中。研究完毕后，仍须送回中大保存。（《中大掘土发现唐磁》，天津《大公报》，1929 年 11 月 10 日，第 1 张第 3 版）

11 月 3 日　大夏大学国学系教授在系主任办公室开教授会议。

出席者有陈柱、蔡尚思、陈守实、姜亮夫、刘纪泽。会议讨论的问题有：一、极力引导学生课外研究。包括多出课外研究问题，印发本系各生并介绍参考书；学生课外论文，得选登季刊，其成书者，经教授鉴定，得由学校设法印行。二、每学程应指定学生参考用书，并限期呈验，算入月考成绩。例如，本期讲授《诗品》，即令学生一月内批点《古诗源》；教授《文心雕龙》，即令学生在一学期内将文选全书批点，每月平均若干卷呈验。凡指定学生参考之书，应令批评圈点或摘抄。三、"每星期必令学生，对于教员讲授纪录一次，计入月考成绩"。四、本系应办季刊，除征收学生作品及外稿外，本系教授，每人每期，至少认撰论文三千字。其印刷费，请学校负担。每期约一百五十页，以二千部为限。五、介绍演讲人。六、"要求图书馆，于本系根本工具必须之书，多量购置，以便参考"。七、图书馆中，应有精于本国目录学之管理员，以便购置及整理本国之图籍。八、本会议定每学期三次。九、本系教授，定本月某日举行聚餐会一次。餐费请会计处由本系各教授月薪内扣支。（《国学系教授会议》，《大夏周报》，第65期，1929年11月13日）

"本校国学系教授，皆根柢槃深，著作宏富，负海内重名，诸教授以平日各羁课务，鲜有暇晷，以资畅叙"，特于本月11日下午六时，假座都益处举行聚餐。"并邀欧副校长暨鲁、王、傅、卢、吴各主任加入，于时觥筹交错，谈笑风生，备极欢洽云。"（《国学系教授聚餐》，《大夏周报》，第66期，1929年11月20日）

所言从日人学习国史，为当时普遍现象，有识之士无不忧虑。1929年5月，陈寅恪给北大学院己巳级史学系毕业生赠言，亦曰："群趋东邻受国史，神州士夫羞欲死。田巴鲁仲两无成，要待诸君洗斯耻。添赋迂儒'自圣狂'，读书不肯为人忙。平生所学宁堪赠，独此区区是秘方。"（陈寅恪：《陈寅恪集·诗集》，生活·读书·新知三联书店，2001 年，第 19 页）

11 月 9 日　北京大学研究所国学门发布研究生招收规则，分资格、招考手续、导师指导科目、研究年限、报名时间和地点、奖学金额等内容。

报名资格，要求或在国内外大学本科毕业，但国内大学以公立及教育部立案的私立大学为限，或未在大学本科毕业，但志愿研究国学，曾有专门著作，经审查合格。以前项资格报名者应呈缴文凭。

招考手续，报名时填写报名单（报名单由本所印就，可先来所索取或函索）。提出研究题目，并呈缴说明书，说明所提题目的研究方法及目的。题目须在下列指导科目范围以内。无论具有何种资格，均须呈缴旧日著作。将著作及说明书审查完毕后，再举行笔试及口试。笔试科目依投考在所研究科目确定。

导师指导科目，朱希祖指导明清史；黄节指导汉魏六朝诗；马裕藻指导古声韵学；沈兼士指导文字学；刘半农指导语音学、方言研究；钢和泰指导宗教史、宗教美术；陈垣指导中国基督教史研究、元史研究、由《元典章》所见之元代社会风俗、《元典章》之语体文研究；徐旭生指导中国古代哲学（至东汉末止）；周作人指导中国歌谣；钱玄同指导音韵沿革研究、《说文》研究；沈尹默指导唐诗，包括初唐诗、中唐晚唐诗、杜甫诗；许之衡指导词曲研究。

研究年限，至少二年，至多五年，每半年须将研究情况及已得结果报告一次，如连续两次未提出报告，取消研究生资格。研究生入所后最初二年，必须在所研究。

报名时间，自登报日起至11月30日截止，每日上午九时至十一时，下午二时至五时。地点在北平东安门北河沿北京大学第三院研究所国学门登录室。

奖学金额，名额8人，每年500元者2人，300元者2人，200元者4人，以最终研究成绩为标准，如无相当成绩，宁缺毋滥。而前设助学金额，不再设立。（《研究所国学门招研究生通告》，《北大日刊》，第2277号，1929年11月9日，第1版）

导师指导科目，还有叶瀚指导雕刻瓷器之研究，马衡指导金石学。（《研究所国学门通告》，《北大日刊》，第2293号，1929年11月29日，第2版）

△　勤奋书局出版《学生指南》，其中《研究国学指南》的内容由王西神撰写。

上海三马路望平街勤奋书局应全国学生需要，延请欧元怀、廖茂如、江问渔、刘湛恩等三十余位教育名家，费一年半光阴，合著《学生指南》一书。其书于今日出版。计文三十二篇，详述研究各种学问的方法，指导修养谋生途径。中央研究院院长蔡子民题眉，安徽教育厅厅长程天放及中央大学校长张乃燕序文。下卷有正风文科大学校长王西神撰写的《研究国学指南》。（《名家合著〈学生指南〉出版》，《申报》，1929年11月9日，第5张第17版）

王西神阐述了"国学"名称的由来、内容的分类和振兴的意义，他指出"国学"是与"西学"对待的中国固有学术的名称，也是东方精神文明的代表。

　　学也者，天下之公器也，奚能以国分欤！今学而系之以国，则自西学东渐，世人不察，见夫吾之所学，有以异于西人之学，于是吾国数千年流传之精深学术，遂以国学为名，是国学者对西学而言也。且也国家不幸，遭遇多故，民性不竞，民力不张，民智日窳，民财日绌，国人徒震于西洋之文明，而忘乎己国之文明，徒炫夫物质之文明，而不思精神之文明，至欲裂冠毁冕，拔本塞源，将吾祖先所兢兢业业，贻谋燕翼者，视为陈腐，破坏之，摧毁之，不遗余力。试问所学所得者，果为何物，罔论其一无所有也。即稍稍有所闻见，而亦琐碎支离，矫揉造作，削足适履，无一而可。是则所谓国学者，又正在惊涛骇浪之中，雨打风吹之际，保障发扬之责，急待吾人尽力者也。然则吾人亦知所谓国学者，果何事耶？盖吾先民数千年心力所萃，其精神遗传悠久，其文教化被广远，实足以领袖东方之文明，代表东方之思想焉。

国学的成形，可以追溯到春秋战国时期。

　　文字创于仓沮，书史断自唐虞，文物著于姬周，述作备于孔氏。战国之世，百家竞起，国学造端，胥在于是。犹之大岭三支之秀，发脉昆仑，黄河九派之长，探源星宿也。虽后世学术繁兴，要皆支流余裔，序其次第，可考而知。其最著者，厥惟文学。载道宣化，达意传情，匪文莫属，功用莫殚，而大辂椎轮，实为六艺。

精研文学，应诵习《五经》，如有余力，再兼习他经，旁及周秦诸子，两汉名家。《五经》《论语》《孟子》《老子》《庄子》《管子》《墨子》《荀子》《韩非子》《国语》《战国策》《离骚》《史记》《汉书》，为研习国学必攻之学，尤为专精文学必读之书，实为学者根本之所在。文学仅为国学之一部分，"至于思想精神所寄，则有更伟大者"，有儒家、道家、法家、名家、墨家、阴阳家、纵横家、农家、兵家、术数。"厥后又有汉唐之佛学，宋明之性理，精深博大，超轶等伦，曾为学术界大放光明，其流风远被于国外，即如佛之真言宗，传于日本，而大昌厥绪。性理之阳明学说，日本得之而强兵富国。"第一次世界大战后，"吾国学术，欧美大学，特辟讲座，群起研究，而诸子学说，讲述之作，蔚为巨册。国外时有所见，此皆不可掩之事实，乃吾国人反自致疑焉"。"其余如历史学，舆地学、掌故学，小学，金石学，音韵学，药物学，美术学等等，多不胜记，篇幅有限，不复赘矣。"（王西神：《研究国学指南》，马崇淦编辑：《学生指南》，勤奋书局，1929年，第239—244页）

11月15日　署名"补石"者在《东北大学附中校刊》发表《国故概论》一文，认可胡适的国故学定义，但不同意其所说内容。

作者引述胡适《国学季刊发刊宣言》对于"国故学"省称"国学"的一段话后，认为："'国'者中国之简略，国人之自称也。'故'者，新之对，对舶来之文化言之也。"依哲学言之，时间但有"过去""未来"，并无"现在"，故胡适谓"中国的一切过去的文化历史，都是我们的国故"，洵非诬也。由此可知，今人观察"国故"的几种代表，或以六经为国故，或以精神文明为国故，或以鸦片烟为国故，皆误。

　　平心论之，"国故"固不可过于尊崇，亦不可过于蔑视。何则？"国故"为中国固有之文化，古今之情形不同，自有其地位与价值。"国故"为研究之对象，是被动的，人为研究者，是主动的，故"国故"无臧否之可言，而研究有善不善之可判。人生两大间，为万物灵，应负守先待后之责，对于国故，当发挥而光大之，以求适合于今也。其不合于今之世，理也亦势也，乌可过于尊崇？苟善研究而整理之，亦正有其功用与价值，又乌得过于蔑视？故蔑视非也，尊崇亦非也，苟认为有整理之必要者，整理之可也。

　　至于国故的内容，章太炎《国学概论》分经学、哲学、文学，只是"图讲演之便利"。胡适《国学季刊发刊宣言》列有"中国文化史"的十个子目，只是"表研究之系统"，"均不可从"。既然"国故"即可姑仍其旧，那么仍分经史子集四部。至于研究的方法，常分材料与方法两个方面，材料如《国故概要》《国学概论》；方法则斟酌章太炎《国学概论》和陈钟凡《古书读校法》，分为怀疑、辨伪、疏证、类别、整理、订正、释例、实验、辑佚。（补石：《国故概论》，《东北大学附中校刊》，第2卷第1期，1929年11月15日）

　　11月21日　上海建国中学注重国文，国文科主任查猛济对于国学饶有研究，拟就《读书录的运用方法》，作为现代高中国文课程标准，指导学生课外阅读。

　　闸北止园路建国中学，对于各项学科注意平均发展。

　　惟近来感于青年学子对国文颇不注意，特在该校各级国文课上，加紧训练。该校国文科主任查猛济君，对于国学饶有研究，且著作等身。最近拟撰《读书录的运用方法》一篇，已商准该校校长陈德徵氏，作为现代高中国文课程标准，指导学生课外阅读的标准大纲。（《建国中学注重国文》，《申报》，1929年11月21日，第3张第11版）

不久，该校学生会编辑之《建国中学》创刊号出版，载有国学教授查猛济的中国文学史第一讲《上古文学的研究》一篇，都三万言，最有特色。（《建业［国］中学创刊号已出版》，《申报》，1930年1月16日，第3张第9版）

11月26日　天津市政府决议图书馆选址避开崇化学会所在文庙。

天津市城内孔庙，此前由市政府奉内政部令改为孔子庙，将神位移奉，拟利用庙址设立美术图书等馆。天津市文庙岁修处以崇化学会向来附设庙内，设处保管，现仍准该会保管，图书馆将"另觅地址"。（《本市孔庙准崇化学会保管》，天津《益世报》，1929年11月26日，第4张第16版）

11月　报载李澄宇为高吹万编《国学丛选》第三、四集所作序指出，为学之大患在于闭户自贤，歧途自误。

古人所谓庠序之教，初衷在于使学者无远近、新旧和彼此，避免自贤自误。"庠序坏，政教离，异说鸣，杂霸出。政愚民，非古所谓政，教媚君，非古所谓教。盖教奴于政，非政教并重始意。"古人讲学，目的即缵庠序之绪，并且做到群而不党。民国肇建，高吹万创国学商兑会，往复辩难，继承讲学遗意，非寻常文社可比似。"今《国学丛选》一二集已再版，而第三四集亦将馨，其影响人心世道者，盖至大且远。"（李澄宇：《国学丛选三四集合刊序》,《虞社》，第157号，1929年11月）

△ 鳌洲中学教务课此前要学生组织国学研究会，学生们对于汗牛充栋的国学研究原料"故籍"无所措手，于是请曾萍根演讲"国学的工具"，由学生凌诚高、黄履中、黄懋廉、王来远、汤池、张国薰轮流笔记。

关于鳌洲中学国学研究会的成立缘起和演讲的由来，凌诚高等在1929年"总理诞辰后一日"所写的"发端"称：

> 本校教务课要我们组织"国学研究会"，我们莫明其妙，无所措手。心想：把什么来做研究的原料呢？国学的原料，固然是故籍，但是"汗牛充栋"之故籍，真个"大海茫茫，何处是岸"？！于是请萍根老师于每来复二晚上，演讲"国学的工具"，我们轮流笔记；积稿成堆，打算油印，分给全体同学，俾便照着收存故籍。

演讲分为小学、经学、子书等类别，曾萍根在《凡例》中交代了国学、文科的概念，国学分类，书籍版本，标识符号，以及征引言论的用意等。曾萍根认为："国学这两个字是'国故学'的省称；中国的一切过去的文化历史都是我们的国故，研究这一切过去的历史文化的学问，就是国故学。"国学书籍千门万户，如同胡适所说没有门径。周、秦、汉古书，数千年来代有解人，妙想天开，年新世异，至明朝由"国粹"弄为"国渣"。国学的"滥帐"数千年来还没有算清，若非有清朝"专门经济家"细心算过，至今没有头绪。"所以我们于国学多取最后整理的——出版的。""文科"包含哲学、文学、历史、地理，自西洋文化输入以来，外国文科也混入其中。"本篇只言中国文科，外国的只言翻译书，——中国的国学，文科具备，不过零零星星没有系统的罢了。"国学既无门径，不宜勉强分类。胡适、梁启超的分类都不免有些武断。因此，"我以为未曾整理的国故，暂不如仍旧"。

关于国学书籍及其版本，列出撰著者姓、名、字、号及地名等，"以便买书者有蛛丝马迹可寻"。如没有单行本，可在各撰人全集或丛书中寻求。近地如没有，撰人所住的地方必有。至于新出的书，注明某馆版。为了省却每部书都注明参考价值程度的麻烦，用四种符号表示。记于书名下的〇的个数表示书的好歹，三个〇为上乘，两个〇为次，一个〇为再次，无〇则为普通本。记于书名之首的△表示参考品，记于书名之首的▲表示参考品非写于一书，记于书名之上的◎区别于总部之书。"章太炎梁任公胡适之三位先生是现在的文科博士，他们所说的话，想必有经验；所以我们引用他的言语。所引的，都于各人言下标一姓字。"此处为节省篇幅，录其国学分类及所列参考书目如下。

一、小学。仿梁启超分字义学、字用学、音韵学三种。（甲）字义学。《尔雅正义》〇〇，《尔雅义疏》〇，《广雅疏证》〇〇〇，《释名疏证》〇〇，《释名疏证补遗》〇〇，《续释名疏证》〇〇，《经籍纂诂》〇〇〇，《说文解字注》〇〇〇，《说文释例》〇〇〇，《说文通训定声》〇〇〇，《说文句读》〇〇〇，《说文解字》〇〇，《说文义证》〇〇〇，△《中华大字典》〇〇〇，△《国语普通词典》○，△《辞源》○○○，△《新字典》○○，△《白话词典》○○○，△《康熙字典》○○，△《字学举隅》○○○，△《文字源流》，△《白话字诂》，△《中国文字学大纲》。（乙）字用学。《经传释词》○○○，《古书疑义举例》○○○，《文通》○○○，《助字辨略》○○○，△《虚字使用法》○○○，△《国语虚字用法》，△《白话文法纲要》，△《中国语法纲要》，△《文法要略》，△《新式标点符号使用法》○○。（丙）音韵学。《音学五书》○○○，《古韵标准》○○○，△《六书音韵表》○○，△《佩文韵府》，△《礼部韵略》，《广韵》○○，《切韵考》○○○，《类音》○○○；《国音字母草写法》○○○，△《国音字母书法体式》○○○，△《中华国音新字典》○○○，《国音读本》○○，《国音字母教案》○，《国音新教本教授书》○○○；《方言疏证》○○○，《文始》○○○，《新方言》○○○。

二、经学。《易经》，《雕菰楼易学三种》○○○，《程氏易传》○○，《周易虞氏义》。《尔雅》。《书经》，《尚书今古文注疏》○○○，《尚书集注音疏》。《诗经》，《诗经集传》○○○，《诗毛氏传疏》○，△《诗经通论》○，△《诗本谊》○，△《诗经原始》○，△《诗三百篇言字解》○○○，△《诗经有载薄伊维六字杜诂》○○○。《春秋》，《春秋左传读本》○○○，△《春秋大事表》○○○，△《春秋公羊传义疏》○，△《穀梁大义述》○，《左传旧注疏注》○。《三礼》，《钦定礼记义疏》○○，《礼记》○○○，《礼记通论》，《仪礼正义》○，《周礼正义》○，《考工记图》○○，《考工记考辨》，《大戴礼记解诂》，《礼书通故》○○○，《五礼通考》○。《孝经》，《孝经义疏》。《论语》，《论语注》○○○，△

《论语通释》○○○,《论语正义》。《孟子》,《孟子正义》○○○,△《孟子字义疏证》○○○,△《读孟子》○○○。◎《十三经白文》,◎《阮本十三经注疏》○○○,◎《皇清经解》○○○,◎《皇清经解续编》○○○,《皇清经解正续编目》,◎△《经义考》,⊙△《经义杂记》,⊙△《经义述闻》○○○,◎△《群经平议》○○○。

三、子书——古书。《老子》,△《道德经考异》○○,《老子注》○,《老子道德经》。《墨子》,《墨子间诂》○○○,△《墨子经说解》○,△《墨经校释》○○,△《小取篇新诂》○○○,△《墨子学案》○○○,△《墨经校释序》○○○,△《墨辩》○○○,△《墨辨解故》○○○,△《原名》○○○,△《明见》○○○,△《读梁任公墨经校释》○○○,△《墨子刊误》,《墨子注》,△《墨子间诂校补》。《庄子》,《庄子集释》○○○,《南华真经》,△《齐物论释》○○○。《荀子》,《荀子集解》○○○。《尹文子》。《慎子》。《公孙龙子》。《韩非子》,《韩非子集释》○。《管子》,《管子教正》○○,△《管子义证》○○○。《吕氏春秋》,《吕氏春秋注》○,△《吕氏校补》○○,△《吕氏春秋正误》。《淮南子》,《淮南鸿烈集解》○○○。《春秋繁露》(《董子》),《春秋繁露义证》○○○,△《春秋董氏学》○。《抱朴子》,《重刻抱朴子》。《列子》,《列子注》。《冲虚至德真经》。《盐铁论》,《盐铁论校注》○○○。《论衡》。《逸周书》,《周书集训校释》○○○。《竹书纪年》,《古本竹书纪年辑校》○○○,《今本竹书纪年疏证》○○,《竹书纪年集注》○○○,《竹书纪年统笺》○○,△《竹书纪年补证》○○,△《竹书纪年校正》○○。《穆天子传》,《郭瑗穆天子传注》〇〇，△《穆天子传地理考证》〇〇〇。《孙子》。《吴子》。《司马法》。《国语》，《国语韦注疏》〇〇〇，△《国语发正》〇，△《国语三君注辑存》，△《国语考异》〇，《国语韦注》〇〇。《国策》，《战国策补注》〇〇〇，《战国策注》〇〇，△《国策地名考》〇〇〇，△《战国纪年》〇〇〇。《晏子》，《晏子春秋》〇。《楚辞》，《楚辞集注》〇〇〇，《读楚辞》〇〇〇。《世说新语》，《新语》〇〇〇。《水经注》，《水经注合校》〇〇〇。《文心雕龙》，黄叔琳《文心雕龙》〇〇。《山海经》，《山海经新校注》〇〇〇，《山海经笺疏》〇〇〇。《周髀算经》，《精校周髀算经》〇。《内经》，《精校黄帝内经素问》〇。《尚书大传》，《尚书大传疏证》〇〇〇。《韩诗外传》，《校注韩诗外传》。《刘子》，《说苑》，《新序》，《列女传注》〇。《杨子》，《杨子法言》。《潜夫论》，《潜夫论笺》。《白虎通》，《白虎通证疏》〇〇〇。《五经异义》，《五经异义疏证》〇。《风俗通》，《风俗通》。《越绝书》。《华阳国志》，《精校华阳国志》〇〇。《经典释文》，《经典释文》附《考证》〇〇。《困学纪闻》，《困学纪闻集注》〇〇。《朱子》，《注近思录》〇〇〇。《梦溪笔谈》〇〇〇。《困知记》〇〇。《张子正蒙注》〇〇。《文选》，《文选李善注》〇〇。《传习录》〇〇〇。《日知录》〇〇〇。《明夷待访录》〇〇〇。《思问录》〇〇〇，《内外篇》〇〇，《俟解》〇〇，《噩梦》〇〇。《颜氏学记》〇〇〇，《颜氏家训注》〇〇，《颜习斋学说》〇〇〇。《大同书》〇〇〇，《广艺舟双楫》〇〇〇。《仁学》〇〇〇。《国故论衡》〇〇〇。《通艺录》〇〇〇。《癸巳类稿》〇〇〇。《东塾读书记》〇〇〇。《庸盦笔记》〇〇。《徐霞客游记》〇〇。《述学》〇〇〇。《语石》〇〇〇。《书林清话》○○。《胡子衡齐》○○○。《学蔀通辨》○○。

以上所录各书，尚不及半，然能一一浏览，也不愧一个饱学者。以下所列，系空前大著作，系治经、子必不可少之书，如欲整理国故，必要当顾问、参谋，故将各书目录出，以便检查。包括：◎▲《读书杂志》○○○，◎▲《诸子平议》，◎▲《读书余录》○○○，◎△《群书拾补》○○○，◎▲《札迻》，◎▲《斠隅录》○○，《中国哲学史大纲》○○○、《戴东原的哲学》《白话文学史》,《先秦政治思想史》○○○、《清代学术概论》○○○,《东西文化及其哲学》○○○。鲁迅、衣萍、周作人三人的著作，都可为模范。以下所列各书，凡是读书人都要买，因为是读书人的常识。《书目举要》○○○,《书目答问》○○,《汇刻书目》○○○,《读汇刻书目》○○○,《四库全书总目提要》○○○,《古书之真伪及其年代》○○○,《古今伪书考》○○,《玉函山房辑佚书》○○,《汉学堂丛书》○。（萍根先生演讲，凌诚高、黄履中、黄懋廉、王来远、汤池、张国薰笔记:《国学的工具——附带关于文科的》,《鳌中》，第2期，1929年11月）

12月2日　大夏大学国学系主任陈柱召集学生谈话，指导读书。

下午，陈柱召集学生在系主任办公室谈话，到者有王骥等多人。首先，陈柱陈述导师制的沿革和优点，及大夏大学施行导师制的经过与成绩。其次，向学生一一询问治学志趣，以便个别指导。后更将所著《庄子内篇学》，赠送各生，每人一册。"是书系陈先生精心之作，将庄子奥义，阐发无遗。学生得此，颇为愉快。闻此次谈话，因时间过促，尚未尽兴。陈主任将于最近假某园再召集学生，作更盛大之谈话会云。"(《国学系陈主任召集学生谈话》,《大夏周报》，第 69 期，1929 年 12 月 11 日）.

12 月 5 日 报载有教育家在上海组织国学研究社，附设函授学校，正在接受报名。

有教育家多人组织国学研究社，以"发扬国学"为主旨，内设函授部，凡失学子弟，志愿自修者，请投函上海七浦路恒庆里九九九号该社函授部接洽。"闻半年学费连讲义寄费，一应在内，仅大洋六元。日来投函报名者，达百数十人之多云。"（《国学函授学校》，《时事新报》，1929 年 12 月 5 日，第 2 张第 4 版）

12 月 11 日 报载国立中山大学学生李云鹤等为便利研究国学，促进文化，拟组织中国语言文学研究会。

据称经筹办就绪，先将简章草案，随呈送核，请予备案，俟大会修正后再报告。"闻已准暂备案，着将修正草案补报前来，再行核办。"（《学生组织学会近闻》，《国立中山大学日报》，1929 年 12 月 11 日，第 3 版）

12 月 14 日 报载上海滇籍耆绅、"国学泰斗"、维新老前辈姚志梁出殡。"新旧各界所送挽辞，多至数千件。"（《邑绅姚志梁昨日举殡》，《申报》，1929 年 12 月 15 日，第 4 张第 15 版）

12 月 16 日 北京大学连续三日举行三十一周年纪念大会。大会开古物展览会，展出国学门古物九万余件，参观者四千余人。

据本日天津《大公报》载，国学门展览时间为十七、十八日上午十时至下午三时，地点在第三院本所，内容包括"成绩陈列室、明清史料要件陈列室、考古学陈列室、风俗歌谣陈列室、语音乐律实验室"。（《北大卅一周年纪念会》，天津《大公报》，1929 年 12 月 16 日，第 2 张第 5 版）据 18 日北平《益世报》载，"考古学会设四陈列室，第一室陈列明器、甲骨，第二室陈列甘肃出土之各种古物，第三室陈列碑碣，第四室陈列燕都故城遗址之出土古物，及艺风堂碑帖拓本。此外，有明清史料要件陈列室，为全国仅有之档案贮藏室"。（《北大三十一周年纪念之第二日》，北平《益世报》，1929年12月18日，第6版）

据天津《大公报》载，均未见风俗、歌谣部分。内称"该校研究所国学门之展览，计考古学会陈列室二间：一、陈列古代货币、古印、古玉、车饰、土俑、古陶器等，一、陈列唐宋碑石。档案陈列室，陈列明清档案。艺风堂碑帖陈列室，该室附陈此次马衡等新近到易县古燕都搜集之陶器。第一成绩室，陈列《艺文类聚引用书籍类纂》《太平御览引用书籍类纂》。第二成绩室，陈列《十三经注疏引用书籍类纂》《文选李鄯注引用书籍类纂》。第三成绩室，陈列《慧琳一切经音义引用书籍类纂》《慧琳一切经音义引用书籍目录》《慧琳一切经音义引用书籍通检》《世说新语刘孝标注引用书籍类纂》《水经郦道元注引用书籍类纂》。语音乐经实验室，陈列音高堆断尺准、收音机、浪线针、放大镜等仪器二十余种。闻尚有重要仪器数种，数年前运回国时，被津海关打碎，至今未能修竣。又该室特印江西、江阴、北平三种方音读'余致力国民革命凡四十年'三句，音以长短高低比较图影片三幅，分赠参观者云"。（《北大卅一周年纪念第二日》，天津《大公报》，1929年12月18日，第2张第5版）

12月21日　北京大学《国学季刊》编辑委员会发布第二卷第三号出版预告，当月出版。编辑委员会主任朱希祖，委员有沈兼士、马裕藻、马衡、陈垣、刘半农、钱玄同。

本年秋季，出版至第二卷第一号，复征求第二卷第二号文章，并于十日内收齐付印，不日即可出版。"《国学季刊》第二卷第二号业已付印，不日即可出版。其第二卷第三号本定于本年冬季出版，务望同人速将大稿交来，以光篇幅。兹展期至十九年一月底截止。"（《国学季刊委员会启事》《国学季刊第二卷第二号出版预告》，《北大日刊》，第2315号，1929年12月24日，第2版）

12月30日　根据国民政府教育部颁布的私立学校规程，私立学校应于开办后三年呈请立案，集美国学专门学校造具立案表册各二份，呈请福建省教育厅转呈教育部立案，并另抄一份，函送厦门大学林文庆校长备查。（《集美学校编年小史》，集美学校校董会，1948年，第23页）

12月　山西大学学生德新在太原《采社》杂志撰文，逐个反驳何炳松、郑振铎质疑国学概念的理由。

德新笔名"续檀"。他首先阐明国学研究的基本态度，认为学术批评和学术革命不同，学术界一味尊西崇新，仅凭个人主观、情感、偏见倡言革命，则是不良的现象。国学是中国数千年先哲心灵的结晶，已经铸成国家特性，关系民族存亡，绝不容许随便推翻。

可叹！我们中国近年来文学界上出了一班不肖的子孙，有的在外国住了几天，有的仅听得几个新名词，就痛哭流涕，大发牢骚，俨然以文学领袖自居，文学革命自许，几欲扳起秦始皇来，将中国所有的书籍，行第二次的焚烧，片纸只字不使遗留，才称彼心。将甚么西的、洋的，整个的悉数拿来，才算是文学的革命，才算是文学的新建设。我并非反对西洋的文化，所怪者时髦之士，仅窥得西洋文化之皮毛，就连声喝彩，奉为金科玉律。不论其为饭，为衣，以及一切琐碎之事物，莫不以带洋字的为好，甚而至于天赋给的生理，还想装成洋的，将眼变蓝，头发变黄，似以其父母没有生在他洋国里为终身憾事。

追赶西洋潮流，未必懂得西洋的梗概；反对国学，未必懂得国学的一二。至于中外国情不同，外国东西是否适合中国脾胃，更是漫不加察。政治领袖吴稚晖主张将中国所有线装书抛到厕所中三十年可以不看，后来却在汤山伴李济深时终日朗诵《汉书》，前后矛盾，诚属典型。中国的学术文化，不仅在中国，而且在世界上也确有伟大的价值。前几年来华的外国有名的哲学家、文学家、教育家，如杜威、泰戈尔、罗素、孟禄等，对于中国的学术文化都是满口称赞，与吴稚晖等形成鲜明对比。否则如吴所言，除少数懂外国文者能读外国书外，不懂外国文的只能读几本有数的翻译书。三十年以后，纵欲再来研究国学，一定无从着手，也就无人着手了。而何炳松为吴稚晖捧场，反对国学的四个理由，无一成立。

其一，"国学"概念来历不清问题。任何事物并非从天地之初就完备，绝不能因其前无今有，即认为来历不明，加以推翻。学术名词也是应逐渐增添的，如现在所用"科学""哲学""化学""经济"等学科名，以及其他"积极""消极""要素""抽象""具体"等名词，古书上都查考不出。或是新造，或自翻译，不会因为来历不明，就一律消除，反而会逐渐增加。"中国的古书就是所说的'国学'"，是何炳松等主张抛弃不看的，西洋书是何炳松等最欢迎的，以不欢喜的书中没有"国学"二字，而由喜欢的书中译，其实正对口味。现在反说来历不清，加以推翻，显然前后矛盾。"'国学’二字，是中国人自对或对他用的名词。如中国人自对或对外说‘国旗’，‘国币’等，‘支那学’是外国人互对及对我用的名词，如外国人相对或对我说‘支那旗’，‘支那币’等。”至于说“国学”二字是西洋人表明一团糟之意，对中国人的一种国耻，无疑是“神经敏”“脑范灵”。且不说“国学”二字不是西洋人给中国人制造的，即便是也不见得就是专意污辱。中国人平素非西餐不吃，非洋衣不穿，足以表示华人没有自立性，没有振作精神的弱点，我们反而意气扬扬，毫不知耻，对于一个学术名词硬以为由西文翻译而来，就是国耻国辱，非推翻不可，实在可笑。

其二，“国学”界限不清问题。着眼点不同，就有不同分类方法。学问有时以实质分，如为科学、哲学、史学、论理学等；有时为表明某国所有，即名为中国学、日本学、法国学。统计学上的分类法是很复杂的，决非以一方法而准于万事万物，在论理学上并无不通之处。学术名词合理的定义都不容易下，绝不止“国学”。“国学”二字原为对外国学术说起，就是一国固有的学问，中国的国学就是中国原来有的学问。至于说国学声浪闹了许多年，所得成绩究竟有多少的话又犯了含糊毛病。多少的量是比较而言的，并非绝对的；与中国以前的成绩比，大非昔比。

近十数年来国内学者，循前贤研究所得之基础，复用科学的方法悉心探讨，所得之成绩远过清代。如王国维先生对于龟甲文有绝大的发明，对于戏曲有伟大的创作及整理。章太炎先生对于音韵学有很新的供献，他所著的书发明的新义，为人前所没有。他如胡适之、梁任公等对于哲学文学的著作，都有伟大的价值。还有许多研究国学者，用科学方法来研究经史子集，发明很多的义理，创成不少的作品，这也仅可以说是国学初放光明的时候，至于将来用科学方法作工具来研究，整理国学，花开灿烂，普照世界，正未可量。

诚如梁启超所说"中国文化本最富于世界性，今后若能吸收世界的文化以自荣卫，必将益扩充其本能而增丰其内容，还以供献于世界，则二十世纪之中国国民，必在人类进化史上占重要之职役"。何炳松"不作国学的工夫，或作而没有成绩，竟敢信口雌黄，也就太'不度德不量力'了"。

其三，"国学"违反现代科学的分析精神问题。研究学术当然要注重分析，但是专门研究一种学术，必然有涉及其他有关系的部分，正是学术求真、求博、求通的不二法门和必由之路。科学的分析精神，从前已有许多发明，梁启超、胡适等都认为清代学术已经用科学精神来治学问，成绩大有可观。从今而后，中国学术的前途，正是8字横写，实有无限大的可能。何炳松说话不证于事实，才是违反科学的精神。

"国学"二字是我们中国所固有的学问之总称，范围固然不小，不过有国学之称，并不是今研究国学的人，对于国学的全部都研究都彻底才算学问专家。不然，就不算学问专家。也不是令人个个都来研究或整理国学，而不准研究外国学术。国学以中国旧日的分析法，即谓之经史子集，以西洋今日之分析法，即名谓哲学、史学、博物学等科。后之分析固然对，前之分析亦不得谓非。分析命名谁不同，要其目的亦各在解决问题。

至于何炳松说"国学"两字犯了我国向来囫囵吞枣的大毛病，此话本身就太主观太笼统。是否囫囵吞枣，关键不在于枣，而在于人。"国学"二字并无束缚人自由的能力，亦无此表示。中国从前已经有人懂得用科学方法研究国学，如黄道周和刘宗周两位都是理学大师，顾炎武和王夫之对于经学、史学、地理学、音韵学、金石学、哲学都有精深的著作，独创的见解。徐光启和宋长庚都是科学大家，徐对于天文学、数学、论理学都有很深的修养，不少的著作，宋用科学方法研究食物、衣服、器用以及冶金、制械、丹青、珠玉的原料工作，绘图贴说详确明备。王锡阐和梅文鼎都是初期算学家。徐宏祖和顾祖禹是大地理家。万斯同和戴名世都是大史学家。方以智、刘献廷都是创造新字母的人。孔尚任和曹雪芹都是大文学家。他们的成绩，就统括在"国学"之中。以现在研究国学的方法及成绩与前人比较，当然又过数倍，绝非囫囵吞枣不合科学的分析精神。反过来说，如果以何炳松"所喜欢的西洋科学的分析的无论那一种学术"，如果是囫囵吞枣，也一定不会有好效果。

至于何炳松说中国人人想做"万物皆备于我"的圣人，是任何国家都有的普遍现象。症结不在"国学""不国学"本身，而在人的占有欲永无止境。唯其如此，才有进步可能，才有进步成绩。何炳松今对于国学竟欲"因噎废食"，实行市侩垄断的行为，是妄想独占儒林之席。庄子所谓"吾生也有涯，而知也无涯"，着重点明明是为养生，但何炳松却拿来施于研究学问，犯了"以辞害意害辞"的毛病。人的天分有高低差别，天分高的，一人擅数长。例如，明末的顾炎武、王夫之是经学家、史学家、地理学家、音韵学家、金石学家、哲学家。戴东原著有《毛郑诗考正》《杲溪诗经补注》《考工记图》《孟子字义疏证》《声韵考》《声类表》《原善》《原象》《续天文略》《水经记》《方言疏证》《水经注》《策算》《勾股割圆记》《文集》《屈原赋注》《绪言》《尚书义经考》《重编文集》，学问精深伟大。吕吞是英国的小说家兼戏曲家、诗文家、政治家，康德是哲学家、美学家、数学家，亚里士多德著有《名理学》《体力学》《灵魂学》《雅典政学》，斯宾塞著有《社会平权论》《精神原论》《物理日来论》《天人会通论》《人类最初之智识》《生理学》《心理学》《群学》《道德学》。如此学问宏博，各国代代皆有。天分低的，一人终身专攻一种学问也没有成绩，例子更多。"'国学'二字不能负其责。即使'国学'二字换成'洋学''西学'，其效果与'国学'是一样样的。"否则，以何炳松所喜欢的洋法来研究他所喜欢的洋书，应当人人是专家，个个是博士，但事实上洋人也和我们差不多，或者还不如我们。

其四，"国学"名词"乌烟瘴气"，应该竭力推翻问题。凡事不能因为难就不去做，读书更不能见难思易，畏难苟安。即便"国学"真的一团糟，也应当废物利用，进行整理改良，不怕变无用为有用。如梁启超所说，中国书没有整理过，十分难读，但会做学问的人，就不应该吃现成饭，那是最没有出息的。

至于德法英美日等国的学术都很发达，不等于说中国学术不及他们。任何国家对于某几种学术的发达，受制于环境气候、风俗习惯、民族特性与历史等因素，而不仅仅是人事使然。中国文化学术固有不及外国的，但外国文化学术也有不及中国的，各有所长各有所短。中国文化的伟大在精神，中国学术的发达也在精神学术。外国文化的优美在物质，外国学术亦以物质学术擅长。至于说德法英美日等国没有德国学、法国学、英国学、美国学、日本学等，唯独中国有中国学，未免是随波逐流，仰人鼻息，是精神萎靡，缺乏特立独行，没有个性而蔑视自己人格的表现。学术固然公开而无国界，但中国人研究学术的目的，应有先后远近的程序差别。中国人研究学术的目的，应该以中国为前提，这并非国家主义狭隘的态度，譬如现在讲大同主义，也先中国而渐及于外，道理相同。因此，中国人对于国学不必强人所同，也不必舍己徇人，应该双美并存，相视莫逆，各顺其情。

国学的特质、价值、贡献，以人生哲学为例予以解释。偏于物质生活，则启发人类巧取豪夺的门径，有"刻巧太甚则不肖之心生"的弊病；偏于精神生活，则引导人类于绝伦灭理的路途，导致"囚首丧面不尽人情"的状况。两种偏激主张，中外都是数见不鲜的，但真正能给人开辟平正通达、容易知道、容易去走的途径的，只有孔子。

外国有名的大学，差不多都有中国学术的讲座，太虚禅师，和陈焕章博士在外国名都讲演中国学术，也是备受欢迎。绝不是外国人的银钱没有花处，来无意识的专设这个中国学术讲座。也不是外国人的光阴没有用处，来听中国人的瞎说，诚然是认识中国学术有其特质，价值，对于世界学术将来有伟大之供献，所以不惮烦的来研究中国学问。至于我们的文学啦，史学啦，美学啦……那一种不足以傲世界而无逊色，如《诗经》是我们最古最美的文艺和社会的写真，《易经》是最古最精深的哲学和社会学，《楚辞》啦，《离骚》啦，那一种不是不能磨灭的美术，文如四史等史学，还不是最好的正史，最优美的文学吗？再如讲字音字形字义的各种学问，不仅是能予我们以读古书的能力，并且是我们最好的社会学最真确的史学，自然学。因为我们能从字音字形字义里边考得古代社会的状况来，其功用不减于化石。可叹时髦之士竟欲以罗马字来代替旧有的字。他如中国的音乐是由内而发，是活的，是与道合一的。外国的音乐是由外而发的，是死的，是技术的。中国的美术如字画雕刻建筑等学都是有深义的美，不是一望而知的。

反而何炳松所推许的日本史学，也是接受了中国学问所产生出来的。因此，说中国国学对于世界学术没有贡献，大概是昧于时间问题。况且，事物好坏的标准不是单一的，而是可以并列的，是带有历史性的，不是普遍性的，不能以西洋学术的优，来推翻中国学术的美，否则就不明白戴东原所说"不以人蔽己，不以己蔽人"的道理。

尤其何炳松以广义的经史百家杂钞称呼国学，等同废话。每个国家图书馆边一定放有各种学术的书籍，但书架上的安置法是分门别类的，如哲学类、文学类等。一部经史百家杂钞，内容也不过是各家的各种文字，或者因其实质分门别类而排列。图书馆就像广义的经史百家杂钞，广义的经史百家杂钞也是任何国家学术的状况。只有文明国家才有广义的经史百家杂钞的学术，国家文化程度越高，经史百家杂钞的学术越多，亦越复杂。中国国学原是广义的经史百家杂钞，但内容的实质也是有条理可别的，并无损于国学。经史子集固然不是如刀割水清，但世界上任何一种学术也是这样，不过有个轻重区别罢了。

总之，国学不仅不能打倒，而且还要提倡研究整理。"提倡、研究、整理国学，是鼓动大家穷究其理整理其序的意思，是前进的，改良的，创造的，不是后退的，保守的，因循的。"只有一国的学术有特殊性，才堪称"某国学"。他如"埃及学""印度学"亦因埃及、印度曾为文明古国，其学术有特别而异于普通的性质而得名。说"埃及学"之所以得名，是因为埃及早已亡国，古代埃及人早已死完，这是没有根据的论调，等同"泼妇骂街"。说中国人不能明白自己学术的内容，不能估定它在世界学术上的地位，是读书人的奇耻大辱，实则中国学者的奇耻大辱正在于不提倡、研究、整理自己的学术，反而盲从人家的学术。如果不打起精神来发挥国学，而是一味跟人瞎跑，不但是盲从，简直是没出息，没脑筋，又无心肝，不知人间有羞耻事的"愚人"。所谓曲高和寡，国学就是子贡所言"夫子之墙数仞"，何炳松"大概是不得其门而入，不见宗庙之美，百官之富"。西洋学术大概是"赐之墙也及肩，得见宗庙之美，百官之富"。比较而言，曲高和寡罢了。（续檀：《评何炳松〈论所谓"国学"〉，及郑振铎〈且慢谈所谓"国学"〉》，《采社》，第4期，1929年12月）

△　上海中国学会出版陈乃乾编《古佚小说丛刊三种》排印本，包括《游仙窟》一卷，《三国志平话》三卷，《照世杯》四卷。定价二元。（《古佚小说丛刊三种》，《国立北平图书馆月刊》，第3卷第6号，

1929年12月）

年底　李辛白回安徽省无为县老家办理国学讲习所，前后持续三年。

李辛白，安徽无为人（1879—1951）。五四时期担任北京大学出版部主任，同盟会会员、诗人，陈独秀、李大钊的挚友，曾经创办《新生活》周刊，在北京学生中颇有影响。1926年因追随李大钊参加革命，三一八事件后遭到北京政府军警的追究，被迫离开北京。1927年转居安庆，1928—1929年到南京办理《老百姓报》，接受冯玉祥西北军的经费援助，又遭到南京政府查封，"只好回到无为县老家办了三年国学讲习所（经馆），从事教学与国故研究工作"。1934年，杨廉到安徽担任教育厅厅长。因杨是北大学生，与李有师生关系，推荐李到宣城中学教书。"他主讲国文，教学很得法，又是满腹经纶，特别长于文字学，因此深得学生的欢迎。课间，从事诗、书、画的创作，他写有《水破山人诗稿四卷》。书、画也别具风格。"沈尹默称他是"三绝画、诗、书，五岳动摇一支笔"，说他的诗、书、画是"清新俊逸"，"挺拔不群"。同时，他又是收藏家，文物资料极其丰富。他当时收藏有李北海亲笔《千字文》，许世英称之为"海内孤本"，一时被人们誉为"墨宝"。

1937年8月到1938年5月，李辛白担任安徽省图书馆馆长。抗战胜利后，"他欢喜若狂，在贵池创办国学专修馆，由程演生任馆长，自与高节文先生任教授，专心致力于国学讲授，并继续从事文字学的编写工作，写有《小学》手稿多本，惜解放后散失"。"一九四八年国民党统治区经济崩溃，物价飞涨，人民生活陷于水深火热之中，他的国学专修馆停办，失业在家，生活极端困苦，真是身世萧条，家徒四壁。"1951年病逝前，在北京与李辛白共同从事革命活动的高一涵曾经两度来函，"相约到北京从事国学研究工作"。（黄华康：《李辛白先生事略》，政协安庆市委文史资料研究委员会《安庆文史资料》编辑部编：《安庆文史资料》第15辑，安徽省出版局，1986年，第42—45页）

本年 刘勃在山东海阳县设立国学专修科，教授《四书》。

刘勃，原名玉亳，字季安，1880年出生于山东海阳县东尚山村一户富裕人家。他饱读诗书，学识渊博，善书法，工诗文，有《扪虱丛谈》《沧桑回顾录》《戎马春秋》《字说一得》等著述传世。戊戌变法后，受维新派影响，他在县学与鞠国香等组织"琼林读书会"，明习诗文，暗倡维新。谭嗣同殉难忌日，他撰写"诔六君子"文，被海阳知县关押，后经学友营救出狱。袁世凯称帝，他撰"讨袁檄"，印成传单散发。1926年，他任孙传芳秘书长，后因与孙政见分歧，被软禁军中，著"中华统一论"两篇。孙兵败后，他释归故里，于1929年在尚山村创办"国学专修科"，教授《四书》。"刘勃授课，不看教材，边背诵，边讲解，深入浅出，通俗明晰，引人入胜，方圆数十里皆慕名前往拜师。所教学生多品学兼优。"1934年，他受聘于海阳县志馆任襄纂，与鞠国香等续修《海阳县志》。（冷传信：《刘勃简介》，威海市文史资料委员会编：《威海文史资料》第7辑，1992年，第215—216页）

1930年（民国十九年 庚午）

1月1日 大夏大学国学系主任陈柱为学生列出课外研究题目。

大夏大学国学系前曾召集系会议，注重学生课外研究。系主任陈柱列出课外研究题目十五类，有绝句研究、杜律研究、陶谢诗之比较、孟荀学说之比较、晏子学说概论、韩非子学案、道儒墨法之异同及其影响、文选作家地理区域表、历代文家地理区域表、历代诗家地理区域表、历代词家地理区域表、历代古文家地理区域表、历代骈文家地理区域表、历代赋家地理区域表、历代曲家地理区域表。同学选择研究某题，欲知参考书籍及研究方法，可依照陈柱办公时间，到其办公室接洽，接受详细指导。（《国学系课外研究题目》，《大夏周报》，第72期，1930年1月1日）

大夏大学国学系学生及导师制第十四组学生，如欲深造，均可选择撰述。在寒假期间进行论撰，尤为适宜。毕业生毕业论文，亦可从荀子赋篇研究、屈原《离骚》研究、《九歌》研究、《九章》研究、《天问》篇研究、张平子研究这些专门研究题目当中选择。陈柱欢迎学生商量体例，及询问参考书。（《国学系课外研究题》，《大夏周报》，第73期，1930年1月15日）

△ 下午，钱玄同至北京大学研究所国学门开审查报名各生的

成绩决定会。（杨天石主编：《钱玄同日记》整理本中册，第745页）

1月4日　华国大学专修科招考国学专修学生。

华国大学由私立上海商科大学扩充成立，即以原有商大自建校舍基地为校址。兹招各院各科一二年级男女插班生，包括文学院、法学院、商学院、专修科。其中，文学院有国学系、英文系、教育学系，专修科有国学、法律、高师、商业、报学等科。报名随时到该校，外埠可递函。考期第一次1月15日，第二次2月10日。校址位于上海戈登路海防路50号，董事长褚民谊，校长殷芝龄，院长胡朴安。（《华国大学招男女生》，《申报》，1930年1月4日，第3张第9版）

华国大学文学院选修学程中，国学类有《文选》《五经大要》《诸子大要》《易经》《书经》《诗经》《三礼》《春秋》《论语》《孟子》《荀子》《老子》《庄子》《墨子》《管子》《韩非子》《论衡》《史记》《汉书》《文心雕龙》《古今诗选》《词选》，每门均二学分。国学专修科课程：一年级学程有国文（文选及作文，6学分），国学概要（4学分），说文解字（8学分），文学大要（6学分），诸子（一至二，4学分），五经（一至二，4学分），本国史（6学分），文字学源流（4学分），共计42学分；二年级学程有古书校读法（4学分），历史研究法（4学分），文学史（4学分），文字学形篇（4学分），哲学史（4学分），文学批评（4学分），现代文学（4学分），国学研究（8学分），选修课（2学分），共计38学分。（华国大学编：《华国大学章程》，1930年）

1月7日　国立北平研究院史学研究会开成立大会，李石曾报告拟设学术组织包括国学部等七个方面。

下午，国立北平研究院在北平怀仁堂西四所研究院总办事处举行成立大会，到会者有史学研究会主席吴稚晖，院长李石曾，副院长李书华。吴稚晖报告开会宗旨，称史学研究会有北平志、北方革命史、清代通鉴长编三项事业。院长李石曾报告研究院组织经过，略谓根据1927年春国民党中央政治会议张静江（人杰）、蔡元培及李石曾三人所提设立研究院的议案设立。当时分为中央和各地两种，南北尚未统一，北平仍在敌手，无从设立。迄至北平大学成立，设立北平大学研究院，1929年11月开始筹备，并将于1930年11月正式成立。内分事务和学术两方面，学术又分天算、理化（工业属之）、生物（医农属之）、人地、群治、文艺、国学七部。"因各方面认天然科学，比较重要，故先办理化与生物两部。理化部已设物理研究所及化学研究所。生物部已设动物、植物及生物三研究所，皆已开始工作。又天算部已在筹备中，其他各部亦在积极筹备，海外部尤为注重，但因经济来源过少，故不能全部进行，现正谋其他经费来源，俾可渐次发展。"史学研究会已经提前设立，以历史、地理的密切关系，将来与人地部有重要联络。（《国立北平研究院史学研究会成立详情》，北平《益世报》，1930年1月10日，第6版）

1月18—20日 无锡国学专门学院本月奉教育部令，改名私立无锡国学专修学校，参照大学规程第五章专修科办理，并颁发钤记。（《校史概略》，《无锡国学专修学校十五周纪念册》，第3页；《本校大事记》，《国专校友会集刊》第1集，第5页）

本月16日，无锡国学专门学院放寒假。（唐文治著，唐庆诒补：《茹经先生自订年谱》，沈云龙主编：《近代中国史料丛刊》第三编第九辑，第101页）

同时，连续三日在《申报》登载招生广告，称经教育部立案，寒假中倘有大学及专科学校肄业学生志愿来投考初年级插班者，请于2月10日后携带相片来校报名，并缴报名费一元，听候2月18日考试。（《教育部立案无锡国学专修学校广告》，《申报》，1930年1月18—20日，第2张第5版）

1月19日　北京大学《国学季刊》编辑委员会在北京大学第一院史学系教授会召开第二次会议。

《国学季刊》复刊，下午四时开会，出席人有马衡、刘半农、马裕藻、朱希祖，由朱希祖任主席，议决稿费计算、赠送条件、纸张排印和该会图章四个议案。（甲）稿费计算：（一）以页数为计算单位，不满半页，以半页计算，超过半页，以一页计算；（二）图表依面积大小计算，如有特殊制作，由会中审议酌加。（乙）赠送《国学季刊》的限制条件：（一）投稿人赠各该期季刊二本；（二）编辑委员各赠一本；（三）研究所所长及研究所国学门委员会导师各赠一本；（四）校长室、教务长室及各系教授会各存一本；（五）北京大学图书馆存二本；（六）研究所国学门存十本备用，不足时得随时提取；（七）研究所其他各门各存一本；（八）根据以前办法，每期提出五十本封存研究所国学门；（九）对于国内外著名大学图书馆、博物院及其他学术机关或学者的赠送或交换办法，由委员会另行规定。（丙）《国学季刊》本期纸张较前数期少次，应函请出版部注意，嗣后所有纸张，排印应与从前一律。（丁）函请北京大学校长发给编辑委员会图章。（《国学季刊委员会第二次会议录》，《北大日刊》，第2335号，1930年1月21日，第1版）

1月21日　西北科学考查团北京大学研究所国学门特派员黄文弼在新疆迪化致信马衡和沈兼士，报告三年考查大概。

黄文弼于1927年4月从北京出发，11月抵达新疆迪化。1928年3月，由迪化出发南行考查，所到之处包括新疆阿克苏、库车、沙雅，"穿塔克拉马塔大沙漠"、于阗、和于、叶尚羌、葛尔、喀什、巴楚等地，1929年11月回到迪化。其间曾因风沙弥漫影响，不能工作，对于沙漠构造、河流变迁、交通转移，略得其大概。和于一带，英人斯坦因曾三次游历，古迹古物掇拾净尽，竟无下手之地。此次考查"共计十八个月"，约采集古物42箱，各类均有少许，其中以木瓦陶为最多，而泥塑佛像残伤，实居其半。抵迪化后，即整理各采集品，雇定归化骆驼运回北平。不料到迪化后，俄道梗阻，草地太冷，遂逗留迪化，恰好接北大研究所国学门来电。拟稍缓即东归，阳历4月中可抵北平。（《西北科学考查团本校研究所国学门特派员黄文弼先生由迪化致马叔平沈兼士两先生信》，《北大日刊》，第2376号，1930年4月2日，第4版）

1月25日 黄靖寰为成都《希望月刊》开设"国学"栏目，撰写《国学概论》。

黄靖寰疑即黄次元，本月开始在成都《希望月刊》"国学"栏目登载"国学演讲"内容。他认为，国学包罗万象，六经可比拟于现代西洋各种学问，而新文学家批评国学空无一物，实为不了解古人读经的原理。（黄靖寰：《国学概论》，《希望月刊》，第7卷第2、4期，1930年2、4月）从内容判断，此文与范丽诲《二千五百年来之国学》一文高度雷同。

"国学"栏目第一讲《文字的沿革》（第7卷第1期）；第二、第三讲《先秦典籍》（第7卷第5期）；第四讲《经学源流》（第7卷第6期）；第五讲《史学源流》（第7卷第7期）；第六讲《诸子源流》

（第7卷第9期）；第七讲《医学源流》、第八讲《卜筮源流》（第7卷第10期）；第九讲《八股源流》（第8卷第6期）；第十讲《心性哲学诸儒的宗旨》（第8卷第10期）。第7卷第6期刊载艾希由《古今九流说》。

1月　洪北平编《国学研究法》全一册，由上海民智书局出版。

本书专供高中国文教学及大学参考之用，为便于教学起见，每篇并加详细注释及参考。书中所采，虽系成文，而选择编次，颇费经营，务使读者能得系统国学常识。全书分国学方法论、经学通论、子学通论及史学通论四大卷。第一卷收录郑奠《国学研究法总论》、胡适《清代学者的治学方法》；第二卷收录王舟瑶《论读经法》、龚自珍《六经正名》、章学诚《经解》、陆德明《经典释文叙录》、胡培翚《诂经文钞序》、陆懋德《中国经书之分析》；第三卷收录司马谈《论六家要旨》、班固《论九流十家》、江瑔《论子部之沿革兴废》、姚鹓雏《宋明学说与佛学之真诠》、柳诒徵《论近人讲诸子之学者之失》；第四卷收录刘知幾《六家》《二体》、章学诚《史注》、柳诒徵《正史之史料》。《申报》广告称其"为研究国学者必读之书"。（《申报》，1930年1月25日，第2张第7版）

2月5日　李右之设立的粹华国文夜校开始招生。

粹华国文夜校成立于1929年9月前后。署名"春菊"者论及李右之的学术活动说：

　　吾国国学，近来日见销沉，虽不乏研究之者，然不无鲁殿灵光之憾。邑绅李右之，有鉴于此，乃有粹华国文专修夜校之设。李君历任海上有名学校之国文教员，其先人梯云先生，与叶醴文、沈信卿前辈，于上海颇负有国学先知之誉。李君家学缘源，又参以新式有系统之研究，今发此宏愿，其有造于中华国粹，匪可限量。有志研究者，盍兴乎来。（春菊：《国学沉沦的曙光》，《新春秋》，1929年9月9日，第3版）

或谓上海"国学家"李右之，历任沪上各大学、各中学以及第二师范学校等教授，近又出其余绪，特设函授科，招收遥从弟子，为"国学前途，造福不浅"。（《艺海丛谈》，《新春秋》，1929年11月23日，第2版）

李君得家学之渊源，亦以国学鸣时，精研国学之余，尤擅诗歌。文宗苏韩，诗近温李，洵不诬也。名记者严独鹤，名律师严荫武，银行界闻人张公权，实业界巨子吴蕴初，名医生朱蓉镜，均属李君得意门生。李君于民初时亦曾一度之入政海，卒以廉洁自持，不容于当时，及后任民选事，为桑梓争得福利不少。兹则专治古文古词以期有所阐发，暇则卖文粥字，以求身心愉快。友好之劝以重出治政者，则必蹙额而谢。昔日孙跋之屡聘不就者，即其明证。卢永祥、何丰林镇沪时，亦时加存问，然李君竟不之顾也。所以李君之高风，有足称者。李君近多弟子，其亦有随园之风乎。兹为提倡国学普及起见，晚间任萃华国学专修科教授。闻李君之卖文润格，寿屏只六十金，墓志铭仅百金云。（素凤：《记上海一国学家》，《新春秋》，1930年5月6日，第3版）

李右之之门人余芷江、朱春生、郭绍棠、沈珊若、严独鹤、陈济成、丁守吾、郑果齐、朱蓉镜、刘芸书、林蔚文、秦槐新，登载招生广告称：

李师右之，邃于国学，门下数千人。鉴于国学日替，特就余暇设立国文夜校，本年续招新生，定二月十七日开学，即日起报名，谨志数言介绍。（课程时间学费校址均详章程，附邮一分，函索即寄。通讯处及报名处在西门内虹桥南首艾家弄八十八号李宅。）（《粹华国文夜校招取男女新生》，《申报》，1930 年 2 月 7 日，本埠增刊第 2 版）

粹华国文夜校以为中学校男女学生授课余暇，暨有职业者职务毕后，研究国学为宗旨。招考以高中初中相当程度为限，男女兼收。高中为高等科，初中为普通科。每科均以二年为修业期间，期满给予证书。高等科课程有《昭明文选》《唐宋八家文》、应用文、《毛诗》《读史论略》《清诗评注》、作文；普通科课程有《古文观止》《幼学句解》、应用尺牍、唐诗、作文。每日五时至六时教授高等科，六时至七时教授普通科。纳费每学期每科各十元，入学时缴足开学。高等科设在西门外黄家阙路中国医学院，普通科设在西门内虹桥西首志明学校。（《粹华国文专修夜校》，《申报》，1930 年 2 月 6 日，第 4 张第 16 版）

2 月 14 日　上海孔教青年会曾举行第三届文会，与试者数百人，得奖首名为国学院的戚以贞。

所有文卷，业经朱古薇太史评定甲乙，定于 2 月 16 日下午一时半，在靶子路会内生奖。"首名为国学院戚以贞君，计得奖金廿元，另书籍物品甚多。"（《孔教青年会文会揭晓》，《申报》，1930年2月14日，第4张第16版）

2月16日 中国学会召开第三次常会，修改会章，准备呈请立案。

上午，中国学会假俭德储蓄会开第三次常会，到三十余人，公推胡朴安主席。首先由胡朴安报告一年经过情形，其次讨论立案及修订章程。议决：第一，推何炳松、周由廑与编撰股干事胡朴安、演讲股干事姚石子、会务股干事陈乃乾五人，为修改会章委员，一月之内修改完竣，召集临时会员大会，通过后再向主管机关呈请立案。会章中加入每个会员每年收常年费五元，以备发行月刊之需。第二，演讲事宜，拟每月举行会员演讲或名人演讲，公开演讲一二次，以期在社会上稍有贡献，地点即在俭德储蓄会。最后在百星菜社聚会，尽欢而散。（《中国学会第三次常会记》，《申报》，1930年2月17日，第4张第14版）

2月18日 无锡国学专修学校举行开学礼。

唐文治记云："正月二十日，行开校礼。余仍教授《论语》及《礼记》诸经。"（唐文治著，唐庆诒补：《茹经先生自订年谱》，沈云龙主编：《近代中国史料丛刊》第三编第九辑，第101页）

本月，无锡国学专修学校依据教育部令，利用文庙余屋作为教育产业之用，修葺文昌阁及其他余屋，扩充校舍，并商准无锡县政府教育局备案。（《校史概略》，《无锡国学专修学校十五周纪念册》，第3页）

此次修葺孔庙、文昌阁，得到无锡县政府支持。1929年11月8

日下午三时，无锡县政府开第20次县政会议，议决孔庙之忠义孝悌等祠，以及文昌阁，准拨归无锡国学专门学院应用。（《地方通信·无锡》，《申报》，1929年11月9日，第3张第12版）此外，"教授单束笙先生辞职，聘请邓傅若先生继任。又聘请陈湘圃先生为教授"。（《本校大事记》，《国专校友会集刊》第1集，第5页）

据江苏省教育厅统计，本年无锡国学专修学校校地面积共有四万八千八百二十二方尺，校舍七十四间，校具共有二千余件，图书共有六千余册。职教员十三人，均为男性。（江苏省教育厅编印：《江苏省最近教育概况》，1930年，第39页）

2月20日　署名"君硕"者在《申报》载文纪念吴梅村三百周年诞辰，述及国学衰颓，而西人对中国文学家反而极力推崇的现象。

迩来我国学子，专究心于科学，致国学不免有日渐衰微之慨。乃欧西各国，反多服膺我国国学者，其间以法兰西为最。我国四部重要之籍，翻译闻已不少。近闻新自巴黎归国之某博士云，法人于我国文学家，尤推崇太仓之吴梅村先生，已有极郑重之表示。云他日当组一团体，来至中国，访先生珂里，为开一三百周纪念会。其崇拜已极，果成事实，空前之盛举也。（君硕：《吴梅村三百周纪念之述闻》，《申报》，1930年2月20日，第5张第17版）

2月21日　正风文学院添聘文学教授，即将自建校舍，申请立案。

上海正风文学院"为专门研究国学之学府，本学期添聘文学教授，如胡朴安、姚明辉［晖］、朱香晚、张燕昌、戚饭牛、鲍杜九诸君，皆系时下名宿，著作等身者，故闻风来校者，日内甚为踊跃"。"去岁觅得北四川路底施高塔路空地九亩，现已商妥条件，将于今岁建筑新校舍"，期于秋季开学时完工。因此现时所租校舍仅供临时讲舍之用，现拟先行呈请国民政府教育部备案，俟校舍竣工，即行正式立案。（《正风文学院将自建校舍》，《申报》，1930年2月21日，第3张第10版）

2月24日 陈西滢致函胡适，批评其号召整理国故的言行带坏学风。

函称："《季刊》（《武汉大学文哲季刊》——引者）大约四月可以出版，文章是讲国学的顶多，这固然是由于武大的国学先生比别的教员多，可是一半也是风气所致，你是不能辞其责的。"（杜春和、韩荣芳、耿来金编：《胡适论学往来书信选》下册，河北人民出版社，1998年，第729—730页）

△ 亚陆中学夜校部招生，学制分一二三四年级，与普通中学相等。科目方面，国文注重实际应用文字。教员本学期添聘"国学院毕业生王正一担任国文"。（《亚陆中学夜校部招生》，《申报》，1930年2月27日，本埠增刊第2版）

2月 根据国民政府教育部的大学组织法和大学规程，厦门大学改各科为学院，文科改为文学院，国学系改为中国文学系。

本年厦门大学中国文学系毕业生中，有原国学系学生五人，姓名及籍贯如下：王如渊（男，福建安溪），王晋祥（男，江苏盐城），王咏祥（男，江苏盐城），林蕃元（男，广东梅县），钟应梅（男，广东梅县）。（厦门大学校史编委会：《厦门大学校史资料》第6辑，

第 9 页）

本年春 同仁中学教师高苏垣为引起青年攻读古书兴趣，开始编纂《国学菁华》，原名《同仁中学国学小丛书》，共收入二十种旧籍，1932 年 6 月由天津百城书局出版。

本年春，高苏垣都讲同仁中学，欲促诸生国文进步，因于教读之暇，选吾国旧籍二十种，每种之中，或录其短篇论说，或抄其短篇故事。少者八九条，多者数十事。事则求其有趣，文则求其显明，计其所得，数百首。选辑既竟，复命诸生分抄，并加注释。各书之前，冠以作者略传，至于字句偶有异同，则取其义较长者，所从何书，不尽注。二十种旧籍包括：《晏子春秋》《吕氏春秋》《韩非子》《淮南子》《墨子》《庄子》《列子》《孔丛子》《管子》《荀子》《礼记·檀弓》《新序》《说苑》《左传》《战国策》《国语》《史记》《韩诗外传》《孟子》《论语》。"昔刘向作《新序》《说苑》，所采各事，皆为类别。此虽不复区分，然二十种中，各类之事，亦略备矣，诸生果人手一编，朝夕谙诵，不特为文可以进步，且于吾国先贤修己治人之术，宅心处世之方，亦可稍有所知。庶不至数典忘祖，对吾旧有文化，视若敝屣矣。""倘迷途不返，讳疾忌医，率尔操觚，但求冗长，则三纸无驴，文家所病；陈言务钞，徒令人厌耳。"（《自序》，高苏垣辑注：《国学菁华》上册，百城书局，1932 年）

梁国常序云："今之少年每以古书辞义艰深，而废书不读，妄肆诋诃。《折杨皇荂》，嗑然而笑；《阳春白雪》，和者甚稀。风气所趋，学术荒落，可慨也夫！吾友高君苏垣，蒿目时艰，诲人不倦，而于振兴国学，不遗余力。今当教授之暇，选集经史子之短篇辞义明显者，编成一册，以引起青年攻读古书之兴趣。苏垣循循善诱之

意，亦于斯见之矣。"（《序》，高苏垣辑注：《国学菁华》上册）

3月3日 报载国立交通大学、国立商科大学、南方大学、大同大学"国学教授"邹登泰主办国粹函授夜校招生。

国粹函授夜校原设徐汇，创办已十四年，曾印文科两集，风行海内。兹为实用起见，于"国学科""国文科"外，特设"应用科"，专重作文作诗作对联法，以资实用。夜校分特别、普通两班，特别班"精研国学"，足补校课所不逮；普通班"注意国文"，沟通文理，予学生课余及商学界有职业者补习机会。函授夜校各有简章备索。校址上海白克路大通路口，及西门外江阴街染业学校。（《邹登泰主办国粹函授夜校》，《申报》，1930年3月3日，第2张第6版）

3月19日 报载盛宣怀夫人向天津广智馆林墨青附设国文观摩社捐款。

"天津广智馆附设之国文观摩社，为林君墨青所创办，成绩斐然。现闻有愚斋主人捐款，作为特别加奖，以表示提倡之意。"此外，主课高彤皆提议，从本年3月23日起，"每次课期，选前列佳卷，誊写油印，分赠是日应课学员各一份，以资观摩，而促进步"。凡有志研究国文，愿入该社者，随时可到城西北隅广智馆报名，幸勿失此良机。因"对于国学，夙所提倡，故代为登载此举，以冀本邑文化之蒸蒸日上"。（《国学曙光》，天津《益世报》，1930年3月19日，第4张第16版）

3月20日 国民政府教育部接中国驻德公使蒋作宾电，获悉德国法兰克福大学中国学院院长卫礼贤逝世，呈请行政院特予褒奖。

蒋作宾致电教育部称："德国弗郎克府大学中国学院院长卫礼贤，宣扬我国文化，不遗余力，不幸于三月一日病故，可否酌予呈请褒扬，以励来者。"

卫礼贤于1899年来华，在青岛创设礼贤学院，毅力热心，十余年如一日。"嗣因欧战归国，战后复来华，在北平担任国立北京大学、师范大学教育哲学等功课，循循善诱，生徒翕服。"1924年受德国法兰克福大学之聘，归任教授，设立中国学院，专以沟通中西文化为目的。平时宣传中国文化及民族独立运动，热烈悃忱，亦常溢于词表。而于援助中国历次赈灾，尤不遗余力。生平著述甚富，译著有关中国事项者，著有《中华民族之精神》《孔子及其学说》《中国文学史》等，译有《论语》《孟子》《道德经》《南华经》《吕氏春秋》《名家诗集》《易经》《礼记》等。最近发表《中国取消治外法权》一文，登载德国有名各报纸，主持正义，读者动容。又拟在法兰克福大学讲授"孙文主义与孔子及社会主义之关系"，未竟其志，遽尔逝世，殊堪痛惜。综核卫礼贤先后在华二十五年，尽瘁学务，成绩卓然，复洞明中国文化所在，不分畛域，竭力宣扬。此种态度与精神，在近今学者中，实所罕觏。拟请行政院俯赐专案，呈请国民政府特予褒扬，以资激励。（《呈第四三号》，《教育部公报》，第2卷第13期，1930年3月29日）

4月3日，国民政府行政院训令教育部，经国民政府第六十九次国务会议议决，致电驻德公使蒋作宾代表政府吊唁卫礼贤，并询问教育部以前补助德国法兰克福大学中国学院经费有无停止，如已停止，以后每年应补助五千元，以为卫礼贤纪念讲座金。（《行政院训令第一三一〇号》，《教育部公报》，第2卷第15—16两期合刊，1930年4月19日）

3月30日　中国学会改选执行委员。

报载中国学会成立甫逾一载，各省同志加入者，已达三百余人。下午一时，假座俭德储蓄会讲演厅召开第三次会员大会，陈乃乾主席，通过修正章程草案，并选举陈乃乾、丁福保、胡朴安、胡怀琛、姚光、何炳松、姚明晖、吕志伊、周越然九人为执行委员，田桐、高燮、范啬诲、严庸、陈柱五人为候补执行委员。到会者甚为踊跃，唯前任编撰部干事胡朴安，以新就江苏省民政厅厅长，不克来沪，特委托其弟胡怀琛代表出席。（《中国学会改选执委》，《申报》，1930年4月1日，第4张第15版）

1931年1月19日，中国学会在《民国日报》出版《中国学会周刊》。截至1932年1月25日，共出53期。

本年春 陈钟凡兼任大夏大学国学教授，与蔡尚思相识。（姚柯夫编著：《陈中凡年谱》，第28页）

王蘧常亦于本年担任上海大夏大学国学系教授，忆及此段教学经历称：

> 我年三十，任大夏大学国学系教授，初讲唐宋文选课，点名时，座无虚席，讲未半，多早退者。我再点名，则不足十四五矣。明日，知我再点名，遂无逃席者。我又提议，读文必须先明大意，次则段落，精炼处，必须背诵，我将面试。盖秉唐先生教也。后忽得一匿名信，谓以教小学生之法对大学生，是可忍，孰不可忍。且少年得志，竟摆出章太炎大师架子，是可忍，孰不可忍。限你速改，否则当以卫生丸奉敬，下画一枪弹头，末署无畏英雄。我阅之大笑。明日上课，特朗诵之，闻者哄堂。（《王蘧常自传》，北京图书馆《文献》丛刊编辑部、吉林省图书馆学会会刊编辑部编：《中国当代社会科学家》第7辑，书目

文献出版社，1986年，第147页）

"大夏大学国文系，年来日有起色。除注重课外研究外，并请名人到校演讲。"（《大夏国文系演讲》，《民国日报》，1930年4月29日，第2张第3版）4月26日下午，聘请文学专家傅东华到校演讲，讲题为《现代文学的趋势及反对旧文学应有的态度》。傅时任暨南大学及复旦大学文学教授，"学问湛博，著作丰富"。（《国学系请专家演讲》，《大夏周报》，第81期，1930年4月30日）一说题为《现代文学的趋势及对于旧文学应有的态度》。"傅君剖析精详，听者甚为满足云。"（《大夏国文系演讲》，《民国日报》，1930年4月29日，第2张第3版）

此外，本年暑假前某星期二下午，大夏大学国学系还请光华大学教授钱基博演讲"如何读书"，内容分为共同读书方法与个人读书方法。"共同读书方法，钱先生介绍清大儒王兰泉、钱泰吉两先生的方法，极合于在校之研究。个人读书方法，又分内籀与外延。钱先生援据赅博，言议滔滔不绝，听众约四百人，均异常欢欣。后由陈柱尊主任致谢辞而散。"（《国文系请名人演讲》，《大夏周报》，第97期，1930年12月24日）

4月20日　金毓黻为刊载于《东北丛刊》创刊号的民国二年在北京听章太炎演讲的《国学会听讲日记》写按语。

1913年，金毓黻就学燕都，值章太炎设国学会于前门内某巷，遂入会听讲凡八日。不久，章遽以幽囚见告，会亦中辍。

先生自撰讲义，称引甚繁，而于讲义之外，发挥之精言妙义，余皆条记于简，为之至专且勤。此稿藏于箧中者多年，今

值丛刊问世，检以付之手民。余亲炙先生日浅，所记恐不免得
貌遗神之诮，覆校数过，不敢自信。然先生之弟子，如季刚、
逖先、中季诸公，皆余所师事，自谓于先生之门因缘甚深，故
忘其无似而终布之，倘使先生见之，虽以刻鹄类鹜见诃，所不
计也。（余杭章太炎先生主讲，辽阳金毓黻笔录：《国学会听讲日记》，
《东北丛刊》，第7期，1930年4月）

4月26日　中央研究院拟设中央国学馆一事中辍。

报载中央研究院为发挥中国固有国粹，保存古代文学精神，拟
筹设中央国学馆，罗致名人讲学，临时馆址，已觅定朝天宫。经费
前经该院拟定，连同建筑费、临开办各费，共需二十万元。经南京
政府行政院发交教育、财政两部会同核议具复，旋由两部于前日派
员审查预算，结果确定为十万元。昨已会呈行政院，请予核示，并
定拨款期间，自本年6月起至12月为止，按月筹拨。（《中央国学馆开
办费十万元》，《中央日报》，1930年4月26日，第3张第4版；《中央国学馆建
筑费》，《申报》，1930年4月26日，第2张第6版）

亦有报道称："自白话文学盛行以来，一般人咸视国学若敝屣，
以研究国学为朽腐，致所谓国学者，几已不绝如缕矣。"自国民政
府"决议"在首都南京举办"中央国学院"，"以期造成国学专家，
为递嬗数千年之国故文学维系将坠之命运"后，上海市教育局局长
陈德徵"亦有拟在本市办一国学院之说，且曾对于创办之意旨，有
恳切之说明"。"记者深知陈局长沈毅果敢，自接任迄今，仅阅一
年，而教育界已有极大之进展，与已往之教育行政成绩，盖已迥不
相侔。苟此举而更能实现，则造福国家，宁有涯涘哉。"（飞云：《陈

德徵拟办国学院》，《商声》，1930 年 5 月 2 日，第 2 版）

中央研究院很快对外澄清，所谓"国学研究""现均由历史语言研究所担任，并无另建国学研究馆之拟议"。（《中央研究院首都新建筑》，《申报》，1930 年 4 月 30 日，第 3 张第 11 版）

4 月 30 日　蔡尚思在《大夏周报》发表《国学系一个名称之商榷》一文，批评国学囊括中国固有文化的笼统观念，主张分为文字学、文学、史学、哲学新四部。

此文为蔡尚思著《中国学术大纲》序言的基本宗旨，从分析国学之定义及其分类入手，商榷大学国学系之名称与实际。首先批判学术界流行的"国学"概念，名不符实。

国是一国，学是学术；其在中国，就是"中国的学术"。既然叫做中国的学术，那就无所不包了；既然无所不包，也就无所偏畸了。乃现在一般学者，或以国故学为中华民族之结晶思想（曹聚仁君），或解国故学做中国语言文字学（吴文祺君），还有用史学眼光去观察一切的（如章学诚、章太炎等），以及误认国学为单指国文（此种见解，狭中之狭，诸老先生，大多如此），与中国文学的（海上一般大学，多叫中国文学系做国学系）。

类此见解，"仅得其一体，而未得其大全"。最带有偏见的当推章太炎，早年《国故论衡》分小学、文学、诸子学，上海国学演讲略改，变为经学、文学、哲学。陆懋德《中国经书之分析》一文，分为史学、哲学、文学，"亦说可用三类去包括一切国学"，与章太炎所分只是次序不同。以上国学分类不完整，关键因素之一是经部书籍难以确定位置。蔡尚思在京师大学校国学研究馆期间考察国学研究机构国学分类，又向王国维、梁启超等人请教，提出国学的新四部分类。

按中国的书籍，向来是分为经，史，子，集四库，史部今称史学，子部今称哲学，集部今称文学，惟有其中之经部，根本就不能成立：如《周易》《礼记》《论语》《孝经》《孟子》可并入子部，而属于哲学类的；《尚书》《春秋三传》《周礼》《仪礼》可并入史学类；《诗经》为文学类，可并入集部。至于《尔雅》，及《易传》，和公、穀之一部分，则属于文字学类的（旧称小学）。文字学，文学，史学，哲学，这就是我的新四部的分类。按国学的倡始地为北平，最高学府为研究院，如"北大研究所"的国学一门，计分哲学，文学，史学，语言文字学，考古学，艺术六组。以吾看来，艺术可与文字合一而为"文艺学"；考古学可归附于史学内。而清华的"国学研究院"，也有中国语言，历史，文学，哲学，音乐，及东方语言等之分。吾亦以为：音乐可与文学归并，东方语言可与中国语言合一。他若孔大的"国学研究科"，则仍保守四库之遗意：分经学，史学，哲学（子），文学（集）四类。至于我的分"国学"为"中国哲学"，"中国文学"（或文艺学——文学美术），"中国史学"（或史地学），"中国文字学"（或字法学——文字学文法学）的新四部，并非尽出于个人的意见；前在北平曾商过王，梁诸先生；而近日蔡子民先生亦认为"比较妥当一点"。

（蔡尚思：《国学系一个名称之商榷》，《大夏周报》，第81期，1930年4月30日）

与当时国学系纷纷改设中国文学系，眼光向外，参照西学人文学科分设文史哲的标准不同，蔡尚思批评其不符合国学广泛的内容，名不副实，初衷是企图接近中国固有学术的分类，最终使大学文科的专业设置，在结合西学基础上，趋于合理。他以北京国学研究机构的经验为据，对南方各大学以狭义的中国文学垄断"国学"的现况极其不满。

华北各大学，早有"国学研究院"之设；现在国学的势力，已经渐渐地跑到华中来了！所以京沪一带的大学，也多成立一个"国学系"。但在实际上，这个"国学系"，并不是新近才成立的，他就是本来的"中国文学系"；惟最近把"中国文学系"五字，改为"国学系"三字而已。于此可见其实止于"中国文学"，其名则大至国学——中国学术，国学既以中国文学与中国哲学、中国史学、中国文字学为四大部分；而今之大学中，却另设有"史地系"，而以"中国史学"附焉；尚有"哲学系"，而以"中国哲学"属之；由此看来，非国学系——史地系、哲学系——之中，反有国学（如中国史学、中国哲学等），而国学系——实只中国文学系——之中，反缺国学（中国史学、中国哲学）。所以"国学系"三个字，实还不如恢复故有名称——中国文学系——比较的不会和混。如其不然，硬要以"区区"的"中国文学"为"广大悉备"的"国学"，那我就不能（不）发出疑问：如"中国文学"固属"中国学术"中之一类，难道其余之"中国哲学""中国史学"……就不是"中国学术"中的几个重要份子么？像这般只研究"中国文学"的人，不承认"中国哲学""中国史学"为"国学"，则诸研究"中国哲学"或"史学"的人，也可以同样的不承认"中国文学"为"国学"。如果"中国学术"真的只有"文学"这一点东西，那这中国还算得有文化之先进国么？简直可以说做没有文化；就使有，也是不足观的。所以侮辱国学者，莫如这一般人。这种谬错，是很容易看出来的。

由于误解名词，与名词的误用，竟至如今一般会做几首诗或几篇文的，世俗人也称为"精通国学"。"其实国学的范围，既非常广大，而人又各有短长（如哲学，文学，史学，文字学等，一定不能皆长而无一短）。'精通国学'，谈何容易？"因此，必须把"国学系"名称，换回狭义的"中国文学系"。"如长此下去，则'国学'不但没有光大的希望；而且愈弄愈糟，恐怕将来的人，连'国学'一个名称，都不得其解。"退一步说，如不改名，至少也要使教授"国学大纲"（中国学术大纲）的教员中，中国哲学、中国史学、中国文学、中国文字学四者，同等待遇。（蔡尚思：《国学系一个名称之商榷》，《大夏周报》，第81期，1930年4月30日）

5月7日　报载香港基督教青年会近期举办国学问题演讲。

据称该会"近两星期演讲国学问题，赴会人数甚为踊跃"。为听讲诸君之"实益"与"兴趣"起见，特于演讲后加影谐画数本，由明远公司画片部"报效"。"闻是晚演讲，敦聘本港中医公会主席何佩瑜君莅会主讲，题为'中国医学源流及宜改进之点'，并蒙该会会长黄广田先生到场主席，想届时定有一番踊跃也，各界士女诸君盍兴乎来。"（《青年会之国学演讲》，《香港工商日报》，1930年5月7日，第4张第2版）

5月15日　暨南大学中国语文学系主任陈柱敦请国学专家叶恭绰莅校演讲"清代词学之撮影"。

先是，5月8日，报载陈柱敦请"国学专家"叶恭绰演讲消息，谓将于5月9日莅校演讲。除该系全体同学出席外，欢迎他系同学入座听讲，地点在暨南大学致远堂。（《叶公［恭］绰明日到暨大讲演》，《申报》，1930年5月8日，第3张第11版）事实上，5月15日方才正式演讲。"先生拟汇辑清一代之词为《清词钞》，搜集凡数千家，露钞雪纂，不辞劳累，应该校之请，因发其凡。"（退庵年谱汇稿编印：《叶退庵先生年谱》，1946年，第310—311页）不久，报载暨南大学竭力罗致海内名宿。文学院方面，词学专家叶恭绰"已允任教授"。（《暨南大学罗致硕彦》，《申报》，1930年7月16日，第3张第10版）

5月29日　无锡国学专修学校计划出版名流学术讲演集。

无锡国学专修学校改名后，扩充校舍，注重体育，校风为之大变。对于学生学业，尤为重视，除添聘教授外，又敦请名人演讲。本学期中，曾有苏省民众教育学院院长高践四讲"比较教学法"，中央大学教授雷宾南讲"从修学时代谈到教学时期"。"昨又请前该校教授、现任暨南大学中国文学系主任陈柱尊先生讲'中国古代道家思想之变迁'。现闻该校以历次讲题，皆出诸当代学术名人，正搜罗各学生签记，拟整理付印云。"（《无锡国学专修校将出学术演讲集》，《民国日报》，1930年5月29日，第2张第4版）

　　5月　持志大学国学系中国学会相集"造像"，有持志大学总务主任胡朴安，研究主任姜亮夫、姚明晖，出版主任胡怀琛。姜亮夫撰写题记。

　　姜亮夫认为，地理环境和历史文化都会影响学术的性质与变迁，西方文化以其地理环境制约，内部大同小异，中国文化以其悠久历史传承，与西方文化差异大于共性。近代中国接触西方后，只能幡然改革，才有出路，但为融合为人类整个文化起见，又有保留本身独特"性相"的可能与必要。

　　　　"学"为天下之公器，无问东西南北也！虽然学必有方所。方所既定之后，乃成为统系，为组织；方所未定之前，必有业缘，——以方所不能自足故。此业缘要不出两途：一为其生之立场之自然支配，简言曰地理。一为此立场上所表演之事象的衍变，简言之曰历史。因史地之差别，而学有同异，又因其差别之分量多寡，其同异亦大殊。大抵所差在地者，则"懋迁化居"，易于调和。——以地宜所与人生者其差在量不在质故。——其异小。如欧洲诸邦，同祖于希腊罗马，而又各异者是也；所差在史者，非根本翻造一方面之社会，或且锄而去之不为功。——以熏染大于本性故。——其异大。如东方西方之殊差是也。凡小同异，皆缘于一。万变不离其宗；凡大同异，皆各具其独立之性相，不相统属。赤县神州者，自有其不相缘属之历史，自生其特具性相之学术。故"中国学"一语，绝对成立。近人乃有以英格兰、法兰西诸邦无所谓"国学"而否认"中国学术"者，此不仅不知远西学术之原于一，英法不得专有；亦且不了所谓"学术"二字之性能与义界。——昔有见邻家富室孤儿而欲杀其父者。盖热念贪婪而又不案事象之大俱矣！大抵不知妄作，或因为狂论以取宠一时者耳！

学术固然各有其性相，在外力袭击之下，又不能长保壁垒，此为六朝不能不多玄言，宋儒不能不盗禅诠的根本原因。

　　盖学术虽为一方所而成立，而此方所之生人，固整个人类中之一分子，群爱之心，无东西之分别也。故吾人今后治中国学术之态度，当纯从人类之整个文化着想。以客观的态度，毋执着，毋专固，但求是处，既不可以今非古，是古非今；更不必曰："东方不如西方"，"西方不如东方"。庶中国学术，不自决于全人类文化之中；而但为敝帚败瓮，扶置床头壁隅间也。

勉励学生说："今者大地陆沈，豺狼当道，而学术之途，亦白骨萤火，腥风夜扇，正欺世者躇踌满志之期，亦我辈挣扎慷概［慨］之时。诸君皆盛年丰志，集义有为，视此衰朽，当如何而思！则本学会二年之时期，数十人之集团，非盲然而有也。"（《国学系中国学会序文》,《持志年刊》，第 5 卷，1930 年）

　　△　集美学校校长叶采真致函福建全省各中等学校，请求聘请集美学校国学专门部三十七名毕业生任教任职。

　　因毕业呈报手续耽搁，集美学校国学专门部学生迟至 1932 年 6 月才能领到毕业证书。叶采真函称：

　　敝校为欲养成中等学校国文教员，特于民国十五年八月，开办国学专门学校，修业年限，定为四年；入学资格，以旧制中学四年毕业者为限；所习学程，中国文学而外，史学哲学，及其他社会科学，亦在研究之列。迨十六年秋，因师资便利起见，移附厦门大学文科代表，其所修功课，与该校文科国学系合班讲授，完全相同。迄今修业期满，其成绩均斐然可观；且曾于五月间，在敝校中等各组实习，对于国文教学方法，亦有相当经验，爰将该毕业生一览表，奉呈台察，倘蒙贵校垂青，聘充国文科教员或职员，必能胜任愉快。

　　附《集美国学专门学校毕业生一览表》，详见表2。备注栏注明原名，今合并至姓名栏。（《致全省各中等学校函——介绍国专毕业生》，《集美周刊》，第245期，1930年5月26日）

表2　集美国学专门学校毕业生名录

姓名	性别	年龄	籍贯	专攻学科	通讯处
王家梁	男	25	仙游	国文、文字学、中国史	仙游城内则安药局
王成竹	男	26	安溪	国文、文字学、中国史、文学概论、中国文学通论	安溪城内南街岁寒斋
方时言	男	22	云霄	国文、文字学、中国史、文学概论、中国文学史	云霄南阳街利用
包树棠	男	30	上杭	国文、诗词、文字学、中国文学史	上杭县庆丰
汪玉聪	女	24	金门	国文、中国史	金门后浦振芳号

续表

姓名	性别	年龄	籍贯	专攻学科	通讯处
宋庆嵩	男	27	莆田	国文、中国史	莆田城内双池
沈奎阁	男	28	诏安	国文、词曲、中国文学史	诏安仕江村梅边学校
李绍芙	男	24	长汀	国文、文字学、中国文法、文学概论、中国文学史、日文	长汀河田聚盛店
李宏（原名宏溥）	男	27	广西平南	国文、刑法、中国文学史	广西大安大坡广福堂转秀汪洞
洪嘉谟	男	33	漳浦	诗文、国文法	漳浦县杜浔下东社
吴锡福	男	24	安溪	国文、文字学、中国史、文学概论、中国文学史	安溪县内南街
吴景澂	男	27	莆田	国文、中国史	莆田城内下务巷
林铿	男	27	莆田	国文、中国哲学、中国史	莆田城内观桥头
林成章	男	23	安溪	国文	安溪西坪
林采逢（原名汝泳）	男	23	永春	国文、国文法、文学概论、中国史、中国文学史	永春蓬壶
涂开佗	男	24	莆田	中国史、学校行政、课程编制	莆田城内砺青中学转
徐伦（原名子翚）	男	23	浙江江山	国文、文字学、中国史地	浙江江山张吉和号转
周品瑛	男	23	浙江江山	国文、国文法、中国文学史、中国史地	浙江江山毛斋生堂转

续表

姓名	性别	年龄	籍贯	专攻学科	通讯处
韦方	男	24	广西桂平	国文、社会学	广西大安罗秀
覃春	男	22	广西容县	国文、中国史	广西容县西街义兴转
曾传薪（原名国粹）	男	33	惠安	国文、诗词、文字学、中国史、中国文学史	惠安东门外安固
温树校	男	20	仙游	诗词、韵文、文学概论、中国文学史	仙游南门外协源号转
郭葆琼	男	30	莆田	国文、文字学、中国哲学	莆田城内凤山巷
陈惟深	男	23	晋江	国文、文学史、中国史	泉州城内金鱼巷
陈国荣	男	32	莆田	国文、文字学、中国史、中国文学史	莆田城内小西湖
陈凤翔	男	28	莆田	国文、地理、文学概论	莆田城内水窟头德家号转锦墩村
陈植亭	男	23	晋江	国文、文字学、人生哲学	泉州城内谊师巷口
陈开泰	男	26	南安	国文、中国史	南安诗山
程履咏	男	29	莆田	国文、国文法、中国史、文字学	莆田黄石街大成号转
程履新	男	27	莆田	国文、中国史地、中国文学史、学校行政、课程编制	同前
黄玉镰（原名黄绥）	男	21	莆田	国文、中国文学史、文字学、学校行政、乡村教育	莆田城内后塘
叶振基	男	23	安溪	国文、词曲、中国文学史	安溪参内乡

续表

姓名	性别	年龄	籍贯	专攻学科	通讯处
蓝飞凤	男	23	惠安	国文、中国史、文学概论	泉州私立中学校转
刘文献	男	32	仙游	国文	仙游何岭头邮柜转内洋村
谢新周	男	26	安溪	国文、国文法、国音、中国文学史、中国史、文学概论、文字学	安溪城内复新街复美茶店
郑开波	男	24	永春	国文、文字学、国音、中国文学史	永春鹏翔学校
郑榆明	男	27	莆田	国文、文字学	莆田城内广奇兴

同月，国学专门班学生由厦门大学前往集美学校实习，集美学校中学校教务主任李荣锦指导。并举行毕业试验，毕业证书由厦门大学转呈福建省教育厅核准验印发遣。其呈报毕业手续，奉教育厅指令，谓须由厦门大学办理。辗转延搁，至1932年4月28日，福建教育厅验印毕业证书后，寄交厦门大学转发。1932年6月，集美学校接据通知，即派人领回证书，并遵照指令，补盖校主陈嘉庚印章，以完手续。（《集美学校编年小史》，第23、27页）

6月6日　来雨生在《上海报》撰文，主张"昌明国学，以救中国"。

内称国学是孔道和纲常伦理学说，为中华立国之本。"夫国学者，国运之命脉依焉，国粹之精神存焉，国势之强弱属焉，教育之所由起，道德之所从出也。"要使国运隆治，人心诚止，舍"昌明国学"，别无他途。（来雨生：《昌明国学以救中国》，《上海报》，1930年6月6日，第1版）

6月10日 徐家汇徐汇师范教授张梦痕求聘国学诗词书画教授工作。（《团体消息》，《申报》，1930年6月10日，本埠增刊第2版）

6月24日 持志大学举行毕业典礼，国学系毕业共计二十五人。

据《持志年刊》第5卷载，持志大学文科国学系主任胡朴安，教授有陈去病、胡怀琛、姜亮夫（国学概论、音韵学教授）、吕思勉。据毕业照，本年文学士毕业于国学系者有二十五人，姓名及籍贯如下：马后章（安徽桐城）、江镜蓉（广东饶平）、陆光杰（江苏松江）、黄赞尧（广东兴宁）、杨明皓（江苏吴江）、刘鸿星（福建仙游）、陶秋英（江苏吴江，女）、陈本仁（广西北流）、覃予任（广东，女）、顾廷龙（江苏吴县）、杨杞材（江苏青浦）、金翰宗（江苏崇明）、程祖欣（江苏青浦）、张礼瑜（江西玉山）、胡超伦（江苏青浦）、潘江（江苏青浦）、林逸民（广东文昌）、黎念劬（江西九江）、陈国勋（江西崇仁）、王佩珊（江苏海门，女）、刘佩初（福建仙游）、蒋焕章（江苏吴县）、刘信秋（安徽当涂）、姚公弼（安徽）、王苡（江苏泰县）。（《持志年刊》，第5卷，1930年）

顾廷龙毕业后，考入燕京大学国学研究所。

6月25日 暨南大学在《申报》登载招生广告，其中大学部、师资专科只招国文组（免学费）及外交领事专科一年级生，国学概论、中国文学史均是考试科目之一。（《国立暨南大学招生》，《申报》，1930年6月25日，第2张第6版；《暨南开办暑期补习学校》，《申报》，1930年7月9日，第3张第11版；《暨南大学近闻》，《申报》，1930年8月20日，第5张第17版）

6月底 无锡国学专修学校举行第五班第五届学生毕业礼，二十九人毕业。

唐文治记云："五月秒，行毕业礼，即放暑假。毕业者，学生许寿平等二十余人。"（唐文治著，唐庆诒补：《茹经先生自订年谱》，沈云龙主编：《近代中国史料丛刊》第三编第九辑，第102页）实际毕业者二十九人。（《校史概略》，《无锡国学专修学校十五周纪念册》，第3页）未毕业学生九人。据1931年6月《国专校友会集刊》特载"第五届毕业同学"和"未毕业同学"，录为表3。

表3　无锡国专第五届毕业同学录

姓名	字	年龄	籍贯	经历	通讯处
丁学贤	迪豪	21	安徽无为		无为一字城刘谦泰号
王冰川	天任	22	江苏丹阳		丹阳南门福成酱坊
王正气	浩然	25	江苏高淳		高淳东坝王隆泰号
王绍曾	介人	21	江苏江阴	上海商务印书馆职员	无锡傅璜塘或上海极司非而路中振坊一五号
王祖荫	文森	21	江苏无锡		无锡北门外布行弄王氏医室
方骥龄	云程	20	江苏江阴		无锡祝塘
孔令焕	成章	20	江苏高淳	高淳清乡局职员	高淳固城镇朱森顺号
朱星元	毅兴	19	江苏宜兴		宜兴大浦镇
宋应宏		26	江苏江阴		江阴璜塘钱隆昌号
宋宝书	玉森	25	江苏盐城		盐城冈门西公
吴世湛		23	江苏海门	肄业上海法学院	海门大生三厂市场或上海江湾路上海法学院
施闲	病飞	25	江苏海门		海门长东王延生堂
柳铎	仲铎	24	江苏镇江		镇江新河街八五号
马燮基	理臣	21	江苏无锡	杭州电话局职员	无锡西水关或杭州西浣纱路七弄一号

续表

姓名	字	年龄	籍贯	经历	通讯处
倪攀龙		21	江苏无锡	仪征县政府科员	无锡槐树巷或仪征县政府
翁以观	智田	20	江苏武进	无锡竞志女学教员	常州察院弄民元里或无锡竞志女学
许寿平	成侯	22	江苏上海	上海宏远美术铸金公司职员	上海卢家湾康悌路康悌坊一号宏远美术铸金公司
黄聿祥		22	江苏盐城	上海东南女子体育专门学校教员	盐城北沟墩镇王裕兴号或上海东南女子体专校
张功元	寿毓	20	江苏江阴	南京内政部科员	江阴城内小塔巷一号或南京内政部
张光昶	曜堃	25	江苏江阴		江阴璜塘万和烛号
张浩镇		22	江苏无锡	无锡南门实验民众教育馆职员	无锡西门外棉花巷九十九号或南门外实验民众教育馆
张新异		22	江苏无锡	无锡江南中学教员	无锡南门外清名桥下塘
过瑞烱	养和	22	江苏无锡	无锡培南中学教员	无锡南门外培南中学
邹静九		26	江苏武进	常州延陵中学教员	常州东戴镇或常州延陵中学
赵荣长		20	江苏江阴	上海商务印书馆职员	江阴西大街永裕衣装对门或上海极司非而路中振坊一五号
巢箴	叔杰	23	江苏武进	宜兴精一中学教员	常州奔牛西夏墅
钱锺夏	禹暮	22	江苏无锡	上海商务印书馆职员	无锡西门日晖巷或上海极司非而路中振坊一五号

续表

姓名	字	年龄	籍贯	经历	通讯处
蒋庭海	克明	25	江苏武进		常州东青镇代度桥
蒋庭荣	毅厂	21	江苏武进		常州东青镇代度桥
无锡国专第五届未毕业同学录					
王尘摩		21	江苏海门		海门三星正张大兴号转
朱补钧	公束	26	浙江余姚		余姚驿下协生木行转或上海极司非而路三六号朱宅
周朴	木斋	21	江苏武进	前任上海泰东书局职员	常州公园路
何邦远		22	江苏江阴		江阴后睦祝义源号
胡德彰			江苏青浦	上海复旦大学修业	青浦或上海复旦大学
章幹	世桢	22	江苏无锡	汉口盐务稽核处职员	无锡小河上三二号或汉口一元路五号盐务稽核处
张宁	宁人	23	广西容县	广西北流隆盛市第三初级中学教员	广西容县杨梅市致祥和转或北流隆盛市第三初中
汤中	时斋	27	江苏武进	武进七区公所助理员	常州寨桥老广生药号
蒋贵春	植之	20	江苏武进		常州寨桥老广生药号

△　中国大学国学系第五班学生毕业，计有廖国英、王振德、刘士琨、万超恒、王士杰、李文彬、齐振勋、张国黻、周士龙、陈平澜、冯慧德、高公润、张固、樊库十四人。（《历届毕业同学姓名

录》,《一九三五之北平中大》)

　　△　大夏大学国学系首次有三位学生毕业。

　　结合《大夏年鉴》(1930)、《私立大夏大学一览》(1931)所载《毕业生名录》，可知本年6月大夏大学国学系本科学生首次毕业，得文学士学位的学生有赵徵熊（广西桂林）、张道仁（江苏高邮）、张元和（女，安徽合肥）三人。本年文学院国学系在读学生共计五十人，分别是：四年级李晰（广西邕宁）、张纪寿（江苏宜兴）、彭绪芳（女，贵州贵阳）、胡可文（女，安徽凤阳）、张鹤文（广东龙川）、邓小瑶（女，广东开平）；三年级易接连（江西萍乡）、何光祚（江苏武进）、谢燕卿（浙江鄞县）、伍培之（广东新会）、程冠甫（江苏盐城）；二年级丁仲皋（江苏启东）、李其刚（浙江义乌）、范培渊（安徽和县）、傅本澄（四川巴县）、郑绍成（江西上高）、傅大本（江苏南汇）、易鸿浦（湖南湘阴），特别生解若冰（浙江黄岩，哲学系）；一年级应普汉（浙江黄岩）、丁怀骥（女，江苏吴县）、朱智熙（安徽和县）、李英浒（四川营山）、李淑（女，山东滋阳）、李立群（广东五华）、汪应荣（江苏江宁）、张荃（女，广东揭阳）、许传经（安徽合肥）、盛沛泉（江苏常熟）、郑家禔（女，湖南长沙）、陈焘仁（福建莆田）、陈贯（江苏金坛）、张承炽（安徽合肥）、喻达建（江西奉新）、李应藩（广西北流）、胡信琪（四川荣昌）、陈绍伦（江西南昌）、蔡静真（女，浙江绍兴）、虞岫云（女，浙江镇海）、黎茂煊（广东崖县）、黄淑芬（女，广东蕉岭）、陈振夏（福建莆田）、王叔凫（安徽合肥）、沈缵绪（浙江绍兴），特别生王从炎（安徽合肥）、邬宗镛（安徽怀宁），试读生叶敦煌（福建同安）。此外，许荣、潘宗良、范培庭三人，未见年

级和籍贯信息。(《文学院各系》,《大夏年鉴》,1930年;《毕业生名录》《学生名录》,《私立大夏大学一览》)

△　黄斐默在《中华公教青年会季刊》发表《论研究国学之途径》一文,提出研究国学的途径是推理、审美、考证、研辞和辨声五种。

此文为《中华公教青年会季刊》读书专号撰写,笔名"恬庐"。此文推崇戴震读书三难,即淹博难、识断难、精审难,确为读书三要隘,贵在方法。推理即理有邪正是非,不能入主出奴。审美即从古今中外繁多的书中分清美恶高下,厘清精华糟粕。考证旨在防止自欺欺人。宋儒言经则望文生义,言理学则附会可憎。而考证学合乎科学方法,极盛于清。近代考证家,最推服王国维、陈垣二人,治国学纯以科学方法治之。审订书籍真伪增窜的方法,以辨真本、伪本、原本、增本、删本、舛本等分别,列举辨别之法有十四端。(恬庐:《论研究国学之途径》,《中华公教青年会季刊》,第2卷第2期,1930年6月)

黄斐默（伯禄）曾辑《集说诠真》,为辟多神迷信之俗而作,光绪己卯年上海慈母堂藏板,四册,及提要一册,续编（庚辰）一册。胡适留学期间曾读此书,认为所引书籍至二百余种之多,"亦不可多得之作"。"其说处处为耶教说法,其偏执处有可笑者。然搜讨甚勤,又以其出于外人之手也,故记以褒之"。(曹伯言整理:《胡适全集》第28卷,第277页)

7月16日　报载苏州青年会组织暑期学术演讲,邀请钱穆讲"国学概论"。

苏州青年会利用暑期,提倡学术研究,沟通中西文化起见,续办第三届学术演讲,延请国内硕学通儒,分任演讲。自7月21日起，逢星期一、三、五上午八时至十时，为演讲时间。一时报名听讲者甚多。演讲者及其科目包括：汪甘卿（考古）、吴瞿安（词曲）、蔡云笙（诗词）、朱稼秋（哲学思想）、金松岑（考古诗）、卫聚贤（考古）、钱穆（国学概论）、王佩净（考古）、范烟桥（文学）、李印泉（考古）等。（《苏青年会暑期演讲》，《申报》，1930年7月16日，第3张第10版）

7月20日 无锡国学专修学校校长唐文治函请暨南大学文学院教授陈钟凡兼任特别讲师。

函称："敝校办理国学，亟赖名硕倡导，发扬光辉。台端为学界泰斗，陶铸群伦，万流共仰。前托陈柱尊君代陈鄙悃，敦请高贤为敝校特别讲师，荷蒙金诺，允于下学期每月莅临讲座二次，曷胜佩慰。讲题请每届先期示知，以便公布。每学期薄奉车费八十元……"（姚柯夫编著：《陈中凡年谱》，第29页）

7月23日 胡适为《胡适文存》第三集写序，第2—4卷为整理国故文字。

胡适序云，卷二几篇文字可以表示近来对于整理国故的"意见"，卷三三篇只是治学方法的三个例子，卷四是整理佛教史料的文字。第五、第六卷都是考证旧小说的文字，也可说是整理国故的一部分。其中，卷二有《几个反理学的思想家》《治学的方法与材料》《整理国故与"打鬼"》（给浩徐先生信）、《读书》和《庐山游记》，卷三为《〈左传〉真伪考的提要与批评》《入声考》和《读〈吕氏春秋〉》，卷四有《禅学古史考》《从译本里研究佛教的禅法》《菩提达摩考》（中国中古哲学史的一章）、《论禅宗史的纲领》《白居易时代的禅宗世系》《跋宋刻本〈白氏文集〉影本》

《海外读书杂记》，而第五、第六卷主要是探讨《红楼梦》《忠义水浒传》《三侠五义》《海上花列传》《儿女英雄传》《官场现形记》《老残游记》《宋人话本八种》《镜花缘》等的考证、序跋与通信。（《自序》，郑大华整理：《胡适全集》第3卷，第1—3页）

7月26日　报载天津市教育局来年拟办国学研究所。

据称天津市对于来年教育事业的计划，学校教育方面首务是实施义务教育，其次是建设学术上各种设施，发展"故有之国学及研究新进之科学"。其中之一，即设立"国学研究所"。"教局以研究国学，拟设立国学研究所一处，以保存国粹发扬国光为目的。学术上，因哲学、史学两项按［接］近民情国情，拟用以为基础。此所设立约须一万四千四百元。"此事目前正呈请市政府审核，如蒙核准，将立即实行。（《本年度之市教育计划》，天津《益世报》，1930年7月26日，第4张第16版）

8月10日　广州《前锋周报》"谈锋"栏陆续发表讨论国学研究的文章，试图从民众阶级立场，区分精华与糟粕。

署名"锦轩"者主张连根拔去"荒谬绝伦"的国字号腐化思想，全盘接受现代的世界新文化，并使之渗透到民族精神里去，以为丰富新生的民族主义文艺的滋养料。锦轩提出三个口号："我们要将腐化思想连根拔去""我们解剖民族堕落的病症""我们创造新的向上的意志"。自大自是乃黄帝神裔数千年传下来的习惯。本要排外，打倒洋鬼子，可惜工业不如人，武器不如人，无可奈何之下，只有自诩精神文明，倚为排外盾牌。

于是，参茸肉桂粉甘草的狗头郎中（失敬了）头上也戴一顶国字冠，成了威威赫赫的国医；舞棍弄棒的耍把戏的，也就一登国门，身价百倍，大有如拳匪之威风：只要赤手空拳，指东击西，指南击北，那消几下工夫，洋鬼子便吓坏了；蓝衫秀才，居然也就借了国字，做了大学国学的"破落非是见"。总之，有"国"字的都可以应运而生，真是猗欤盛哉，大有中国从此复兴，平步青云之势也。

"天朝人"附会的毛病，似乎如今各种主义，古已有之，各种机器，公羊子早已发明，黄帝更加创造了指南针，今后有人发扬光大，就不怕洋鬼子不捧着降表来投奔。然而，挡箭盾牌迄于今日已经无用。拳匪与洋鬼子，广州的马桶阵和洋鬼子的洋枪大炮，都对阵过，皆以失败告终。

然而，好像不久以前，中国人对于国粹这件事，又似乎唱得很起劲，真如狂风暴雨，一会儿国技国学，一会儿又是什么国医与国乐了。而且，尊孔崇圣，更是三令五申，至今，却似乎还在蓬勃地滋长着。

实则国粹两字很难解，本义欠明白。"根本便是空空洞洞欺人自欺的东西，用国粹来排外，满不过是拳匪思想的复活，与排马桶阵来挡洋枪大炮一样的顽意儿而已。"许多富有天才的人因此而牺牲，中国只见"开倒车"。如果说过去的凡百事物都是国粹，那么封建思想、腐朽文化、荒谬学术、堕落生活，都可拿来发扬一番，孔老二，大刀关羽，也得三跪九叩、杀牛宰羊祭祀一番。如此发扬国粹，对于民族既无益处，目前也无需要。"我可以斗胆的说，骂我汉奸也好，骂我国贼也好，这些东西只是毒害我们民族的，阻碍我们民族的进展的。有百害而无一利，我们不需要，我们绝对的不需要！""目前我们所需要的，要将现代的世界新文化全盘承受，使它渗合到我们民族精神里去，使我们新生的民族主义文艺得到丰富的滋养料。"（锦轩：《发扬国粹》，《前锋周报》，第 8 期，1930 年 8 月 10 日）

8 月 17 日，署名"泽明"者在《前锋周报》"谈锋"栏发表《两种国粹》一文，将国粹分为历来士大夫所宣扬拥护的礼教和民众所信仰拥护的风习两种。风习未必都坏，如端午竞渡是极高的民众的体育，和各国赛船完全一样，值得赞许。又如七夕乞巧、中秋赏月，都是极富于诗趣的韵事，终养美意识的好机会。礼教未必都是"传诸万世而不变，放诸四海而皆准"的，譬如贞节牌坊，此时此地便不能提倡，否则便是泥古不化。

实际上既称为国粹，至少要对于全国民众有利益的东西，方始名副其实。但是现在一般礼教中人国粹论者却只承认自己一伙儿的国粹，不承认民众的国粹。这就是所谓"只许州官放火，不许百姓点灯"的勾当。我们此后，对于我国的东西，不论是国粹或者是国糟，应当立场在全体民众的利益上，把它来秤一秤，称一称，然后替它定一个价值出来；如果是对于民众全体有利益的，才是真国粹，才值得提倡，只是单代表一部分的利益的，是假国粹，我们非打倒它不可。（泽明：《两种国粹》，《前锋周报》，第 9 期，1930 年 8 月 17 日）

8月14日 私立正风文学院院长王西神登载招生广告，自称海上研究国学唯一学府，成立已及三年，以阐扬国粹，启发新知为宗旨。

兹招考本科一年级新生、二三年级转学生，附设国文专修科。即日起至8月26日报名，8月20日至8月27日考试。（《私立正风文学院招生》，《申报》，1930年8月14日，第2张第5版）

8月16日 啸天讲学社改名国学补习学校后，首次开讲。

本年2月中旬，啸天讲学社向国民党上海特别市执行委员会民众训练委员会呈报章程登记表，恳请备案，公推由委员会主席兼教育局局长陈德徵审查。（《市民训会委员会议》，《申报》，1930年2月16日，第4张第14版）旋奉上海市教育局命令，改称国学补习学校。8月16日开学，科目有中国文学史、中国哲学史、中国文化史及中国文史哲学名著选讲。甲班旧同志，继续讲授。乙班新同志，从头讲起。时间为每晚七时至九时，学费每月三元，讲义费一元。（《国学补习学校》，《申报》，1930年8月12日，本埠增刊第2版）

8月20日 《申报》广告登载章太炎演讲、曹聚仁整理的《国学概论》广告，称为师范及高中最良好的课本。（《申报》，1930年8月20日，第2张第5版）

8月 刘仲山在《希望月刊》连载《说明国学研究书目及大义与读法》一文，分国学书目为经史子集四类，并附小学、佛学唯识宗类书目。

要研究国学，必先知道材料，材料就是经史子集，但是这四部书内，各种注释甚多，并且有些是对的，有些是不对的，还有一些是伪书，不是真的，所以在研究国学之先，就要知道对不对，和真与伪，不然就枉费金钱，徒耗光阴了。余在此四部中，选择几种最要的，列在下面，每种下说点大义与读法，使人人都知道这种书有甚么用处，也就不枉自研究国学了。国学是拿来修身齐家和治国平天下用的，不是拿来冲壳子图抛文的，把这点宗旨认清楚，就知道国学的价值了。

具体分类如下：（甲）经类，包括《四书》（《论语》《大学》《中庸》《孟子》)、群经（《诗经》《书经》《易经》《礼经》《春秋》《尔雅》《孝经》)。（乙）史类，包括《史记》《汉书评注》《国语韦注》《国策韦注》《资治通鉴》《通鉴纪事本末》《宋元纪事本末》《明史纪事本末》《明史》《清史纪事本末》《历代通鉴辑览》《读通鉴论》《史通》《文史通义》《文献通考》，分析研究参考书有《先秦政治思想史》《中国学术思想变迁史》《中国文化史》《中国文学史》《中国伦理学史》《中国教育史》《中国宗教史》《中国哲学史大纲》，研究历史书有《中国历史研究法》《历史研究法》。（丙）子类，包括《道德经讲义》《南华经解》《列子》《淮南鸿烈集解》《论衡评注》《墨子间诂》《墨子间诂笺》《墨学分析》《墨学微》《墨子学案》《管子校正》《荀子集解》《春秋繁露义正》《盐铁论》。兵家与医家有武经七书，即《孙子十三篇》《吴子六篇》《司马法》《六韬》《三略》《尉缭子》《李卫公问对》，医家有《黄帝内经》《伤寒》《金匮》。（丁）集类，词章文学类包括《楚辞》《文选》《文心雕龙》《杜工部集》《李太白集》《韩昌黎集》《柳子厚集》。政治与学术类包括《日知录》《明夷待访录》《东塾读书记》《困学纪闻》。性理学类包括《宋元学案》《王临川集》《明儒学案》《宋儒学案》《性理易读》《皇极经世》《王阳明集》《近思录集注》。此外，小学书目包括《说文句读》《说文释例》《尔雅义疏》《六书分类》《说文通训定声》《经传释词》《经义述闻》《广雅疏证补正》《读书杂志》《尔雅今释》《说文部首笺正》《夏小正》《六书释义》《切韵考》。附佛学唯识宗书目：《大乘起信论疏》《摄大乘论》《解深密经注》《成唯识论述记》《佛地经论》《瑜伽师地》《楞伽经会译及心印》《一切经音义》。（刘仲山：《说明国学研究书目及大义与读法》，《希望月刊》，第7卷第8期，1930年8月；第7卷第10期，1930年10月；第8卷第6期，1931年6月；第8卷第7期，1931年7月）

△ 无锡国学专修学校招收第九班学生八十六人。

唐文治记云："八月，考取新生两班，共八十六名。"（唐文治著，唐庆诒补：《茹经先生自订年谱》，沈云龙主编：《近代中国史料丛刊》第三编第九辑，第102页）

第一学年分甲乙两班教授，以后一年级学生人数如超过五十人，均分班教授。（《校史概略》，《无锡国学专修学校十五周纪念册》，第3页）

9月3日 邹登泰开办国文夜校及函授学校。

据称邹登泰"明经博学""精通国粹"。历任上海国立交通大学、国立商科大学、私立南方大学、仓圣大学、大同大学等校"国学教授"，并著《五经通编》《文体原始》《说文部首疏证》等编，能于国学中占一席。"兹为保存国粹起见，于白克路金业学校、西门外江阴街染业学校两处设国文夜校，并办函授，谆谆指导，教授颇具热心，以故踵门求学者不绝。现届秋季始业，想门情桃李必有一番盛况也。"（《国文夜校及函授之开办》，《申报》，1930年9月3日，第3

张第12版）

9月13日　无锡国学专修馆及上海持志大学肄业生陈松茂拜访钱玄同。

据说陈松茂是钱穆和闻宥的学生，要进北京大学研究院，上午六时顷，由容肇祖、顾颉刚介绍拜访钱玄同。陈有志研求甲骨文，想做一部《甲骨文编》。钱玄同拿了他几篇笔记看后，认为"很平常"，不知道北大意见如何，介绍往见马裕藻。（杨天石主编：《钱玄同日记》整理本中册，第758页）

9月17日　戴季陶致函国立中山大学学生，提及中大学生毕业须经国学考试。

戴季陶因国民政府中央职务所系，不能专力大学任务，辞去中山大学校长一职。同时向中大学生提出十二项希望。其中，第五项曰：

> 民信不立，民体不强，文化之衰，此为大因。本大学以三民主义考试、国学考试、体育考试为各科系学生毕业之必要条件，斯乃救国救种之要义，断不可视为具文。至其标准之制定，方法之改良，要当由专家悉心考虑，乃克完成者也。〔广东省档案馆藏中山大学档案，20（9）：7之一〕

9月　徐绪昌开始编辑《国学论文索引续编》。

本年9月间，徐绪昌服务于北平图书馆，任续辑《国学论文索引》事，采集杂志报章八十余种，得论文与前编略相等，因都为一册，付诸手民。"所收除少数系民国初年出版者外，余均最近出版之新刊物，有关于国学者至巨。兹续为结一总账，学者手此一编，三二年内鸿篇巨制，又可按图索骥矣。"方法大体赓续前编规模，间有更张，如语言文字类中之说文切韵广韵，均不另立专目，悉包括于专著之下，金石类中因材料关系，特辟印章一门。前编未收全之刊物，本编虽有所弥补，仍未搜全。又年来因时局关系，交通阻隔，定购杂志每不能按期收到，多有挂漏，统俟三编补苴。（徐绪昌：《国学论文索引续编后记》，北平图书馆编纂部索引组编辑：《国学论文索引续编》，中华图书馆协会，1931年）

北平图书馆曾经刊布广告，描绘其学术意义，内称：

君欲流览近三十年来关于国学之论文乎？君亦曾思近三十年国学论文之繁富重要，而不可不一流览乎？君亦一思欲流览近三十年之国学论文而茫无适从乎？君若购得《国学论文索引》一编，则散在数万册杂志内之三千余篇国学论文，可因性质以求类，因类以求篇，因篇以求杂志之卷数号数，因卷数号数以求之杂志，无不得也。无此书以前，数万册之杂志，几成废物；自有此书以后，持此钥匙则数万册之杂志，人人可得利用也。（《国学论文索引出版广告》，《国立北平图书馆馆刊》，第4卷第1号，1930年2月）

与前编相比，续编增加收录五十二种杂志，具体如下：《一般》，《小说林》，《女师大学术季刊》，《大公报·文学副刊》，《文华图书馆科季刊》，《文学周报》，《文艺杂志》，《文献丛编》，《中央研究院历史语言研究所集刊》，《中央大学半月刊》，《中央大学国学图书馆年刊》，《中国公学大学部中国文学季刊》，《中国营造学社汇刊》，《中华教育界》，《中华小说界》，《北平图书馆馆刊》，《北大社会科学季刊》，《北新半月刊》，《史料旬刊》，《史学杂志》，《史学年报》，《民铎杂志》，《成大史学杂志》，《地理杂志》，《江苏苏州图书馆馆刊》，《武大社会科学季刊》，《吴淞月刊》，《东北大学周刊》，《东北丛刊》，《金陵光》，《音乐杂志》（北平北大），《音乐杂志》（中华音乐改进社），《南开周刊》，《哲学月刊》，《哲学评论》，《师大国学丛刊》，《雅言》，《国语旬刊》，《船山学报》，《清华周刊》，《国学月报汇刊》，《海潮音》，《掌故丛编》，《齐大月刊》，《新晨报副刊》，《新月月刊》，《辅仁学志》，《认识周刊》，《乐艺》，《辽宁省立图书馆馆刊》，《学报》，《艺林》。

10月10日　燕京大学国学研究所借《燕大月刊》出版《国学专号》。

专号发表燕京大学国学研究所导师顾颉刚《论易系辞传中观象制器的故事》，同学董允辉《清孙诒让先生传》、张长弓《清商曲辞研究》、牟传楷《晚明史籍跋文三则》、班书阁《五代史记注引书考序》，以及北平研究院奉宽《元国姓考》等文章。

据寿林《编辑后记》说，《国学专号》1930年8月已经编辑完成，但迟至两月后才出版，一是奉宽《元国姓考》附注的蒙古文"曾经过两次的钞录"，为免排印错误，请作者校对一两次，需要时间；二是编者进行迟缓。此次专号没有特别目的，也不是燕京大学国学研究所同学研究结果的整体表现。"不过是为了《燕大月刊》社的要约，借了他们的地方，使读者对于我们，作初次的会晤。"编辑一切依照本来样子，篇幅受到限制。"因此同学们许多有系统的较长的稿子，都不能在这里发表。其中如班书阁君的《五代史记注引书考》，白寿彝君的《朱熹著述考》，还有其它的几篇论文，都不能不暂时割爱"，以及寿林所写一篇《二南研究》，都只有留待将来。可以自慰之事，即有导师顾颉刚、北平研究院奉宽的文章，"都是最近精心之作，而且都是一般人没有注意到的重要问题"。燕大国学研究所所长陈垣审订稿子，马季明、顾颉刚"帮助最多"。（寿林：《编辑后记》，《燕大月刊·国学专号》，第6卷第3期，1930年10月10日）

△　山东济南私立齐鲁大学国学研究所成立，将国学教育与研究相结合，栾调甫为第一任所长，研究员主要由文学院各系教师兼任。

据许慕贤回忆，本年春，齐鲁大学文学院院长林济青在北京得知燕京大学经管着一笔美国方面用来研究中国文化的款子，设想申请用以扩展国学系主任栾调甫指导部分学生研究中国古代学术，借资贡献学校。院长对栾是有所了解的，但也只限于从梁启超给栾的信中得知其对中国古代学术有所研究而已，至于研究的深度和广度如何，能否负得起国学研究所的责任，"还是须要摸摸底的"。因此他回来后，马上就同栾商量。栾把手边的《国学》《东风》《齐大旬刊》《齐大心声》等，翻给院长看，并说：

> 这里边绝大多数都是我们《文学社》的成员写的，都是国学系的毕业生，只要把他们找几个回来，研究工作就有了帮手。院长再去北京请几位名教授来，一面担任研究工作，一面担任教课，这样对研究所和学校都有好处。

院长听了很以为然，于是就把组织国学研究所的事交给栾，让他去找《文学社》的成员回校工作。院长本人去北京请来舒舍予（老舍）、郝立权、余天庥、陈祖裕、谢惠等，分别在各学系任教，一面就所教学科联系中国古代学术进行研究。这些人的薪金都由研究所开支，研究项目由各人自选，俟有成就，统由研究所汇编上报。齐大国学研究所就这样宣告成立了。（许慕贤：《齐鲁大学国学研究所简介》，中国人民政治协商会议山东省济南市委员会文史资料研究委员会编：《济南文史资料选辑》第5辑，1984年，第152—153页）

根据1928年10月霍尔遗产董事会制定的美国国外教育基金分配方案，中国有六所大学可从霍尔遗产中得到资助，其中齐鲁大学可获15万美元，用于医学院的发展。另外在由哈佛燕京学社掌握的限制性开支中，齐鲁大学可以获得20万美元的资助，但该项经费有按年拨发和必须专门用于国学教学与研究的条件。栾调甫提议设立国学研究所，积极推动国学教育，除了燕京大学的榜样之外，还有争取霍尔基金的经济考量。据钱穆说，顾颉刚当时也参与了齐鲁大学国学研究所的创设。（陶飞亚、刘家峰：《哈佛燕京学社与齐鲁大学的国学研究》，《文史哲》，1999年第1期）

齐鲁大学国学研究所分设"中国哲学，史地，文学，暨社会经济四科，每科各有主任一人，助理研究员一二人，现正分头研究，拟于年终刊行学报，借资表现研究之成绩"。（《国学研究所业已成立》，《齐大月刊》，第1卷第1期，1930年10月10日）实际上，齐鲁大学国学研究所不是一个独立的研究机构，除了个别助手之外，几乎包括了文学院的全部教师。其中中国文系六人，历史系五人，社会学系三人，教甲骨文、碑刻、人类学、经济学的各一人，再加助手一人。国学研究所图书馆在栾调甫任所长时期有很大发展，至1935年藏书已近

10万册。（陶飞亚、刘家峰：《哈佛燕京学社与齐鲁大学的国学研究》，《文史哲》，1999年第1期）

本年聘请的新职员，有文学科主任舒舍予（北平人，北平师范毕业，曾任英国伦敦大学东方学院华文教师，现任齐鲁大学国学研究所文学主任兼文学院文学教授），许炳离（定陶人，国立北京大学毕业，曾任绥远第二中学教务主任，山东省立第四师范国文教员，山东大学本科国文教员，第一中学国文主任，现兼齐鲁大学国学研究所文学研究员）；史地科主任李云林（济宁人，毕业于日本法政大学，现任齐鲁大学国学研究所史地学主任）；社会经济科主任余浩（广东人，曾游学美国得博士学位，历任北京大学、西安中山大学教授，现任齐鲁大学社会经济学系主任兼国学研究所社会经济研究员），范迪瑞（黄县人，齐鲁大学社会经济学系毕业，受文学士学位，曾任社会经济学系助教，黄县崇实中学社会历史教员，现任齐鲁大学国学研究所社会经济学研究员，暂兼社会经济学系助教）；哲学科主任胡立初（贵州贵阳人，毕业于日本早稻田大学，现任齐鲁大学国学研究所哲学研究员），彭翔生（历城人，山东高等学堂毕业，现任齐鲁大学国学研究员）。（《新职员之介绍》，《齐大月刊》，第1卷第1期，1930年10月10日）

齐鲁大学国学研究所初期的工作重点首先是国学教育，课程以中国语言文学为主。根据1929—1931年齐鲁大学国学系课表，所开课程包括"文学史""古今文选""实用文字""诗词学""文字学""论语研究""经学入门""国文教授法""书经""周礼""国学概要""国语文法""修辞学""说文部首解释""作诗法""小说研究""文学概论""墨子""逻辑""乡村新国文""六朝骈文""楚辞""作文""史书选读"等二十余门。除了"墨子""史书选读"等三四门外，其余均为中国语言文学类科目。（尚小明：《"五四"以后"国学"热的一个新动向——大学"国学系"的设立及其结局》，牛大勇、欧阳哲生主编：《五四的历史与历史中的五四》，北京大学出版社，2010年，第556页）

其次是古籍整理。齐大国学研究所成立之后，具体工作由栾调甫安排，如调集和购买所需的图书资料，确定各研究员所担任的课题，并为各研究员指出有关参考资料的出处，让大家仔细查阅摘抄，熟悉资料、掌握资料，然后加以组织撰写等。栾调甫鉴于研读古籍往往遇到脱简、错简、脱字、讹字等，使人难于研究，所以首先指导胡立初、彭翔生等致力于校雠工作，并指出所著《子书研究法》中的《八法》为校雠子书的主要方法，又结合《墨子》一书作运用《八法》的示范。（详见《国学汇编》第一册《墨子》要略篇后部）两同志虚心受教，努力校雠，收获很大。《国学汇编》第一册中的《影宋精抄本姚校战国策校记》和第二册中的《齐民要术引用书目考证》，便是两同志的辛勤成果。栾调甫鉴于古籍脱字、讹字，有经后人雠校填补而仍欠妥当的，需要从文字学上用功夫，从造字六书及其演变上，从甲骨鼎铭中找出最为确切的字，助读者解决困难。《国学汇编》第一、第二册中的《释监》《释舍予》等便是栾调甫自己所作，另外还有《说尧》《说大、人》等未入汇编。其他研究员如许慕贤所担任的《墨子生时年月考》即将脱稿，适逢调动工作，携稿离去，未能列入《汇编》。余如王敦化、张维思、范迪瑞等都各有专题，正在努力撰写中。（许慕贤：《齐鲁大学国学研究所简介》，中国人民政治协商会议山东省济南市委员会文史资料研究委员会编：

《济南文史资料选辑》第5辑，第153—155页）

　　此外，齐鲁大学国学研究所成立之初，开始注重考古发掘。其时中央研究院北平分院与山东省政府合组山东古迹研究会，在龙山平陵故址发掘，发现周前之黑陶器遗迹甚多。齐鲁大学教职员学生等闻讯，以为不可多见之盛事，于是提倡组织旅行团，由余天庥持学校公函，偕同师生三十余人，于本年11月22日前往参观，与李济接洽。李济向他们报告了此次发掘之目的，以及所发现黑陶器遗迹之关系。"其后又派人导往发掘场去观览，是时工人尚在操作，诸师生无不兴高彩烈，争快先睹，并各觅得一二片陶器及甲骨，间有满贮一囊者，以备归来仔细探索。于此可见吾校同人对于考古精神之普遍与研究兴趣之蓬勃也。"(《本校参观龙山发掘周前古物之经过》，《齐大月刊》，第1卷第3期，1930年12月10日）12月6日，中央研究院历史语言研究所所长傅斯年为研究山东文化，开掘龙山古物而前往济南，并偕同国立青岛大学校长杨振声参观齐鲁大学。(《傅杨二君来校参观》，《齐大月刊》，第1卷第3期，1930年12月10日）

　　齐鲁大学国学研究所包含社会科学的内容，显示"国学"观念的变化。况且，并不是每个获得资助的教会大学都以"国学"命名研究机构。本年秋，金陵大学亦获得霍尔遗产的60万美元基金，其中30万元指定为研究我国文化之用。金陵大学随即设立中国文化研究所，宗旨有四：一是"研究并阐明本国文化之意义"，二是"培养研究本国文化之专门人才"，三是"协助本校文学院发展关于本国文化之学程"，四是"供给本校师生研究中国文化之便利"。金陵大学中国文化研究所以社会科学化的文史哲专业教师为主要成员，执行委员会以徐养秋为主任委员，刘乃敬、贝德士、刘国钧、吴景超为委员。并设图书委员会，以研究员李小缘、贝德士、刘国钧为委员，李小缘为主任，办理选购图书事宜。（南京大学高教研究所校史编写组编：《金陵大学史料集》，第46—47页）据1943年4月金陵大学文学院报告总结："成立以来，对于搜集文化资料，采访文献古迹，鼓励研究工作，努力迈进，每学期均在本院开设有关中国文化课程，而本院中国文学系、历史系、社会学系，均与该所取得联络参加工作，更注重专题研究，其已成就著作，即由该所在金陵学报发表。"（南京大学高教研究所校史编写组编：《金陵大学史料集》，第166页）

10月13日　顾颉刚致函广州中山大学文史两系同学，阐述离开中大而就燕大聘请的原因，提及燕京大学国学研究所的情形。

顾颉刚还在广州时，燕京大学曾经数次邀约。燕大固然是教会创立，但因设在北平，吸着文化中心的空气，故思想比较自由。

他们与哈佛大学合办的国学研究所，经费更为稳固。又有前辈先生主持，用不着我去担负事务的责任。所以我去年返平之后，即答应了他们的邀约。这一年来，我每周只担任三小时功课，尽有余暇自修，所以《古史辨》第二册出版了，《辨伪丛刊》出版了，胸中积压的问题也研究了几个了。这一年成绩固不算多，但比较前数年则多得多了。（顾颉刚：《顾颉刚书信集》第2卷，第350页）

本月，顾颉刚任燕京大学图书馆中文国学书籍审购委员会委员。该会委员还有陈垣、马鉴、容庚等。（顾潮编著：《顾颉刚年谱》增订本，第211页）

10月17日 上海交通大学新聘国学系教授陈柱演讲教授国文的新计划。

陈柱声明此次任教经过，澄清只是担任教授，不是国学系主任。本来在暨南大学、大夏大学任教有年，客岁交通大学校长曾经聘请为教授，又以暨大教务繁重，一时难以分身，且兼任数校课程，对于教授精神，不能一贯，办事不免疏忽，因此未能应命。本年秋开学以来，校长黎照寰特派人数次催请，"谓先生为本校旧同学（陈主任毕业于本校电机科），对于同学之性情，同学之程度，及应施以若何之教材，定能了解无遗。故非请先生屈就本校教席不可"。暨南大学方面则谓："敝校设有文科，正需此专门学识之人才，而贵校则否。请先生仍继任吾校教授。"两情难却，不得已在暨南大学请假半年或一年，另请他人代庖，在母校暂任讲席。（陈柱尊先生讲，赵嘉桂笔记：《国学系陈主任对于教授国文之新计划》，《交大周刊》，创刊号，1930年）

当时上海交通大学国学系主任张尔田，12月1日辞职，校方聘陈杭甫继任。陈嘉蔼，字杭甫，广东番禺人，中国文学主任教员，国立北京大学文科学士，历任广东法科大学伦理学主任，广东大学哲学系主任兼文科教授，国立中央大学文史科教授，广州市教育局局长。国学系名誉教员有张尔田、孙德谦。讲师有吴宝凌（云阁），江苏宝应人，无锡国学专门学院、国立清华大学研究院国学门毕业，曾任安徽省立中学国文教员；马宗霍，湖南衡阳人，曾任暨南大学、大夏大学教授。（上海交通大学出版委员会编印：《交通大学年报》，1930年，第163、201页）

陈柱此次演讲，主要解决交大学生研究国文应用需要问题。交通大学同学是研究铁道管理或工程的，毕业后无非服务于铁路工厂，及其他关系交通及工业之机关，对于国文的最大需要，即如何在技术行政范围表现文字。因此，国文教授的教材大纲分为记事文游记文、条陈政见文、抒情言志的韵文、学术源流文、学术思想文、实业论文六类。"综上所讲，二年为期者则选二年之材料，一年为期者则选一年之材料。最后一言，务望诸同学各自了解，尽此二年或一年之间，积极为之，以收桑榆之效。"（陈柱尊先生讲，赵嘉桂笔记：《国学系陈主任对于教授国文之新计划》，《交大周刊》，创刊号，1930 年）

10 月 24 日　齐鲁大学国学研究所文学系主任舒舍予连日受邀在齐鲁大学及其他济南教育机构演讲。

此前，"舒先生于二十四在青年会演讲一次，题为文学的创造，二十八日在第一中学讲演一次，题为幽默"。（《余博士舒先生之演讲忙》，《齐大月刊》，第 1 卷第 2 期，1930 年 11 月 10 日）

10 月　许啸天等在上海创办《红叶周刊》，鼓吹"打倒国学"。

许啸天曾经演讲《打倒国学》，更为系统阐述此前关于"国学"名词不符合"逻辑"和"科学"之说。他指出"所谓国学又称做国故学，旧学，中学，古学，国粹，东方文化等"，应当改为文史哲。

国学这名词如用逻辑的方法来解释，仿佛觉得不很妥当。因为，人类是整个的，学术是共通的，在上古犹可闭关自守，现在却是不可能的了。欧洲人与亚洲人，面貌的色彩虽不同，人心是一样的，所以性情合需要也都是一样的。学术是解决人类生活的东西，不是古董玩具。人类既分不出实际的你我，学术亦分不出确实的界限。归纳起来说："国学"这个名词，在二十世纪学术昌明的时代，是难于成立的了。中国的文学，史学，哲学，急需与世界各国的文学，史学，哲学，打成一片；不然中国的学术，终于不能进步，不能应用而与世界学问溶合。

归纳知识阶级对国学的态度，有三种。一是鄙弃派，"大都是青年中倾向无产阶级学的人，崇拜科学万能的人和研究社会科学的人"，以"老少年"吴稚晖、陈独秀为代表。"但吴稚辉［晖］本身对国学是有研究的，他的意思不果欲避免青年沉迷于陈旧的国学罢了。"二是对抗派，"是看不起西洋文化的，认西洋文化乃中国文化之余沈；中国学问是世界最宝贵的学问"，以梁启超《欧游心影录》、梁漱溟《东西文化及其哲学》、王光祈《旅欧杂感》等为代表。

> 按梁启超和梁漱溟二位先生到欧洲的时候，正值世界大战以后，欧洲人心理变态的时期。经这二位先生宣传中国老子、庄子的学识（用主观态度宣传），西洋人备极赞成，二先生便引以为荣。不知欧人赞同所谓东方文化，正是他交际上的一种手段，或确实不能认清我们的内容，或是一时感情的冲动与心理上的变态。

三是溶和派，"以世界眼光，溶和中西学术而归纳于一个公律之下，为三派中理论最正确的一派"。

鄙弃国学和崇拜国学，在理论上多驱［趋］极端，在学术上没有多大价值。鄙弃的一派，认国学不适实用，是落伍的学问。吾人以宝贵的光阴，而牺牲无用的学问上，太不经济。崇拜的一派，又把国学看成为神秘的东西。中国学问是精神文明，西洋学问是物质文明，认科学一天一天发达，使机械式的人生趋向一天急迫似一天；甚至夫妇诉诸法律，家人父子不相顾，都是物质文明观念太重的祸害。

三派"所说的国学范围，又很宽泛，名称又不统一"。大约包含经史之学（六经史书）、经史百家之学（经史之外有诸子百家）、汉学（汉儒治学的方法，客观的，又称训诂学）、宋学（宋儒治学的方法，主观的推理）、义理之学（假借六经去参禅）、词章之学、考据之学、小学。其中，要算考据之学的"觅证据功夫"，最近于实际，惜到现在还未成功。如最近在河南发掘甲骨文，可以证明殷朝的历史，但夏朝的历史，到现在尚不得到证据。不论何派，对于"国学"的定义不清，客观上产生"冒牌"，以致有"打倒国学"的口号。

以上的几种所谓国学部分，都看不出他实在的用处与界限来。故从事研究国学的学者，都似猜谜一般的，不能彻底的认识。在"国粹"两字的糊涂名词之下，便产生出许多冒牌的国学来：八股文，诗赋，写字，对课，打灯谜，看相，算命，看风水，玩骨董，同善社，悟性社，济生会，敬惜字纸，孔教会，道德会，文昌帝君，读太极上感应篇，拜吕祖师…………等。一般理路不明的人，以为这样的国粹，是国学呵成一气的；所以自命有科学头脑的人，都很激烈的起来反对国学。

立国在世界上，当然不能不迎合世界潮流，但也不要忘记民族特性。

一民族有一民族固有的文化与特性，虽说学问是世界的，但对于产生此学术的人地，尤其有特别关系。我要拿别人的文化来改造我的境环［环境］，第一要把自己固有的文化充分运用；拿外来的文化，择要补充，才不致闹出顾此失彼的笑谈来。

学问是文化的结晶，文化是生活的结晶。中国面积占"地球八分之一，又有五千年绵延不断的历史……生活的样法，历史的变迁，地理的形势，已足供世界人类学，社会学，政治学，史，地，制度，风俗，等等莫大的资料"。为今之计，应该把中国的学术依着分析整理出来，以世界各科学来命名。中国过去书籍都是记录用的，性质不外四种：思想（哲学）、情感（文学）、事实（史学）、理解（科学）。"哲学是一种思想，文学是一种情感，都是空的。若欲求他事实上的过程，只有在历史上去找；因此文哲史学成了中国整个学术三角的关系。研究了中国思想的特点，明白了中国文学的特性，再追求二者所寄托的历史的表现，那中国全部学问才有一点线索可寻。""要达到这个目的，第一步须打倒国学的名称；第二步要打倒那一群冒充国粹的迷信鬼，和腐化分子；第三步要分类整理出各种科学的名称，还他一个本来面目，表现出他的功用来。"（许啸天先生演讲，王文中记：《打倒国学》，《红叶周刊》，第23—31期，1930年

12 月 6 日、12 月 13 日、12 月 20 日、12 月 27 日，1931 年 1 月 3 日、1 月 10 日、
1 月 17 日、1 月 24 日、1 月 31 日）

　　△　慈忍室主人编辑、太虚法师审订、范古农校订《国学》
（佛学通论五），由佛学书局初版，于右任题写封面。

　　收录太虚《国学钩玄叙》、张纯一《国学阐微》、佛隐《周易卦
义新诠》、大圆（唐大圆）《说易》、张纯一《答孙思昉以八卦拟八
识说》、余宝勋《大学讲义》、大定居士唐械述《大学述要》、大圆
（唐大圆）《孟子学说阐微》、大圆（唐大圆）《杨朱学说阐微》、太
虚《与陈诵洛论墨子》、大圆居士讲和曾万祺录《观庄子天下篇》、
太虚《荀子论》、方光《读荀子非十二子篇》（原载《海潮音》时，
括号《国学讨原篇二》）、太虚《论宋明儒学》、笠居众生《读中庸
感言》、大圆《道之释义》、现月《儒家谈中与佛法中道之比较》、
笠居众生《读道德经感言》、太虚《评胡适的戴震哲学》、悲华《论
胡适之君之中国哲学史大纲》诸文。汉阳张仲如（张纯一）讲、孙
至诚记的《国学阐微》包括学庸章、论孟章、易学章、诸子章。各
文多载于《海潮音》杂志，如张仲如讲、孙至诚记《国学阐微》，
刊载于《海潮音》第 6 卷第 4 期（1925 年 4 月 13 日）。

　　△　无锡国学专修学校选印学生毕业论文，定名《学生丛刊》。
（《校史概略》，《无锡国学专修学校十五周纪念册》，第 3 页）

　　11 月 3 日　北京大学研究所国学门第二十七次委员会议决研究
生听讲本科科目办法。

　　本科听讲及领取讲义听讲科目至多不得过四种，科目由各导
师指定。研究所各生有愿往本科听讲，先报告研究所，由研究所转
函各导师，经各导师与各生面谈，指定科目后，再由研究所通知出

版部，始得领取讲义。(《研究所国学门通告》,《北大日刊》, 第2487号, 1930年11月5日, 第1版)

△ 叶恭绰致函《大公报·文学副刊》, 赞同何炳松所说分门别类研究国学的方法, 阐述中国文化史学的前途希望。

叶恭绰函称:"顷读大刊《晦翁诞生八百年纪念》一文, 内有涉及沈括处。按沈存中于天然科学之极有研究, 吾国人知者尚希。鄙人久欲为文表章之, 以病冗未能下笔, 以诸公精识博览, 倘从事此作, 必能多所阐明, 曷胜企盼。"

编辑颇有同感, 认为国内除竺可桢《北宋沈括对于地学之贡献与纪述》一文对此有所阐述外, 科学界并不注意。叶恭绰读何炳松《论所谓"国学"》一文, 百感交集。他赞同分门别类, 以专家整理国故的主张, 批评当前国学界不注重专门研究的风气, 希望暂时通过日本的途径, 进行中国文化史学的深入研究。内称:

> 倘东西洋归来之博硕之士, 其中有少数人（不敢求多数）看得起中国古文化, 以为"故纸堆中"或者尚有些道理, 肯从事整理及批评工作, 又其人览博取精, 深了解中国旧学之性质与系统, 不完全作附会或灭裂之论, 则中国文化史学之前途, 庶可大放光明。吾人际此学术思想、社会制度因欧化之侵入而剧变之时期, 新旧衔接之时, 整理批评之工作诚不可以缓也。但以今日学术界之现象观之, 则所谓"专家"者类多不负责任。彼等宁可研究沙士比亚之训诂, 而不屑一看元曲中之俗语俗典。彼等预备在罗马史内有大大发明, 而将新旧唐书束诸高阁。（偶一披览, 吾必知其将头昏而目眩也。）即大学校内所

讲授，文学以西洋文学为主，中国文学为附庸。史学以西洋史为主，国史为附庸。（国内大学生对于国史之知识，不逮一日本大学生对于中国史之知识远甚。以日本东洋史设专科，中等学校中国史之课程亦甚注重，而国内大学则似未闻设中国历史系。而混合之历史系中，学生读读美国人所编欧美历史课本即可毕业。）夫中国史学、文学、哲学以及一切学问如语言训诂学、民俗学等等，固非懒翻《四库全书》者所得而研究，但如中国科学史一门，则材料比较的聚而不散（只能说比较的），东西洋归来之科学专家宜可以自动的研究（即不需要非专家为之搜集材料），何以关于此类论文殊寥寥不多觏。（案专家而论及中国学问，只能于其国外博士论文中求之。）呜呼，其终看不起中国学问欤。夫专家而不负责任，则欲非专家之嘿尔而息，难矣。中国天文科学，历史甚古，不可谓不发达。中古受印度阿剌伯之影响，近古受泰西耶教徒之影响，其间径路有极难明者。又其学问本身之发展，有逃出现代西洋该科学之系统者。吾人既绝望于国内专家之阐明，不能不先学日本文以倾听日本学者之议论。例如对于中国数学史、天文学史上有疑难处，取读日本三上义夫、新城新藏、饭岛忠夫诸人之著作，虽议论纷纷，未必皆可信，要亦能略得其梗概也。（《叶恭绰君来函》，《大公报·文学副刊》，第153期，1930年12月15日，第3张第11版）

11月6日　张学良饬令萃升书院院监于省吾与奉天教育厅厅长吴家象，协议呈请国民政府立案进行办法。（《萃升书院进行立案》，《盛京时报》，1930年11月8日，第4版）

数年来文化教育发展之迅速，前所未有，令东北知识界信心大增，相信东北必将由文化落伍者一跃为新文化运动之后继承发扬国学的重镇。《盛京时报》发表论说，认为：学校之美不尽在建筑，必有良美教师、良美学术、良美学生、充足款项，才能组织高等学府。每日工作，非为区区款项、学校院宇，而在集多数高等人类于一堂，以高等思想，研究高等学术，使其岿然放异彩，为学界所宗，方为学府。否则，教职员只知图饷啜，学子惟知骛虚名，黠者借此升官发财，则恰为学府之劫。若朋比为奸，以图起家成业，或委学术于不顾，别有用心，则不如尽废大学，改建狂人病院。"东北文化，近来颇具骤进之势。"萃升书院之讲义，每期获读，感慨其成绩斐然，俨为国学界之高等学府。萃升书院创立无多时日，组织极简单，与大学比，固不能同日而语，然成绩反超大学之上，原因在于教员得人。

　　王晋老之经学，久为海内所宗，为北方大师之硕果，亦国学界一鲁灵光也。其所编讲义，以量而言，虽不如其他门类之多，然精到绝伦，嘉惠后学者，诚匪浅鲜。治经学小学者，于晋老之书，岂可不读乎。吴向之先生之史学，考证极详，于历代疆域沿革，尤多厘正。观其学生丛刊，史学之不尚空言，则知先生之循循善诱矣。吴北江先生之古文，承家学，为桐城派之正宗。于思泊先生得其指授，遂为辽东一古文家。今先生亲举玉趾，为辽东启文风，古文种子不绝，赖此耳。夫教员仅是，职员于思泊先生外亦无几，专心讲学，不骛虚名，故其成绩遂为东北各校之冠，是知事在人为，而强将之下，真无弱卒也。

比年以来，战乱不已，人心跃然不定，虽有学校之名，而学风日趋恶化。"吾见有大学卒业生，口不能道中国历史，手不能写中国文字者多矣。甚且以经籍为废纸，而其所谓科学者，又不能辨菽粟，识国产。""萃升书院虽无化验之室，然其学子入则孝，出则弟，晓然于古今之变，多识于鸟兽草木之名。且心之所思，笔能达之，其视一般文明之文盲为何如乎，是不能不为东北贺也。"（儒丐：《萃升书院讲义》，《盛京时报》，1930 年 2 月 25 日，第 1 版）

另据东北人马金言云：

"国学"二字，在民十之交，几若释流逢三武之厄，孔孟受荀杨之蔽，自负新文化使命者视之，可以不再传于中国，而束诸高阁。第经数载新旧学争存之笔战，国学命脉，尚未至弥留状态，宜一般含英咀华之宿儒，博古通今之隽士，有善辩之才乎？抑亦数千年沈浸浓郁，达性入道之涵养，于文人情知意上者，悠久博厚，足以为东亚汉族文化和平性格昭著之代表，华人之不即被异族淘汰，不与琉球、朝鲜同一堕亡者，焉知不由此彬彬风雅之民气，慈祥忠恕之人心，有以超轶残酷好斗之白种精神乎？

与关内比较，东北文化此前受制地理环境。东北本是清朝三百年"次要发业地"，有陪京之号。"因文人学士，古少特秀之出，稀罕正宗之传，无非科名场屋。""是故昔日南人每轻北士，一由关外抡才额寡，二由著述乏传，三由封建贵胄，点头朱衣，不必文章绝妙，易致荣虚，故少真士也。"三江、三楚、两湖、八闽，以及邹鲁三都之地，山明水秀，有文人学士几千年辈出之辉映，经师人师，代多典型遗泽之贻法，得大自然之灵气孕育，终至流风余韵，温柔敦厚，南方之强，北人不逮。东北创设大学后，当局提倡文化不遗余力，并公开吸纳，虚怀接受，使旧之精华，新之适应，兼采并收，沟通媒介，局面开始改观。

近两年来，国内汉学考选大师，河北江南诗画名笔，先后韫椟出关，引起东北智识界，顿生稽古治经，游艺观摩之观念。萃升立而姚江派之吴，词章之王，得安车东来，讲学辽都。而选学名家高步瀛先生，亦将踵至。此国学现身说法，而赖诸名家运广长舌以益东北文化之饥渴，此非大可贺者乎！

东北文化"已若鲜花之含蓓，将入开放之境"，仍须努力于"国学"和"科学"的调和，以期民族精神的阐发。

存国学者，以考据为中坚。迎新径者，以科学为倡导。虽道殊理别，其体用归纳，无非为民族精神之所系，时代社会生命，历史性，创造性之调剂维持。欲求一切平等之根蒂，达思想统一之表现，欲臻道德转移之功效，欲使人心皆入正轨，群起以行三民主义之真义，何莫不由学术合理化，以产出自由之根据乎？

无论是"万世治平之圭臬"的经，还是"末技"的词章诗歌，都是民族文化的结晶，都是东北饥渴以求的对象。

> 东北既在文化饥渴以求之时，当局有含英咀华宏奖风流之心，先代逸士，抱残守缺，仍以振起宗风，保存国粹，垂贻后生为志。将来"考选"之奥赜，讲学之功夫，朝气光融，定在辽水白山之左右，其遗飨吾后生学子，名教散佚上，自非浅鲜。则晋老北江诸先生，亦必曰"吾道东北"矣！如兹懿钦而光，吾知十年后，再由南人批评，北方学术，当以"非复吴下阿蒙"惊许，刮目相看矣！（金言：《东北国学与新文化之并进观》，《盛京时报》，1930 年 5 月 16—17 日，第 9 版）

萃升书院，寄托了奉张继承北洋系的桐城文脉，为问鼎中原培植人才的梦想。中原大战结束后，张学良以助蒋介石战胜阎锡山、冯玉祥有功，获任国民政府陆海空军副总司令。当时有人分析道：

> 人徒知小张近数年来肆志于整军经武之事业，遂有东北一吼之威，阎冯掩旗息鼓而去，殊不知小张重武亦复重文。十八年夏，张氏慨国学之不振，特斥私资设萃升书院于沈阳，广延博学能文之士，治理教务。如王晋卿（树枬）任经学讲师，吴辟疆（闿生）任史学讲师，吴向之（廷燮）任诗文讲师。创办之始，仅有学生三十人，而常年费竟达五万元。本年夏从事扩展，卒以国学之不能号召青年，入学者亦不过八十人，而常年经费，小张竟自五万以加至十万元。但张犹嫌所聘讲师，未能

兼罗并蓄，特派专员，分赴津沪，物色当代著名之士，担任萃升讲师。以疯子闻名之章太炎，闻亦为在小张罗致之中云。（颍川：《张学良重振国学》，《礼拜六》，第 380 期，1930 年 10 月 25 日）

未见萃升书院聘请章太炎，倒是东北大学拟重金请章太炎讲国学，委托该校教授章士钊赴沪代聘，接洽一切。（《东北请章太炎讲学》，天津《大公报》，1931 年 1 月 31 日，第 1 张第 4 版）

探其缘由，如金毓黻所言："或谓东北兴学已三十年，作育人才之术，日新月异，不为不盛。然以不佞观之，不得谓兴学即同于讲学也。一二师儒倡之，千百徒众和之。有传授之家法，有递嬗之师承，一本可散为万殊，万殊复归于一本，此所谓讲学也。""至于作育人才，本有司之任，无当于师儒之务，无传授家法之可言。平流竞进，以率当世，可以淑斯世，觉斯民，而不能成一世之风尚，此兴学与讲学所以不能并为一谈也。"最近东北"得与于讲学之称者，前有文学专修科，后有萃升书院及东北大学"。"文学专修科暨萃升书院，师弟相授者，不过为国学之一部，研讨虽精，规模未广，能袪此短，而日即光大者，则自设立东北大学始。东北大学者，东北最高之学府也。"历次礼聘著名教授，有中国文学系陈鼎忠（天倪，湖南益阳）、曾运乾（星笠，湖南益阳）、黄侃（季刚，湖北蕲春）、刘永济（弘度，湖南新宁）、宗威（子威，江苏常熟）、章士钊（行严，湖南长沙），史学群学系吴贯因（柳隅，广东澄海），英文学系钟建闳（介民，广东焦岭），经济学系萧纯锦（叔纲，江西），经学傅岳棻（治芗，湖北），文选刘异（豢龙，又字蕙农，湖南），公毅学龙志潭（伯纯，广西），佛学、易学李毅灼（证刚，江西），法学王治焘（聪彝，湖北），"可知该校礼聘之殷，搜罗之广，并世国内诸大学，几无出其右者。然则今日东北讲学之中心，盖非该校莫属矣"。"自章行严先生出关讲学，尤引起士林之重视。盖章先生之学，淹贯中西，殚见洽闻，固为难及。又能以渊懿之文，清曲之笔，申难达之理，绵不尽之思。前在《独立周报》《甲寅杂志》所撰之文，实能于梁任公之外，别张一军，不仅以学问胜人，为文章之巨擘也。今日出其所蕴，发挥旁通，其裨益于我东北学子，宁有涯哉！且自章先生位辽后，复有菊汉先生相继来游之讯。此说果确，影响尤大，翳予小子，不禁延踵望之。""综而言之，东北今日所以致讲学之盛者，厥有数因；地方未罹兵革，予士子以弦诵之机会，一也；当涂虚馆待贤，四方辐辏而至，二也；设有最高学府，不惜重金礼聘，三也；士子渐知嗜学，渴于得师，四也。"（金毓黻著，《金毓黻文集》编辑整理组校点：《静晤室日记》第 4 册，辽沈书社，1993 年，第 2473—2477 页）

　　九一八事变后，萃升书院无形解散。王树枏 1928 年为诸生授《毛诗》，随时问答。1929 年为诸生授《周易》。1930 年为诸生授《左氏春秋传》，因自为注以示诸生。1931 年辞萃升书院山长。（王树枏：《陶庐老人随年录》，章伯锋、顾亚主编：《近代稗海》第 12 辑，四川人民出版社，1988 年，第 412—414 页）

　　该院学生李季等，曾经商由教授允许，召集同学共议复校办法，终未果行。（《萃升书院将恢复》，《盛京时报》，1932 年 1 月 29 日，第 4 版）著名报人王小隐有云：

　　吾恒谓文学之有桐城派，犹之军阀之有北洋系，盖有极深厚之渊源者也。桐城以归方刘姚为大师，而曾国藩继其统，吴汝纶则亲炙于曾氏。北洋系以李鸿章为开山，袁段冯辈继之，李则又曾氏之所擢拔也。……袁既以小站练兵，奠北洋系之基础，吴汝纶则以州判需次北洋，为李鸿章所契重，以资望而言，自为群伦所推。宰深州时，与王树枏、贺涛辈文字切磋，蔚然成为风气。比掌莲池书院，其道益宏。且延西教士贝德耨者教子弟以数算之学，号为开通。及京师大学聘为总教习，管学大臣张百熙，肃衣冠而往，再拜而言曰："吾为天下士子求师。"吴则官位已京卿矣。北京大学文科，直至民国初元，犹以《古文辞类纂》为教范，陈石遗、姚叔节辈主持其事。及章太炎诸弟子入任教授，桐城壁垒始见动摇，而北洋系之势力则亦渐形分化。北洋系之有曹吴，已成弩末，张作霖则螟蛉蜾蠃，独张一军。而桐城一派，与之仍有不少因缘。沈阳于东北大学之外，有萃升书院者，仍为桐城之大本营。张学良承父志，拨公款以维持之，大学毕业生及在职人员，得入而肄业，以经史子集分科目，王树枏、吴闿生、马［高］步瀛等桐城法嗣咸集焉。伪国潜号以还，未闻诸人声息，不识存废如何，而东北学术流变，亦可纪之史实也。（王小隐：《不妨偶记》，《时事新报》，1933年6月26日，第3张第2版）

11月8日 午后，北京大学研究所国学门学生、浙江海宁硖石人张任政（字惠衣）约钱玄同谈音韵，在北大国文教授会中谈了约两小时。（杨天石主编：《钱玄同日记》整理本中册，第770页）

11月14日 北京大学研究所国学门通告11月起恢复月讲。

月讲定于每月20日下午举行。第一次演讲在11月20日（星期四）下午七时至九时，请定钢和泰讲"故宫咸若馆宝相楼佛像之考证"。（《研究所国学门通告》，《北大日刊》，第2498号，1930年11月19日，第1版）

11月16日　苏州中学《苏中校刊》发行该校紫阳市国文研究会编辑的"国学研究专号"。

该校国文研究会学生"出版这本特刊的主要目的，在提高同学们研究国学的兴趣，并且给会员一个发表的机会"。（《卷首》，《苏中校刊》，第43、44期合刊，1930年11月16日）

镇江戴镜澂作序，主张破除文学派别的壁垒和新旧文学的成见，文以学为基。内云：

> 自桐城、阳湖古文派别之说破，而后浅妄者不得执其私以蔽塞天下人之智慧，学者贯通，载籍张皇，百家达意，铸词不拘于前人之窠臼，遂使数十年之风气，于焉一变。虽所造之途径匪一，而要为发抒人情善恶政事隆污与夫山川卉木兽介禽虫之情态，则无不本其自得之精神，以阐释宇宙之奇蕴。

新文化运动以来，语体文一扫陈言陋说，其欲借平民化之文体，灌输新文学之资料，用意则无可厚非，终不免矫枉过正。改革文体，应秉持孔子言以足志，文以足言的理念，不分古文辞、语体文，皆当求其真实，而不杂以虚伪肤词，不袭取古人陈义，庶几文得其用，不至言之无物。如同曾国藩所言，文章之变，莫可穷诘，要之不出阳刚阴柔二途。"且今之研究会实不仅以文著，举凡经史诸子百家诗词小说诸文艺，无不包孕于其中。故国文研究会者，其名实则全部之国故学也。因文以究其学之极，因学以推其文之用。"

（戴镜澂先生：《序》，《苏中校刊》，第43、44期合刊，1930年11月16日）

11月17日　姚名达致函胡适，称受梁启超启发研究中国史学史，以补《国学季刊》宣言未提中国史学史之缺，且不用梁启超所拟方法。

姚名达欲用"十年的功夫研究中国史学史，现在先做极笨的工作"。程序包括三个方面：一、事实，包括著史学年表，著专家年谱，选录史籍、文集中史家传记加以参订或新撰专传，研究史的起源及史学的大势；二、理论，包括研究专家和各家的关系，选录文集、笔记中史学论文加以研究；三、著作，包括史籍提要、批评、考证及索引，整理史籍名著。"我想：笨工作若不一一做好，史学史一定不能做得好。史学史的体裁，我决不用列传排比式，务必一字不苟，用极流动的通史体裁，把整个的史学史写出来。先头做的笨工作，不妨随时出版为书，但史学史的成书务必在一切都已明了以后。""我这个志愿、怀抱不止一年。起因是在读《国学季刊发刊辞》时，觉得先生所列诸史尚少这种史学史。其后从任公先生游，即已决定以此自任。任公先生续讲史法，（今刊于《万有文库》，名《中国历史研究法补编》，是我笔记编成的。）因我的时常谈议，所以讲史学史做法特详。（但他的做法，我不愿应用，我有我的做法。）"

（杜春和、韩荣芳、耿来金编：《胡适论学往来书信选》下册，第976页）

△　北平中国大学上月向国民政府申请立案后改称中国学院，国学系不变，本日邀请国学系前主任，新近由日本考察归国的政治系专题讲师胡默青，在总理纪念周演讲"现代社会改善问题"。（《胡

默青昨讲演现代社会改善问题》，北平《益世报》，1930年11月18日，第6版）

11月27日　清华大学国学研究生暨文学系学生，每月分班由教授率领，前往历史博物馆研究，借资观摩。日前特函商该馆，请予以特别便利，旋得复函许可，发给免费券多张，以便应用。（《国学研究系》，《华北日报》，1930年11月27日，第6版）

11月　北平郁文学院获得国民政府教育部准许立案，设有国学系。

尚小明根据收藏于湖南省档案馆的《北平郁文学院辛未毕业同学录》判断，1930—1931年前后，北平郁文学院曾设有"国学系"，柯劭忞之子柯昌泗为主任教授，马裕藻等为导师。（尚小明：《"五四"以后"国学"热的一个新动向——大学"国学系"的设立及其结局》，牛大勇、欧阳哲生主编：《五四的历史与历史中的五四》，第553页）

△　顾荩丞编著《国学研究》，分为经部、史部、子部、集部四册，先于本月出版第1册"经部"、第2册"史部"。1932年11月，分别再版。

12月1日　李耀春在上海《读书月刊》发表《国学漫谈》一文，将国学书籍分为经史子集四部，进一步分类。

李耀春认为，"国故""国粹"均不如"国学"二字能概括中国的固有学术。

国学这两个字，天天听到，时时谈着。到底能够回答一个确切解释的，实在没有。照简括的说来，学就是学术，是传播文明制造文化，有条例有贯穿的学术。国学是我国的学术，是我国数千年来文化所寄的学术，同时和外国的学术并立的。有人称做"国故"，有人称做"国粹"，但这种名称，终不如"国学"二字概括。

国学书籍汗牛充栋，浩如烟海，令人望洋兴叹，不易划分。

你说这部书是哲学类罢，可是他的里面除哲学外，还有政治学法律学在；你说这部书是文艺类罢，可是他的里面除文艺外，还有哲学音韵学在。因此从汉朝班固起到现在止，从事统计国学工作的，他的分类，公有公式，婆有婆式，没有一个定例。

根据通行四部分类法，国学分为经史子集四大类别：一、经部。易类、书类、诗类、礼类、春秋类、孝经类、四书类、乐类、小学类（训诂、字书、韵书）。二、史部。正史类、编年类、纪事本末类、别史类、杂史类、诏令奏议类、传记类（圣贤、名人、总录、杂录、别录）、史钞类、载记类、时令类、地理类（总志、都会郡县、河渠、边防、山川、古迹、杂记、游记、外记）、职官类（官制、官箴）、政书类（通制、典礼、邦计、军政、法令、考工）、目录类（经籍、金名）、史评类。三、子部。儒家类、兵家类、法家类、农家类、医家类、天文算法类（推步、算书）、术数类（数学、占候、相宅相墓、占卜、命书相书、阴阳五行、杂技术）、艺术类（书画、琴谱、篆刻、杂技）、谱录类（器用、食谱、草木鸟兽虫鱼）、杂家类、类书类、小说家类、释家类、道家类、楚辞类。四、集部。别集类、总集类、诗文评类、词曲类（词集、词选、词话、词谱词韵、南北曲）。（李耀春：《国学漫谈》，上海《读书月刊》，

第1卷第2期，1930年12月1日）

12月2日　江苏省中等学校国文学科研究会议决，高三学生国学常识应该切实指导。

此前一日，江苏省中等学校国文学科研究会在扬州中学举行。出席者有太仓中学沈退之、南通中学黄叔游、苏州中学戴镜澂、苏州中学诸祖耿、淮阴中学方毅候、松江中学凌放庵、上海中学王玉章、镇江中学许梦因、无锡中学丘琼孙、常州中学吴樵长、扬州中学徐公美、扬州中学萧征万、扬州中学兼代淮安中学张煦侯、扬州中学兼代苏州女中周树滋、扬州中学兼代松江女中胡宛春。

2日会议，由王玉章担任主席，萧征万记录，审查昨日议案结果。高中必修一学程，选修六学程。其中，高中必修普师三，国学概要；选修文字学、美术文、文学史、应用文、文学概论、修辞学。讨论事项之一，高中高年级国文教授时应如何补充学生国学常识案（原教学一），"决议：请学校当局对于高三毕业生，于国学常识设法切实指导"。（《苏中校国文学科研究会》，《申报》，1930年12月5日，第3张第9版）

12月6日　胡适出席中央研究院历史语言研究所茶会，总结"提倡整理国故"为其生平三大志愿之一。傅斯年致辞欢迎。

胡适答傅斯年欢迎致辞，大意谓：

我一生"提倡有心，实行无力"。生平抱三个志愿：①是提倡新文学，②是提倡思想改革，③提倡整理国故。此三事皆可以"提倡有心，实行无力"八个字作我的定论。在整理国故的方面，我看见近年研究所的成绩，我真十分高兴。如我在

六七年前根据渑池发掘的报告，认商代为在铜器之前，今安阳
发掘的成绩足以纠正我的错误。（曹伯言整理：《胡适全集》第31
卷，第814页）

△　沈天铎、杨觉仁、沈公朴等在上海发起成立中华国学研
究会。

1934年，中华国学研究会呈请立案时述："国学运动，欲集中
其力量，扩大其范围，非普编［遍］宣传，不克有济，必也群策群
力，共襄斯举，则收效自宏。中华国学研究会之设立，始于民国
十五年，发起人为沈天铎、杨觉仁、沈公朴等，殚精竭虑，积极进
行，历时四载，粗具规模，爰于十九年十二月六日正式成立。"［《中
华国学研究会缘起、简章及征集会员启事》，中国第二历史档案馆编：《中华
民国史档案资料汇编》第五辑第一编文化（二），第745页］

△　北京大学研究所国学门在报纸登载招生广告。

国学门招收"在国内外大学本科毕业者"和"未在学校毕业曾
有专门著作者"，报名时间从即日起至12月20日止，地址在东安门
北河沿北大第三院内，详章来索或函索均可。（《国立北京大学研究所
国学门招生广告》，天津《大公报》，1930年12月7日，第1张第2版）

12月7日　报载许晚成即将出版《说文本字考》，请国学家陈
柱、张天方两人校阅。

许晚成，字尚义，金山张堰人，毕业于大夏大学，曾任无锡国
学院、江苏省立太仓中小、上海南洋高商、市立芦滨、苏州省立图
书馆借书部主事等职教，现任宝山初中教职。曾经根据丁福保所编
《说文诂林》，编述《说文本字考》一书，对于俗字讹体，有不少纠

正，裨益学者不浅。（《说文本字考原稿杀青》,《申报》, 1930年12月7日，第4张第16版）

12月8日　北平市教育局第四次局务会议通过编辑处主任姜蕴刚所提"编审平市中小学国文教材案"，确立"国学教材标准"。

是日会议出席者，有北平市教育局局长王捷侠、秘书翟学书等。议决要案第一为姜蕴刚所提该案，理由是："（一）国文学于国民之影响至为重大，故宜特别留意。（二）中小国文教材，异常零乱，于学生无所裨益，确有巨害。（三）为实施有效率之教育，国文教材，宜有所规定办法。"办法是由编辑处组织国文教材审定委员会，聘请"于国文有深切之素养者","于中小国文教授法有经验者","于思想有清晰之认识者"为委员，拟定中小各年级"国学教材"的详细办法。标准是初年级注意"体裁短简明白","内容在选择人格淘汰方面之文字为首要"，高年级注意"文字精深畅达","内容略偏于人生问题之研究及学术上之考察"。

具体实施则由教育局通令各中小学一体遵行，由教育局将各种国文教材编制定活页本，便于各中小学采用。主席发表意见指出："查平市各校所采用之国文教材，杂乱不当，毫无标准……故审定国文教材，至为必要。应先组织编审委员会，由该委员负责办理。"决议大体通过，先组织编审委员会，指定邹科长、杜督学、姜蕴刚起草章程。（《中小学年假问题》，北平《益世报》, 1930年12月9日，第6版）

12月16日　北京大学《国学季刊》第二卷第三、四号即将重新出版。

原定1930年春季、夏季分期出版，时因战争关系，学校经费积欠四五月之久，稿费及印刷费无着，故延至10月底开始拟编辑付印。又经撰稿人掣回修改，至11月初旬始行付印。编辑委员会表示，《国学季刊》本在京华印书局出版，今因本校出版部收回自印已经一月，尚未印齐，以后当催促进行，以期早日出版。（《国学季刊编辑委员会启事》，《北大日刊》，第2522号，1930年12月17日，第2版）

12月18日 北京大学研究所国学门通告，12月20日第二次月讲，已经请定沈尹默演讲"诗人眼中之事物"。（《研究所国学门通告》，《北大日刊》，第2523号，1930年12月18日，第2版）

12月29日 福建省闽侯县国学研究会成立，负责人梁肖程，地点在福州军门前。会员男二百九十名，女八名，共二百九十八名。（中国国民党中央执行委员会民众运动指导委员会编印：《全国民众运动概况》，1934年，第431页）

12月 北平师范大学国文学会编辑出版《师大国学丛刊》，出至第三期后改名为《国文学会丛刊》。

北平师范大学国文学会以"研究文学，整理国故，联络感情及谋本系之发展"为宗旨。以本系在读、毕业的同学，他系同学兴趣相同者为会员，以本系教授为当然指导员。分为总务和编辑两部。（《北平师范大学国文学会简章》，《师大国学丛刊》，第1卷第1期，1930年12月）

1929年年初选举职员，半系教授，半系学生。总务主任钱玄同、何爵三，编辑主任吴承仕，出版主任孙人和、陈庭瑄，研究主任黎锦熙、高步瀛，文书王国良、梁华炎，交际孙祥偈、王永乐，会计韩汝熙、殷太芬，庶务李济人，编辑员周作人、徐祖正、王重民、刘汝霖、张我军、刘同友，出版部干事钱振东、李荫芳、易烈刚、叶凤梧、袁绍华、李兰坡，研究部指导员周作人、黎锦熙、吴

承仕、高步瀛。（《一师国文学会职员已选出》，北平《益世报》，1929年3月29日，第2张第6版）

根据职员录，第一届职员，总务主任为靳德峻，文书吴其作、张安泰，交际易烈刚、李兰坡，会计韩汝义、隋树森，庶务刘恩惠。出版主任钱振东，编辑方国瑜、孟文德、赵焕文，发行陈桂馨、许安本，印刷丁士选、任维焜、王永乐，编辑指导钱玄同、黎锦熙、吴承仕、高步瀛、马衡。第二届职员，总务主任靳德峻，文书吴其作、程金造，交际易烈刚、刘振兴，会计刘同友、陈桂馨，庶务罗迪光。出版主任方国瑜，编辑钱振东、王敦行、赵焕文，发行任维焜、范庆功，印刷周炳章、张永年、李文保，编辑指导钱玄同、黎锦熙、吴承仕、马裕藻、孙人和。（《师大国文学会前届职员录》《师大国文学会本届职员录》，《师大国学丛刊》，第1卷第2期，1931年5月）

△　大夏大学国学系学生杨文俊（江苏泰兴）、周维贤（四川泸县）毕业，得文学士。（《文学院各系》，《大夏年鉴》;《毕业生名录》，《私立大夏大学一览》）

△　无锡国学专修学校学生会主编的《国专学生自治会季刊》出版。

△　吴虞为《国立四川大学专门部同学录》作序，简介了国学专门学校至国立四川大学文学院的演变情况。

吴虞认为："古人治学，道自多涂。""学术思想，无取从同。""学绝道丧，罪归专制"，希望四川国学专门学校学生兼容并蓄。

国学专校，创自民国，其时吴伯揭师、廖季平前辈、刘申叔、谢无量诸公，聚于一堂。大师作范，群士响风。若长卿之为师，张宽之施教，蜀才之盛，著于一时。是后校长，多属缙绅，名德弗闻，显宦是尚，专己守残，莫光前绩，党同妒真，朋徒怠散。文翁既邈，石室蒿莱。扬云不归，玄亭芜没。某君来止，旁求俊乂，取法师儒，琴瑟更张，焕然丕变。予自去岁，讲论于斯，睹学士之多才，幸斯文之未坠。兹逢毕业，共其欣感。深期同志日进高明，远绍渊、云，近齐轼、辙。儒林文苑，竞美前徽。高逸独行，拔乎颓俗。包举九流，毋拘于一曲；目营四海，自奋乎百世。斯则华阳之士女，必志乎道将；江汉之英灵，终传于陈寿矣。（赵清、郑城编：《吴虞集》，四川人民出版社，1985年，第253—254页）

△　燕京大学历史学会本年曾参观大高殿、北大国学研究所的档案，故宫文献馆《四库全书》，团城玉佛，地质调查所陈列的新石器时代的石器陶器，中央研究院历史语言研究所由河南发现的殷代遗物。（顾潮编著：《顾颉刚年谱》增订本，第211页）

△　河南洛阳国学专修馆成立，林东郊主讲。

洛阳国学专修馆位于城隍庙，性质是一个书院，清代洛阳县最后一位进士林东郊为主讲。林东郊，字莘原，又字霁园，生于1868年，1898年中戊戌科三甲六十二名进士，授翰林院庶吉士，历任国史馆协修、编书处协修、详校等职。1906年受命赴日本考察政治，归国后编纂成《皇清奏议》。1911年授广西桂林知府，并加正二品衔，因清政府灭亡而未赴任。1913年任临时参议院议员，1918年任众议院议员。由于时局混乱，退居洛阳，专心著述和书画创作。

"林东郊是当时洛阳最有声望的宿儒。在学术方面，林东郊一生致力于《易经》的研究，并著有《易易》一书，这也是他在洛阳国学专修馆的讲义。"（洛阳市大河文化研究院编纂：《洛阳大典》下卷，黄河出版社，2008年，第1073页）